Grundbegriffe
der antiken Philosophie

Andreas Bächli · Andreas Graeser

Grundbegriffe der antiken Philosophie

Ein Lexikon

Philipp Reclam jun. Stuttgart

Universal-Bibliothek Nr. 18028

Gesamtherstellung: Reclam, Ditzingen. Printed in Germany 2000

ISBN 3-15-018028-7

Vorwort

Die hier vorliegenden Erörterungen wesentlicher Grundbegriffe der antiken Philosophie verfolgen ein doppeltes Anliegen: Sie sollen wichtige philosophische Thematiken im Spiegel systematischer Interessen verfügbar machen; und sie sollen die Aufmerksamkeit z. T. auf andere Gesichtspunkte wie z. B. *Evidenz*, *Bedeutung* lenken helfen, die im Lichte der Gegenwartsdiskussion an Gewicht gewonnen haben. Beides legt eine gewisse Distanzierung zu anderen Lexika nahe, die im Zweifelsfall eher der traditionellen Kanonbildung folgen, Problematisierungen weitgehend vermeiden und weniger an den Bewegungen in der heutigen Diskussion teilnehmen. In diesem Sinne hoffen wir, eine Lücke schließen zu können. Dass dies wiederum nur punktuell geschehen kann, ist uns wohl bewusst.

Zwar haben wir sämtliche Belange gemeinsam diskutiert, unsere Beiträge sorgfältig aufeinander abgestimmt und die Einträge so betrachtet gemeinsam geschrieben. Doch wurde die Arbeit zum Hauptteil von Andreas Bächli geleistet, der seinerzeit ein entsprechendes Projekt durchführte, das vom Schweizerischen Nationalfonds unterstützt wurde.

Bern, im Herbst 1999 A. B. und A. G.

Verzeichnis der Stichwörter

Lexikon

Akademie, Akademiker

»Akademiker« hießen die Philosophen, die sich zur »Akademie«, der von Platon begründeten Schule bekannten. Diese hatte ihren Namen von dem lokalen Heros Akademos erhalten und war die älteste Philosophenschule in Athen. Sie hatte bis in die Zeit der Spätantike Bestand und scheint erst 529 n. Chr. geschlossen worden zu sein. Dabei gilt die Bezeichnung »Akademiker« in erster Linie für jene Phase, die sich bis ins erste vorchristliche Jahrhundert verfolgen lässt. Die späteren Philosophen der Schule Platons verstanden sich selbst als Platoniker. Dieser Punkt ist insofern erheblich, als aus heutiger Sicht unklar scheint, ob die Akademiker anders als die Platoniker (s. Art. ›Platonismus‹) späterer Jahrhunderte in irgendeinem dogmatischen Sinne der Philosophie Platons anhingen; und diese Unklarheit wiederum hängt mit einer Frage zusammen, die schon gelegentlich in der Antike kontrovers diskutiert wurde, aber insbesondere im 20. Jahrhundert als kontrovers gilt. Dies ist die Frage, ob Platon überhaupt philosophische Thesen inhaltlicher Art vertrat und ob sich derartige Thesen in den Dialogen oder aber in Dokumenten über schulinterne Erörterungen ausmachen lassen. Hier zeichnet sich ein weites Spektrum möglicher Auffassungen ab. Die vielleicht am wenigsten problematische Meinung ist wohl die, dass Platon in der Tat eine Zwei-Welten-Theorie zur Diskussion stellte und in den schulinternen Diskussionen in Gestalt der Prinzipien-Spekulation weitere Dimensionen eröffnete, die in den Dialogen selber nur angedeutet werden.

Zu hellenistischer Zeit wurden bei der Beurteilung der Entwicklung der Platonischen Schule drei Epochen unterschieden, die ›alte‹, die ›mittlere‹ und die ›neue Akademie‹. Die alte Akademie wird durch Platons Schüler und Nachfolger repräsentiert. Hier ragen Speusipp, Platons Neffe und erster Nachfolger in der Schulleitung, und Xenokrates heraus. Beide lassen sich nicht ohne weiteres als ›treue‹

Advokaten der Meinungen Platons charakterisieren. Zumindest Speusipp scheint sogar die Ideenlehre (s. Art. ›Idee‹) selbst als unhaltbar bzw. als verzichtbare Konstruktion angesehen zu haben. Die nächste Generation von Platon-Schülern scheint sich eher moralphilosophischen Fragen zugewandt und spekulative Probleme nicht berührt zu haben.

(1) Begründer der sogenannten mittleren Akademie, welche die skeptische Phase der Platonischen Akademie einleitete (s. Art. ›Skepsis‹), war Arkesilaos von Pitane (316–241 v. Chr.). Arkesilaos hat nichts geschrieben, scheint aber ein mitreißender Redner gewesen zu sein. Auf Grund der Berichte Ciceros (*Lucullus*) und des Sextus Empiricus (*Gegen die Mathematiker* VII 150–158) wird sein Standpunkt, den er gegenüber Zenon von Kition (s. Art. ›Stoa‹), dem Begründer der Stoa, in der Frage des Kriteriums der Wahrheit vertreten hat, einigermaßen fassbar. Zenon hatte die ›erkenntnishafte Erscheinung‹, die er als Wahrheitskriterium ansah, offenbar zunächst so definiert: Eine solche Erscheinung sei eingeprägt und abgebildet von dem her, was ist, so wie es ist. Arkesilaos scheint nun Zenon zu einer Erweiterung der Definition veranlasst zu haben, die ausschließe, dass die betreffende Erscheinung falsch sei; die Definition in der später offenbar gebräuchlichen Form hatte dann einen Zusatz, der besagt, dass die Erscheinung so beschaffen sein müsse, dass sie nicht von etwas herstammen könne, was nicht ist, bzw. dass sie wahr sein müsse und zwar solcherart, dass sie nicht falsch sein könne. Arkesilaos bestritt dann, dass eine Erscheinung diese Definition erfülle, da eine wahre Erscheinung nicht von solcher Art sei, dass sie nicht falsch sein könne, woraus die These von der Unerkennbarkeit der Dinge resultierte. Unklar ist dabei, aus welchen Erwägungen Arkesilaos auf eine Erweiterung der Definition drängte oder warum Zenon sie in seinem Sinn erweiterte. Denn die Stoiker haben auch von Erscheinungen gesprochen, die unklar und indistinkt sind, wie sie

z. B. Betrunkene haben können; solche Erscheinungen sind zwar wahr oder falsch, aber nicht erkenntnishaft, und Zenon war vermutlich der Meinung, seine ursprüngliche Definition bringe das Erfordernis der Klarheit und Distinktheit schon zum Ausdruck. Arkesilaos dagegen könnte von der Überlegung geleitet gewesen sein, dass Zenons ursprüngliche Formulierung nur als Definition einer wahren Erscheinung bestimmt genug sei, dass aber zur Bestimmung einer erkenntnishaften Erscheinung, welche die Wahrheit einer Erscheinung garantieren soll, noch der erwähnte Zusatz erforderlich sei. Und seiner Meinung nach gibt es eben keine derartige Garantie.

Arkesilaos ging es offenbar darum, unbegründete Wissensansprüche anderer – oder was er dafür hielt – als solche zu entlarven. Dazu würde passen, dass Arkesilaos in seinen Argumentationen von stoischen Voraussetzungen ausging, um dann ihre Unhaltbarkeit aufzuzeigen. So ging er z. B. von der stoischen Auffassung aus, dass der Weise niemals bloße Meinungen hat (s. Art. ›Meinung‹), und argumentierte, dass, da es keine erkenntnishaften, d. h. zustimmungsfähigen Erscheinungen gebe, der Weise, wenn er seine Zustimmung gebe, eine bloße Meinung habe. Arkesilaos zog daraus die Konsequenz, dass der Weise gemäß stoischer Auffassung verpflichtet sei, sein Urteil stets zurückzuhalten (s. Art. ›Epoché‹). So gesehen stand Arkesilaos wohl in der Tradition der sokratischen Aporetik, und ein Gerücht besagt, dass er auf diese Weise die Leute nur auf ihre Eignung zur Aufnahme der Lehren Platons testen wollte.

Arkesilaos hat offenbar Begriffe der Stoiker auch als bloße Worthülsen verwendet. So zeigte er, wie auch derjenige, der in allen Dingen sein Urteil zurückhält, trotzdem handeln und das Ziel des Lebens, die Glückseligkeit (s. Art. ›Glück‹), erlangen könne, nämlich indem er sich an dem orientiere, was vernünftig (εὔλογον) sei. Für ›Handeln‹ verwendete er dabei zwar den Begriff der ›tugendhaften Handlung‹ (κατόρθωμα), aber die Definition einer Handlung (καθῆκον), die zwar einer tugendhaften Handlung gleicht, aber nicht aus der tugendhaften Einstellung heraus vollzogen wird. Vielleicht lässt sich darin Arkesilaos' Geringschätzung der hohen Ansprüche der stoischen Ethik erkennen.

(2) Angesehenster Vertreter der sogenannten neuen oder skeptischen Akademie, über dessen Philosophie wir nur indirekt informiert sind, war KARNEADES VON KYRENE (214–129 v. Chr.) (vgl. Cicero, *Lucullus*; Sextus Empiricus, *Gegen die Mathematiker* VII 159–189). Er hat selbst nichts geschrieben, hat sich aber als großer Redner einen Namen gemacht. Die wohl berühmteste Rede hielt er 155 v. Chr. in Rom als Mitglied einer Gesandtschaft griechischer Philosophen, die die Interessen der Stadt Oropos vertreten sollten. Berichten zufolge (vgl. Cicero, *De re publica* III) hielt er an zwei aufeinander folgenden Tagen je eine Rede für und eine gegen die Gerechtigkeit und gab damit auch eine Probe der skeptischen Kunst des Argumentierens nach beiden Seiten. Nachdem er am ersten Tag die Gerechtigkeit gelobt habe, soll er am zweiten Tag die Theorien besonders von Platon und Aristoteles über die Gerechtigkeit widerlegt haben. Karneades scheint argumentiert zu haben, dass diese Verteidiger der Gerechtigkeit nicht wüssten, was Gerechtigkeit sei: indem sie in ihr diejenige Tugend sahen, die jedem das zuteilt, was ihm gebührt, hätten sie Gerechtigkeit so aufgefasst, dass sie zwar auf den Nutzen anderer ausgerichtet, nicht aber auf den eigenen bedacht sei. Den schwachen Punkt ihrer Theorien scheint er darin gesehen zu haben, dass sie den realen Gegebenheiten nicht Rechnung trügen, offenbar in dem Sinne, dass die Berücksichtigung der Ansprüche anderer im Widerspruch zur Wahrung eigener Interessen stehe und demzufolge Gerechtigkeit unvereinbar sei mit der Klugheit, die gebiete, dem eigenen Interesse Rechnung zu tragen. Seine Attacke galt demnach nicht dem Gedanken der Gerechtigkeit als solchem, sondern bestimmten Argumenten dafür bzw. Theorien darüber.

Auch seine Behandlung anderer Fragenkreise scheint zu zeigen, dass Karneades um den Nachweis bemüht war, dass seine dogmatischen Gegner nicht über einen zureichenden Begriff ihres Gegenstandes verfügten. So argumentierte er z. B., dass man dem Göttlichen weder körperliche noch unkörperliche Existenz zuschreiben dürfe, ohne in einen Widerspruch zum Begriff des Göttlichen zu geraten; denn körperliche Existenz impliziere Vergänglichkeit, unkörperliche Existenz aber Leblosigkeit und Inaktivität, beides aber widerspreche dem Begriff des Göttlichen als eines lebendigen, unvergänglichen Wesens (vgl. Cicero, *De natura deorum* III 29–37). Gewissermaßen aufklärerische Züge hat seine Kritik der stoischen Lehre der Vorsehung, die besagt, dass der Kosmos von der Gottheit zum Wohl des Menschen eingerichtet worden sei; so führte er insbesondere den Gedanken ad absurdum, dass Naturprodukte und auch Tiere einzig für die Zwecke der Menschen da seien (vgl. Cicero, *De natura deorum* III 65–93).

Die Frage, ob Karneades gegebenenfalls auch eigene Auffassungen ins Spiel brachte, ist schwer zu beantworten. In manchen Punkten erweckt das Überlieferte jedoch den Eindruck, dass Karneades in Sachfragen anderer Meinung war als die Stoiker. So scheint er z. B. den stoischen Gedanken der kosmischen ›Sympathie‹ (s. Art. ›Stoa‹), d. h. des gleichsam organischen Zusammenhalts aller Teile des Kosmos, nicht abgelehnt zu haben, führte ihn aber nicht auf die Wirksamkeit des göttlichen Pneuma-Stroms zurück, sondern auf ›natürliche‹ Kräfte (Cicero, *De natura deorum* III 28). Eine solche Auffassung steht möglicherweise auch im Hintergrund seiner Kritik des stoischen Determinismus (vgl. Cicero, *De fato*). Während Chrysipp (um 280–206 v. Chr.) die Lehre vertrat, dass alles, was geschieht, als Folge einer festgefügten Kette von Ursachen geschieht, scheint Karneades die Ansicht verfochten zu haben, dass alle Ereignisse entweder auf die Natur oder den Zufall zurückzuführen seien. Er scheint nicht bestritten zu haben, dass alles, was geschieht, aufgrund von Ursachen geschehe, aber er rechnete auch mit »zufälligen Ursachen«: was ›zufällig‹ geschieht, könnte sich ebenso gut auch nicht ereignet haben, d. h., das Eintreten eines bestimmten Ereignisses ist nicht »von Ewigkeit her« festgelegt. Wenn es aber kontingente Ereignisse gibt, dann ist auch das Fundament der Weissagekunst zerstört, an der die meisten Stoiker festhielten.

Auf dem Gebiet der Erkenntnislehre (vgl. Sextus Empiricus, *Gegen die Mathematiker* VII 159 ff.) bestritt Karneades, dass das erkennende Subjekt in der Lage sei, sich seiner Erkenntnisse zu vergewissern, da nichts schlechthin als Kriterium der Wahrheit angesehen werden dürfe. Ebenso wie Arkesilaos vor ihm versuchte er dies in erster Linie am Beispiel des stoischen Kriteriums, der »erkenntnishaften Erscheinung«, zu zeigen (vgl. Cicero, *Lucullus*). Nach stoischer Lehre ist eine Erscheinung dann erkenntnishaft, wenn sie von einem zugrunde liegenden Gegenstand und gemäß diesem eingeprägt ist, sodass sie nicht von einem Gegenstand herrühren könnte, der nicht zugrunde liegt. Karneades scheint die ersten beiden Bedingungen als erfüllbar betrachtet zu haben, nicht jedoch die dritte, nach der eine erkenntnishafte Erscheinung nicht von einem Gegenstand herrühren könne, der nicht zugrunde liege. Mit einer Reihe von Argumenten wollte er nachweisen, dass es keine wahre Erscheinung gebe, zu der sich nicht eine von ihr ununterscheidbare falsche finden lasse. So versuchte er z. B. zu belegen, dass, wenn Evidenz ein Merkmal einer erkenntnishaften Erscheinung ist, es zu jeder wahren, evidenten Erscheinung eine falsche Erscheinung gibt, die gleich evident ist, insofern sie eine Person, die die Erscheinung hat, genauso wie eine wahre zum Handeln veranlassen kann. In diesem Zusammenhang scheint er auch die Meinung vertreten zu haben, dass Evidenz die Wahrheit einer Erscheinung nicht verbürge (s. Art. ›Evidenz‹).

(3) Eine wichtige Neuorientierung wurde von Philon von Larissa (um 159/158 – 85/80 v. Chr.) vollzogen, der

seit 110/109 Nachfolger des Kleitomachos als Vorsteher der Platonischen Akademie war und 88 v. Chr. im 1. Mithridatischen Krieg nach Rom flüchtete. Seine namhaftesten Schüler waren Antiochos von Askalon und Cicero, dessen Auffassung von Philosophie er maßgeblich bestimmte. Da keine Schriften von ihm erhalten sind, muss man seine Position rekonstruieren, vor allem auf der Grundlage von Ciceros *Lucullus*.

Grundlegend für Ciceros Position ist der Begriff des Wahrscheinlichen bzw. Wahrheitsähnlichen (*verisimile*), dessen Verwendung einen wichtigen Unterschied zum Skeptizismus des Karneades signalisiert und den Einfluss Philons zu verraten scheint. Seinem eigenen Bekunden nach verfolgen Ciceros Untersuchungen den Zweck, mit Hilfe eines Argumentierens nach beiden Seiten hin zu etwas zu gelangen, das entweder wahr sei oder doch der Wahrheit möglichst nahe komme. Im Vergleich zu Karneades' Position, der gemäß man allenfalls zu etwas gelangen kann, was subjektiv plausibel (*probabile*, griech. πιθανός) ist, erscheint die Auffassung Philons bezüglich der Erreichbarkeit der Wahrheit als die gemäßigtere. Dies erweist sich auch darin, dass Philon nur das stoische Wahrheitskriterium, die erkenntnishafte Erscheinung, verwarf, während Karneades' Kritik offenbar viel weiter ging. Philon soll sogar gelehrt haben, dass die Dinge nur hinsichtlich des stoischen Kriteriums unerfassbar seien, hinsichtlich ihrer eigenen Natur jedoch erfassbar (vgl. Sextus Empiricus, *Grundzüge der pyrrhonischen Skepsis* I 235). Damit könnte er gemeint haben, dass die Natur der Dinge selbst die Anwendung eines so strikten Kriteriums weder verlange noch gestatte. Wenn das stoische Kriterium gar nicht erst zur Anwendung kommen kann, weil eine wahre Erscheinung, als Erscheinung, von einer falschen nicht unterscheidbar ist – so die allgemeine These der akademischen Skeptiker –, dann – so könnte Philon in Abgrenzung zu anderen akademischen Skeptikern überlegt haben – lässt sich auch die These von der Unerfassbarkeit der Dinge generell nicht verfechten. Evidenz und Übereinstimmung der Wahrnehmungen scheinen ihm als zureichende Kriterien für die Erkenntnis der Dinge gegolten zu haben, auch wenn sie nicht gesicherte Erkenntnis verbürgen. Für diese Auffassung wurde er von seinem Schüler Antiochos von Askalon, der an der Unverzichtbarkeit des stoischen Kriteriums festhielt, vehement kritisiert.

In die von Philon vertretene Variante der Skepsis fügt sich gut auch seine auf dem Gebiet der Ethik vertretene Auffassung von der Aufgabe der Philosophie als Therapie der Seele. Diese Aufgabe sah er in der Hinführung zur Philosophie und im Nachweis der Nützlichkeit der Tugend, und damit insbesondere im Entfernen falscher und im Einpflanzen richtiger Meinungen. Mit dieser Position dürfte er auch Ciceros eigene Einstellung zum Problem des Status der Meinung (s. Art. ›Meinung‹) beeinflusst haben: Cicero verstand sich selbst als »großen Meiner«.

Allgemeines

Das lateinische Wort *universale*, ein auch in der heutigen Philosophie gebräuchlicher Terminus, bedeutet ›allgemein‹ oder ›das Allgemeine‹ und wird als Gegensatz zu Ausdrücken wie ›Besonderes‹, ›Einzelnes‹ oder ›Individuelles‹ verwendet. Als Universalien wurden im Mittelalter die sog. Prädikabilien bezeichnet, nämlich die fünf Arten von Prädikaten, die Porphyrios in seiner *Einführung* in die *Kategorienschrift* des Aristoteles im Anschluss an das erste Buch von dessen *Topik* unterschieden hatte. Danach fällt alles, was von einem Einzelding aussagbar ist, unter eine der fünf Arten; wird z. B. von einem Menschen ausgesagt, dass er ein Lebewesen ist, wird die ›Gattung‹ angegeben, während »Mensch« die ›Art‹ angibt, »rational« die ›spezifische Differenz‹, »der Grammatik fähig« etwas dem Menschen

Eigentümliches (›Proprium‹), »rationales Lebewesen« die ›Definition‹ und »weiß« eine zufällige Eigenschaft (›Akzidens‹). Die genannte Schrift des Porphyrios stellt wohl die erste systematische Behandlung der Universalien dar, während Aristoteles' Ausführungen eher unsystematisch sind.

Im 7. Kapitel seiner *Lehre über den Satz* unterscheidet Aristoteles zwischen »Dingen im Allgemeinen« (τὰ καθόλου) und »Dingen im Einzelnen« (τὰ καθ' ἕκαστον). Mensch ist ein Gegenstand »im Allgemeinen«, da »Mensch« von vielen Dingen aussagbar ist, d. h. von allen Menschen; Kallias hingegen ist ein Gegenstand »im Einzelnen«, denn »Kallias« ist als Eigenname nicht von mehreren Dingen aussagbar. Aristoteles' Auffassung des Allgemeinen als das, was von mehreren Dingen aussagbar ist, eröffnete einen neuen Zugang zum sogenannten Universalienproblem. Dabei geht es um folgende Fragen: 1. Was sind Universalien? 2. Existieren Universalien in der Wirklichkeit? 3. In welcher Beziehung stehen die Universalien zu den Einzeldingen? Die Diskussion des Universalienproblems beginnt bei PLATON. Im Dialog *Parmenides* wird folgende Problemstellung entwickelt: Wenn Universalien – Platon spricht von »Formen« bzw. »Ideen« – nicht existieren, wird Denken und Sprechen über die Welt verunmöglicht. Die Annahme der Existenz von Universalien ist aber so lange ungerechtfertigt, als sich keine kohärente Theorie formulieren lässt, die die Beziehung der Universalien zu den Einzeldingen erklärt. Danach lassen sich zwei Problembereiche unterscheiden: (a) Im Bereich der Epistemologie oder Erkenntnistheorie führt die Feststellung, dass wir in unserem Sprechen und Denken über die Welt allgemeine Termini (»Mensch«, »rot«, »Farbe«) und allgemeine Begriffe (Gattung, Art) verwenden, zu der Frage, ob die Annahme der Existenz von Universalien zur Erklärung unserer Erkenntnis der Welt notwendig sei. Platon bejahte diese Frage. (b) Im Bereich der Ontologie geht es um den Status der Universalien im Verhältnis zu den Einzeldingen. Im *Parmenides* kritisiert

Platon seine eigene Auffassung, wonach die Einzeldinge an den Ideen »teilhaben« (s. Art. ›Idee‹). Das bekannteste Argument, das dann in Aristoteles' Kritik der Ideenlehre Platons unter dem Titel *Der dritte Mensch* eine wichtige Rolle spielte, ist folgendes: Wenn die einzelnen Menschen an der Idee des Menschen – dem ›Menschen selbst‹ – teilhaben sollen und sich sowohl von den einzelnen Menschen als auch von der Idee des Menschen ›Mensch‹ prädizieren lässt, dann muss es einen dritten Menschen geben, an dem sowohl die Idee als auch die einzelnen Menschen teilhaben. Diese Theorie führt also zu einem unendlichen Regress, was den Gedanken der Teilhabe destruiert.

Die erwähnte Unterscheidung des Aristoteles zwischen Universalem und Einzelnem wirft, für sich genommen, die mit der Annahme der wirklichen Existenz der Universalien verbundenen Probleme nicht auf, da sie für das Universale nur verlangt, von mehreren Dingen prädizierbar zu sein. Platons Ideenansatz hingegen wird mit diesen Problemen konfrontiert. Im 10. Buch des *Staates* (596a) heißt es: »Wir pflegen doch von all dem vielen Einzelnen, das wir mit demselben Namen bezeichnen, jeweils eine bestimmte Form (εἶδος) anzusetzen.« Platons Position wird gewöhnlich insofern als ›realistisch‹ bezeichnet, als der Ansatz einer Form des Menschen oder des Schönen bedeutet, dass diese Universalien in der Wirklichkeit existieren; d. h.: die Formen sind in vollkommener Weise, jenseits von Raum und Zeit, jeweils das, was ihre raum-zeitlichen Exemplifikationen in unvollkommener Weise sind. Die Formen selbst sind nicht sinnlich wahrnehmbar, während die wahrnehmbaren Dinge, die z. B. mit Bezug auf die Form des Schönen schön genannt werden, nicht ›eingestaltig‹ schön sind, da sie in einer Hinsicht schön, in anderer Hinsicht wiederum nicht schön sind. Gegen diese ontologische »Trennung« (χωρισμός) der Universalien von den Einzeldingen ist Aristoteles' Kritik an der platonischen Ideenlehre zur Hauptsache gerichtet (vgl. z. B. *Metaphysik* XIII 4, 1078b); sie bedeutet seiner Ansicht nach eine Verdoppelung der Welt, die für deren Erkenntnis keinen Erklärungswert habe.

Für Platon stand die Transzendenz der Formen fest, Aristoteles dagegen behauptete ihre Immanenz; die Annahme einer Form z. B. des Menschen, die getrennt von den einzelnen Menschen existierte, erschien ihm nicht haltbar. Der Unterschied der platonischen von der aristotelischen Position wurde später terminologisch dahingehend fixiert, dass für Platon die Universalien den Dingen vorausliegen (*universalia ante res*), während sie für Aristoteles in den Dingen sind (*universalia in rebus*). Die Betrachtung des ›Trennungs‹-Problems allein im Lichte der Antithese Transzendenz – Immanenz verdeckt jedoch den Umstand, dass der »Chorismos« bei der Bildung des Universalien-Begriffs eine entscheidende Rolle spielte. Platon gibt im ersten Teil seines Dialogs *Parmenides* einige Hinweise zur Genese dieses Begriffs, indem er die Annahme von Formen in den Zusammenhang einer Auseinandersetzung mit dem Monismus des PARMENIDES VON ELEA stellt. Er lässt ZENON, den Schüler des Parmenides, die These vertreten, dass sich aus der Annahme, das Seiende sei nicht Eines, sondern Vieles, die absurde Konsequenz ergäbe, dass »das Ähnliche unähnlich und das Unähnliche ähnlich« wäre. Der Begriff der Ähnlichkeit im Zusammenhang von Zenons These ist aufschlussreich. Denn einerseits gibt er einen Hinweis auf das, worauf sich die Meinung, das Seiende sei Vieles, stützt, nämlich auf die erfahrbaren Ähnlichkeiten und Unähnlichkeiten der Dinge. Andererseits beruht Platons Annahme jeweils einer Form offenbar darauf, dass die wahrnehmbaren Dinge jeweils in Hinsicht auf eine bestimmte Eigenschaft einander ähnlich sind. Platon behauptet nun, dass Dinge aufgrund ihrer Teilhabe an der Form der Ähnlichkeit ähnlich sind und entsprechend unähnlich durch Teilhabe an der Form der Unähnlichkeit. Es liegt also keine Absurdität in der Auffassung, dass die Dinge sowohl ähnlich als auch unähnlich sind. Die Form der Ähnlichkeit hingegen, die nicht wahrnehmbar, sondern nur im Nachdenken (λογισμός) erfassbar ist, kann nicht »unähnlich werden«, ebenso wenig wie die anderen Formen etwas anderes werden können als das, was sie sind. Vielmehr werden die Formen im Nachdenken als »getrennt« (χωρίς) und »für sich bestehend« (καθ' αὑτήν) erkannt. Diese Erkenntnis ist das Resultat einer logischen Operation des Denkens, der »Trennung« bzw. »Teilung« (διαίρεσις).

Daraus, dass die Formen im Nachdenken als voneinander getrennt und für sich bestehend erfasst werden, ergibt sich, dass sie auch von den an ihnen teilhabenden Dingen ›getrennt‹ erfassbar sind, denn die Dinge sind nie in vollkommener Weise das, was sie genannt werden, sondern nur jeweils in bestimmter Hinsicht z. B. schön, in anderer Hinsicht hässlich. Diese Trennung der Formen oder Ideen von den Dingen erachtete Platon im *Parmenides* als das wichtigste Problem seiner Ideenlehre. Denn damit stellt sich die Frage, ob die für sich bestehenden Formen für uns überhaupt erkennbar sind. Auf der anderen Seite hält Platon daran fest, dass Erkenntnis nur möglich ist, wenn es für sich bestehende Formen gibt (s. Art. ›Wissen(schaft)‹). Dieser Gedanke wurde von Aristoteles verworfen. Im Dialog *Parmenides* spiegelt sich wohl schon die beginnende Kontroverse: der von Platon selbst problematisierte Begriff der ›Teilhabe‹ wurde später von Aristoteles als bloße Metapher beiseite gelegt. Während Platon den für sich bestehenden Formen substantielles Sein (οὐσία) zuerkannte, den an ihnen teilhabenden Dingen jedoch nur ein Sein in abgeleitetem Sinne zugestand, sah Aristoteles das Verhältnis gerade umgekehrt (s. Art. ›Individuum‹, ›Kategorie‹, ›Substanz‹). Substanzen sind nach der *Kategorienschrift* die individuellen Dinge, das »Zugrundeliegende«, von dem etwas ausgesagt wird, das den Status des Allgemeinen hat, insofern es von mehreren Dingen aussagbar ist. Aristoteles bezeichnete in dieser Schrift Individuen, z. B. einzelne Menschen, als »erste Substanzen«, die Universalien, d. h. Art (›Mensch‹)

und Gattung (›Lebewesen‹) als »zweite Substanzen«. Später entfernte er sich noch weiter von Platon, indem er den Universalien substantielles Sein gänzlich absprach. So heißt es in *Metaphysik* VII 13, 1038b: »Es scheint nämlich unmöglich zu sein, dass irgendetwas von dem, was allgemein ausgesagt wird, Substanz (οὐσία) ist. Erstens nämlich ist die Substanz jedes Einzelnen etwas, das ihm eigentümlich ist und nicht auch einem anderen zukommt, das Allgemeine (τὸ καθόλου) aber ist gemeinsam [...].« Die Universalien haben deswegen kein substantielles Sein, weil aus dieser Annahme folgen würde, dass z. B. alle Menschen ihrer Substanz nach identisch wären, d. h. ein einziger Mensch. Nach Aristoteles ging also Platons Antwort auf den Monismus des Parmenides (s. Art. ›Eleatik‹ (1)) nicht weit genug, sondern verschob nur das Problem; denn die Ideenlehre kann Vielheit nur auf der Ebene der Universalien, nicht aber auf der Ebene der Einzeldinge, erklären. Wenn die Einzeldinge nur in einem abgeleiteten Sinne Sein haben, wenn vielmehr die Formen jeweils das wirklich sind, was die Einzeldinge nur durch Teilhabe sind, dann können sie auch nicht wirklich als Instanzen des Universalen betrachtet werden. Doch wenn die Dinge der sinnlich erfahrbaren Welt nicht wirklich das sind, was von ihnen ausgesagt wird, dann gibt es auch kein Wissen von ihnen. Daher ist für Aristoteles nicht die Existenz von Formen oder Ideen notwendige Bedingung unseres Wissens von der Welt, sondern die Anwendbarkeit allgemeiner Termini, d. h. die Existenz individueller Dinge, die nicht die allgemeinen Formen bloß »nachahmen«, sondern wirklich über die Eigenschaften verfügen bzw. das wirklich sind, was wir in unseren Aussagen über sie behaupten.

Obwohl man Aristoteles' Auffassung der Universalien klar von Platons ›realistischer‹ Position abgrenzen muss, weil er den Universalien substantielles Sein abspricht, kann man seine allgemeine Position bezüglich der Universalien-Frage dennoch als Form des Realismus bezeichnen. Denn die Gegenthese zum Realismus, der Nominalismus, bestreitet nicht nur, dass die Universalien in der Wirklichkeit existieren, sondern dass sie überhaupt in irgendeiner Form zur Struktur der (denkunabhängigen) Wirklichkeit gehören. Aristoteles aber bestreitet nur, dass Universalien getrennt von den Dingen, d. h. als Substanzen, existieren. Er bestreitet nicht, dass Universalien zur Struktur der erfahrbaren Wirklichkeit gehören. Denn wenn das Allgemeine nicht irgendwie ›in‹ den Dingen wäre, wäre Wahrnehmung und damit Erfahrung gar nicht möglich; so ist zwar das Wahrgenommene ein Einzelnes, z. B. ein bestimmter Mensch, aber die Wahrnehmung richtet sich auf das Allgemeine, ›den Menschen‹ (*Zweite Analytiken* II 19). Das Allgemeine ist für Aristoteles ebenso wie für Platon etwas, das zwar nicht ›gesehen‹ wird, aber die Wahrnehmung bestimmt und im Denken erfassbar wird. Es ist das allen Dingen derselben Art oder Gattung Gemeinsame, das es rechtfertigt, sie mit demselben Namen zu benennen. Diese realistische Auffassung der Universalien wurde durch die Erwägung in Frage gestellt, dass die Klassifizierung der Dinge nicht im Hinblick auf ihre ›natürlichen‹ Arten und Gattungen erfolge, sondern ein Beitrag unseres Denkens sei. Dieser Gedanke, der später bei John Locke eine Rolle spielte, steht auch hinter der vom skeptischen Philosophen SEXTUS EMPIRICUS aufgeworfenen Frage, ob die Eigenschaft des Menschseins wirklich eine den Menschen gemeinsame Eigenschaft sei (*Grundzüge der pyrrhonischen Skepsis* II 227). In unserem Jahrhundert hat L. Wittgenstein bestritten, dass es eine notwendige Bedingung für die Klassenzugehörigkeit eines Gegenstandes sei, dass er mit allen anderen Gegenständen derselben Klasse eine gemeinsame Eigenschaft habe.

Atomismus

Atomistische Vorstellungen, die Annahme der Existenz kleinster unteilbarer Körper als Bausteine der Wirklichkeit, waren in der Philosophie der Antike relativ weit verbreitet. Man findet sie nicht nur in der Ontologie, Naturphilosophie und Medizin, sondern auch in der Mathematik (s. (4)). Der griechische Ausdruck ›Atom‹, der auch unserem aus dem Lateinischen stammenden Wort ›Individuum‹ zugrunde liegt (s. Art. ›Individuum‹), leitet sich eigentlich von der Bildung ›unteilbare Gestalt‹ (ἄτομος ἰδέα) ab. Diese Wortverbindung stammt von Demokrit (460 – um 370 v. Chr.), der als Begründer der klassischen Atomistik gilt. Der in diesem Zusammenhang ebenfalls stets genannte Leukipp ist für uns nur eine schattenhafte Figur.

(1) Die Annahme der Existenz unteilbarer Gestalten war Teil einer ontologischen These, mit der Leukipp und Demokrit jenen Problemen zu begegnen suchten, die Parmenides von Elea (s. Art. ›Eleatik‹ (1)) in die Welt der Philosophie gebracht hatte. Parmenides hatte, unter Hinweis auf die Undenkbarkeit des Nicht-Seienden, die Realität von Wandel jeder Art bestritten und damit den Common Sense herausgefordert. Dabei beruht der Kerngedanke bei Parmenides auf der stillschweigenden Angleichung von Wandel und Veränderung aller Art an Entstehen und Vergehen, und auf der Interpretation des Letzteren als Entstehen aus dem Nichts bzw. Vergehen zu Nichts. Mithin steht im Hintergrund seiner These ein für moderne Begriffe unzulässiges Verständnis eines jeden ›ist nicht‹ als ›existiert nicht‹. Dieser Punkt, der gelegentlich als ›eleatischer Fehlschluss‹ angesprochen wird, nämlich als Schluss von $\neg$ (a ist F) zu $\neg$ $(\exists x)$ $(x = a \;\&\; Fx)$, wurde wohl erst in der Schule Platons in seiner ganzen Tragweite erkannt (vgl. *Sophistes* 263b).

Für die nach-parmenideische Naturphilosophie scheint sich das Problem in folgender Weise gestellt zu haben: Logisch betrachtet ist Veränderung im Sinne von Entstehen und Vergehen tatsächlich ein Unding. Nur lässt sich die Realität von Wandel nicht sinnvoll bestreiten, es sei denn, man wolle die Welt der Erfahrung als Hirngespinst irrender Phantasie ausgeben. Der Ausweg aus dieser Situation schien durch die Annahme angezeigt, Werden und Wandel seien nicht als Entstehen bzw. Vergehen im absoluten Sinn zu verstehen, sondern als Weisen der Umgestaltung, Mischung oder Entmischung bereits vorhandener und im Kern unzerstörbarer Dinge.

In diesem Sinne sprach Empedokles von vier Elementen (στοιχεῖα; s. Art. ›Element‹), die sich in einem permanenten Prozess von Mischung und Austausch befinden (D. K. Frg. 31 B 8); Anaxagoras hingegen dachte in Begriffen von Mischung und Trennung ›seiender Dinge‹ (ἐόντα χρήματα). Was von ihm unter derartigen Dingen genau verstanden worden sein mochte, ist allerdings unklar. Gemäß einer auf Aristoteles zurückgehenden Interpretation hätte man an Stoffe zu denken, die von der gleichen Beschaffenheit wären, wie die jeweiligen Ganzheiten, denen sie angehören (D. K. Frg. 59 A 45, A 46); gemäß einer anderen Interpretation hätte man an Grundqualitäten wie das Warme, das Kalte, das Trockene, das Feuchte, das Dunkle usw. zu denken, die als Qualitätsdinge ihrerseits irreduzibel seien.

Demokrit, der als der Begründer der atomistischen Tradition gilt, begriff Veränderung als Neu- oder Umgruppierung *seiender* Dinge, die im Sinne der oben gegebenen Charakterisierung als unteilbare Gebilde aufzufassen waren. Dabei scheint bei ihm mehr noch als bei Empedokles und Anaxagoras die Ambition Gestalt zu finden, diese Gebilde als etwas auszuweisen, was den Bedingungen genügt, die Parmenides dem einen Seienden gesetzt hatte. Denn die Atome werden ausdrücklich als (1) solid, (2) ewig, d. h. unentstehbar und unvergänglich, und (3) unwandelbar bzw. impassiv charakterisiert. Diese Bedingungen finden sich mehr oder weniger ausdrücklich im großen Fragment des Lehrgedichtes des Parmenides erwähnt (D. K. Frg. 28 B 8).

In anderer Hinsicht hat Demokrit freilich ein eleatisches Dogma verletzt. Denn er rechnet mit der Realität des Leeren (κενόν), das den Konfigurationen der Atome Raum gibt, und verstößt (s. Art. ›Eleatik‹ (3)) damit gegen Parmenides' These »nur Seiendes ist«, der er sinngemäß die Behauptung »das Leere existiert ebenso wie das Volle (d. h. das Seiende)« entgegensetzt (D. K. Frg. 67 A 7). Im Detail bietet Demokrits Verständnis der Atome allerdings Schwierigkeiten. So bleibt z. B. unklar, ob ›Unteilbarkeit‹ hier so viel wie ›theoretische‹ oder ›physikalische Unteilbarkeit‹ bedeutet (s. Art. ›Epikureismus‹) und ob Demokrit diesen Unterschied überhaupt vor Augen hatte. Solide bzw. kompakte Gebilde im strikten Sinne des Wortes mögen vielleicht auf Grund physikalischer Notwendigkeit unteilbar sein – strikt einheitliche, nicht-aggregathafte Gebilde hingegen auf Grund logischer Notwendigkeit. In diesem Zusammenhang fällt die Tatsache ins Gewicht, dass Demokrit nach einigen Zeugnissen die Atome als winzige Gebilde gedacht hat, die sich der normalen Wahrnehmung entziehen, nach anderen Zeugnissen freilich die These vertrat, die Atome seien sowohl an Größe als auch an Zahl unbegrenzt (D. K. Frg. 68 A 1) und einige Atome seien sehr groß (A 43), vergleichbar der Größe unseres Universums (A 47).

Wichtig ist nun die Frage, wie die Atomistik die Annahme der Existenz unbegrenzt vieler unteilbarer Gebilde von der Art der Atome für die Erklärung der Wirklichkeit nutzbar machte. Die leitende Annahme war die Vorstellung eines Wirbels, in dem die Atome umhergeschleudert wurden, aufeinander prallten und sich gegebenenfalls verhakten und auf diese Weise Körper aller Art konstituierten. Dabei ist der entscheidende Punkt der, dass Atome in der Hauptsache nach Form (ῥυσμός bzw. σχῆμα), Anordnung (διαθιγή bzw. τάξις) und Lage (τροπή bzw. θέσις) unterschieden seien (D. K. Frg. 67 A 6, vgl. D. K. Frg. 68 A 37). Aristoteles erläutert den Gedanken in der Weise, dass sich die Buchstaben A und N der Form nach unterscheiden, AN und NA der Anordnung nach und I und H der Lage nach.

Wichtig ist ferner, dass Demokrit – dies vermutlich in ausdrücklicher Absetzung von der Auffassung anderer Denker wie Empedokles oder Anaxagoras – den in Rede stehenden Gebilden nur quantitative Bestimmungen zuschrieb. Sie verfügen mithin nur über das, was in der Terminologie der Philosophie der Frühen Neuzeit unter primären im Gegensatz zu sekundären Eigenschaften (s. Art. ›Qualität‹) verstanden wurde. Dies bedeutet u. a., dass Wahrnehmungsqualitäten wie Farbe, Wärme, Geschmack nicht den Gegenständen selber gehören, sondern als Resultat eines Prozesses verstanden wurden, der als Einwirkung spitzer, runder und anderer atomarer Strukturen auf den Organismus von Lebewesen beschreibbar ist. Diese Auffassungen schufen besondere Probleme für die Theorie der Erkenntnis. Nachdem Demokrit sein Misstrauen gegen die Sinneswahrnehmungen ausgesprochen hatte (»Der gebräuchlichen Redeweise nach gibt es Farbe, Süßes, Bitteres, in Wahrheit aber nur Atome und Leeres«), lässt er den Verstand sagen: »Armer Verstand, von uns nahmst du die Beweisstücke und willst uns damit niederwerfen? Ein Fall wird dir der Niederwurf« (D. K. Frg. 68 B 125).

(2) Zenon von Elea (um 490 – um 430 v. Chr.; s. Art. ›Eleatik, Eleaten‹ (2)) formulierte Argumente gegen die Annahme der Realität von Bewegung und gegen die Annahme der Existenz des Leeren. Wenigstens eines der Argumente ersterer Gruppe steht und fällt damit, dass es sich gegen eine These wendet, die unteilbare Größen voraussetzt (vgl. Aristoteles, *Physik* VI 9). Eine ähnliche Situation scheint für die Argumentation gegen Vielheit zu gelten (Simplicius, *Kommentare zu Aristoteles' Physik* 139,10–15). Hier ist von der Vorstellung einer vollständigen Teilbarkeit der Wirklichkeit die Rede. Und sollte es sich dabei um eine These handeln, die tatsächlich vertreten wurde, so müsste diese als vor-atomistische Position angesehen werden. Dabei käme

Anaxagoras und seine Annahme von Partikeln in Betracht (s. (1)). Doch liegt es auch nahe, an Pythagoras und seine Schule zu denken.

(3) Die älteren Pythagoreer hielten dafür, dass die Wirklichkeit mathematisch darstellbare Züge an den Tag lege (s. Art. ›Form‹). An wenigstens einer Stelle findet sich die noch stärkere These, dass die Dinge selbst Zahlen sind bzw. aus Zahlen bestehen (vgl. Aristoteles, *Metaphysik* I 5). Hierbei spielte die Vorstellung von unteilbaren Einheiten (μονάδες) eine wichtige Rolle. Genauer behaupteten die Pythagoreer eine Identität von geometrischem Punkt (στιγμή) und arithmetischer Einheit (μονάς) und betrachteten derartige Gebilde sinngemäß als Atome.

(4) Überlegungen zu einem mathematischen Atomismus wurden auch in der platonischen Akademie diskutiert. (a) Laut einem Zeugnis des Aristoteles hat Platon selber wiederholt Gebilde von der Art unteilbarer Linien erwähnt (*Metaphysik* I 9, 992a 20 ff.). Von derartigen dimensionshaften, aber nicht teilbaren Gebilden hat vor allem sein Schüler Xenokrates gehandelt, auf dessen Auffassungen in einem peripatetischen Traktat gleichen Titels Bezug genommen wird. (b) Im Dialog *Timaios*, der eine Hypothese zur Entstehung der Welt als Produkt des Zusammenwirkens von Geist (νοῦς) und widerstrebender Notwendigkeit (ἀνάγκη) entwickelt, ist von elementaren Körpern die Rede, die ihrerseits aus rechteckigen Dreiecken bestehen (s. Art. ›Kosmos‹). Zwar sagt Platon nicht ausdrücklich, dass diese Bestandteile der Elementarkörper unteilbar seien. Doch scheint das Argument in 56d 1 ff. eben dies vorauszusetzen. So stellt sich die Frage, in welchem Sinne diese Unteilbarkeit zu verstehen wäre. Sollten die Dreiecke als physische Einheiten verstanden worden sein, so liegt der Schluss nahe, dass Platon meinte, sie seien physikalisch unteilbar, aber theoretisch sehr wohl teilbar. Für den Fall, dass sie nicht als physische Dinge aufgefasst, sondern eher als abstrakte Gebilde betrachtet worden wären, kann ihre Nicht-Teilbarkeit

entsprechend auch nicht physikalischer Art sein. Am Rande sei hier erwähnt, dass auch die Konzeption der Ideen als strikt eingestaltige und unteilbare Gebilde, wie sie im Dialog *Phaidon* thematisiert werden, atomistische Züge an den Tag legt.

(5) Eher physikalistische Annahmen vertrat der Platon-Schüler und Aristoteliker HERAKLEIDES VON PONTOS (um 390 – 310 v. Chr.). Sein Terminus technicus war »fugenlose Massen« (ἄναρμοι ὄγκοι). Zwar ist die genaue Bedeutung von ›anarmos‹ ungeklärt. Insbesondere ist unklar, ob mit der Verwendung dieses Wortes ein äußeres Merkmal wie Hakenlosigkeit oder ein inneres Charakteristikum wie Ungefügtheit gemeint war. Insofern ist »fugenlos« vielleicht ambivalent genug, um die Dinge letztlich offenzuhalten. Doch sprechen die relevanten Kontexte am ehesten für ein Verständnis im Sinne von »ohne innere Differenzierung«. Im Unterschied zum orthodoxen Verständnis atomarer Körper als qualitätsloser Gebilde bei Demokrit hat Herakleides (sowie der gelegentlich mit ihm in einem Atemzug genannte Arzt Asklepiades (s. (9)) die Atome als qualitativ bestimmbare und affizierbare Dinge angesehen. Diese Korrektur könnte auf einen Einwand des Hippokrates zurückgehen. Er machte nämlich geltend, dass Phänomene wie die Wandlung und Veränderung von Wahrnehmungen auf dem Boden unaffizierbarer Atome nicht verständlich gemacht werden können.

(6) Im Einzugsbereich der Schule des Aristoteles hat STRATON VON LAMPSAKOS (s. Art. ›Peripatos‹), der 288/287 v. Chr. die Leitung des Peripatos übernahm, in wenigstens einem zentralen Punkt an atomistische Lehren angeknüpft; und zwar hat er die Existenz des Leeren (κενόν) behauptet. Dieses Leere wurde von ihm als etwas vorgestellt, was Körper überhaupt durchsetzt und auf diese Weise jene Poren schafft, die angenommen werden müssen, um zu erklären, dass z. B. die Strahlen des Lichtes Wasser durchdringen können (vgl. Simplicius, *Kommentare zu Aristoteles' Physik* 693,10 ff.).

(7) Der megarische Philosoph Diodoros Kronos (um 300 v. Chr.) scheint als erster Denker statt von ›Atomen‹ von ›teillosen Körpern‹ (ἀμερῆ σώματα) gesprochen und damit vielleicht noch vor Epikur (s. Art. ›Epikureismus‹) weitere Differenzierungen in die Diskussion des Atomismus eingebracht zu haben. Diese Diskussion ist insgesamt, zumindest vordergründig, dadurch gekennzeichnet, dass sie nicht einfach die Auffassungen Demokrits und seiner Schule reproduziert. Eine genauere Analyse der z. T. nur bruchstückhaft überlieferten Argumente zeigt, dass sie nur verstanden werden kann, wenn angenommen wird, dass sie auf jene Bedenken Bezug nimmt, die Aristoteles bei der Erörterung atomistischer Grundvorstellungen entwickelt hatte. Diodoros wird an einer Stelle (Sextus Empiricus, *Gegen die Mathematiker* X 48) die Auffassung zugeschrieben, Bewegung existiere nicht; und diese Auffassung scheint Diodoros vor dem Hintergrund der Annahme der Existenz unteilbarer Körper vertreten zu haben: »Dass sich nichts bewegt, folgt aus seinen Voraussetzungen von Unteilbarem. Der unteilbare Körper muss nämlich in einem unteilbaren Ort vorhanden sein, und deswegen bewegt er sich weder in ihm [...] noch worin er nicht ist« (X 86). Dieses Argument steht und fällt mit dem bei Aristoteles formulierten Gedanken, dass sich ein Ding ohne Teile (τὸ ἀμερές) weder bewegen noch in irgendeiner Form verändern könne (Aristoteles, *Physik* VI 10, 240b 8 ff.), – ein Gedanke, der Demokrits Begriff des Atoms bedrohen muss, sofern dieses als theoretisch unteilbares Gebilde aufgefasst und nicht einfach als physikalisch unteilbare Sache gedacht wurde, die freilich theoretisch teilbar ist. Ein weiteres Argument gegen die Annahme der Existenz von Bewegung basiert auf der Unterscheidung zweier Arten von Bewegung, (a) Bewegung im vollständigen Sinn, wenn nämlich alle Teile eines Körpers in Bewegung sind, (b) Bewegung im überwiegenden Sinn, wenn nämlich die Mehrheit der Teile eines Körpers in Bewegung sind (vgl. Sextus Empiricus, *Gegen die Mathemati-*

ker X 113). Nun setzt Bewegung im Sinne von (a) Bewegung im Sinne von (b) voraus, wie z. B. jemand zuerst überwiegend grau sein muss, bevor er vollständig grau werden kann (vgl. X 114). Da aber Bewegung im Sinne von (b) nicht kohärent gedacht werden kann – denn wenn sich ein Körper bewegt, bewegt er sich mit allen seinen Teilen –, ist auch der Begriff der vollständigen Bewegung unhaltbar (vgl. X 115–117).

(8) Epikur (s. Art. ›Epikureismus‹) scheint seinen Atomismus als eigene Konzeption betrachtet und den Beitrag der Vorgänger eher verharmlost zu haben. Diesbezügliche Stellungnahmen lassen sich, wenn überhaupt, nur dann verstehen, wenn vorausgesetzt wird, dass Epikur glaubte, selber eine Theorie entwickelt zu haben, die jener Kritik standhält, die Aristoteles an Demokrit und seiner Schule übte. Dass Epikur in der Tat derartige Kritikpunkte berücksichtigte, scheint aus der Unterscheidung zwischen Atomen einerseits, die physikalisch unteilbar sind, und teillosen Körpern andererseits, die auch theoretisch unteilbar sind, hervorzugehen. Sie antwortet u. a. auf den Punkt, den Aristoteles in *Physik* VI 10 geltend machte (s. (7)). Epikur argumentierte nämlich, dass die Atome als kleinste unteilbare Körper in Analogie zu den sinnlich wahrnehmbaren Körpern über »kleinste« Teile verfügen müssten (Diogenes Laertius X 56–59).

(9) Atomistische Annahmen wurden auch innerhalb der Medizin vertreten. Vereinzelte Spuren finden sich bereits im *Corpus Hippocraticum*, durchgreifende konzeptionelle Momente lassen sich dann in hellenistischer Zeit bei Erasistratos (etwa Mitte des 3. Jh. v. Chr.) und Asklepiades (um 120 – 30 v. Chr.) feststellen. Ersterer betrachtete »allein mittels der Vernunft (λόγος) erkennbare Körper« als Grundbausteine auch des Organismus. Diese Annahme fungierte als Teil einer Erklärung dafür, dass von jedem Gegenstand beständig Ausströmungen (ἀποφοραί) kleinster Teile ausgehen, wie z. B. im Falle von Parfüm, dessen Wirkung und

Substanz sich mit der Zeit verflüchtigt, oder im Falle von Brot, das Gewicht verliert. Derartige Erwägungen, die auch den umgekehrten Fall des Zuwachses (εἴσκρισις) einschließen, lassen sich auf Demokrit und z. T. auf Empedokles zurückführen. – Asklepiades behauptete die Existenz von fugenlosen Körpern (s. (5)) sowie die Existenz des Leeren. Erstere Annahme erscheint gelegentlich mit der Vorstellung verbunden, dass die in Rede stehenden fugenlosen Massen (ὄγκοι) splitterbar (θραυστοί) seien. Dieser Gedanke mutet inkohärent an und ist schwer zu verstehen. Vielleicht ist der Punkt der, dass solche Gebilde keine dauerhaften Verbindungen eingehen und die jeweiligen Verbindungen im Prinzip stets auflösbar seien. Dies würde im Blick auf die Bedeutung von ἄναρμοι möglicherweise die besondere Bedeutung von ›nicht-festgefügt‹ nahelegen. In jedem Fall scheinen Erwägungen dieser Art im Dienste der sogenannten Abfluss- bzw. Ausflusstheorie gestanden zu haben. Die Vakuums-Theorie wiederum stand im Dienste der Erklärung der Existenz von Poren. Im Besonderen scheinen atomistische Annahmen u. a. auch für die Erklärung der Entstehung von Krankheiten genutzt worden zu sein: Danach entstehen Krankheiten so, dass kleinste Partikel in den Gängen hängenbleiben und sich sozusagen stauen.

In der späteren Entwicklung der Philosophie nahm das Interesse an atomistischen Konzeptionen ab. Denn materialistische Welterklärungen insgesamt wurden zunehmend auch moralisch verdächtigt. Sie wurden erst im 17. Jahrhundert wieder zu Ehren gebracht, als Pierre Gassendi die Gedanken Epikurs propagierte und diesen Denker als Vorläufer moderner Wissenschaftlichkeit pries.

Bedeutung

Das griechische Wort σημαίνειν (lat. *significare*) kann in nicht-technischen Zusammenhängen oft mit ›zeigen‹ (z. B. jemandem ›den Weg zeigen‹), in eher technischen Zusammenhängen mit ›bedeuten‹ oder ›bezeichnen‹ übersetzt werden. Vielleicht der erste abendländische Philosoph, der sich mit der Bedeutung von Wörtern befasste, war HERAKLIT VON EPHESOS (540–480 v. Chr.), der bemerkte, dass sich bei verschiedener Betonung der Buchstabenfolge *β ι ο ς* einmal die Bedeutung ›Leben‹, ein andermal die Bedeutung ›Bogen‹ ergibt: »Der Bogen (βιός) hat den Namen ›Leben‹ (βίος), sein Werk aber ist Tod« (D. K. Frg. 22 B 48). Heraklits Äußerungen über den »Logos« lassen sich z. T. auch als Rede über »Bedeutung« verstehen. Wenn er unterscheidet zwischen seiner eigenen Rede (λόγος) und dem »Logos« als universalem Gesetz (νόμος), nach dem alles geschieht, scheint er zu meinen, dass er seine Rede nicht als Ausdruck seiner persönlichen Gedanken über die Natur der Dinge verstanden wissen will, sondern als Ausdruck des universalen »Logos«, der ewig ist und unabhängig von der hörbaren Rede »gehört« und verstanden werden kann (vgl. D. K. Frg. 22 B 1, B 50).

Heraklit gilt in der Sicht späterer Philosophen als Denker, der meinte, dass Wörter natürliche Bedeutungen haben und diese sozusagen Teil eines universalen Sinngeflechtes seien. Diese Auffassung wurde jedoch in der Zeit der Sophistik fragwürdig. Wie die Frage nach der Seinsweise von Werten nicht mehr ohne weiteres unter Hinweis auf die Natur beantwortet wurde, so erlangte auch die These Popularität, dass die Bedeutung von Worten Sache der Konvention sei. Dieser Disput wurde von PLATON im Dialog *Kratylos* nachgezeichnet.

Ein anderer Punkt, der für das Verständnis philosophischer Probleme wichtig sein dürfte, ist dadurch markiert, dass sich das Bedeutungsproblem, wenn überhaupt, vor dem Hintergrund der stillschweigenden Annahme stellt, dass Wörter Namen seien (ὀνόματα). So wird im Lehrgedicht des Parmenides (s. Art. ›Eleatik‹ (1)) deutlich, dass Ausdrücke wie »sein«, »nicht-sein«, »den Ort wechseln«, »werden«, »vergehen« usw. gleichermaßen als Namen gelten (D. K. Frg. 28 B 8,38–41). Wird dieser Hintergrund in Betracht gezogen, so wird auch besser verständlich, dass sich für Denker wie Parmenides das Problem stellte, wie man der Konsequenz entrinnen könne, nämlich annehmen zu müssen, dass es gewissermaßen Wirklichkeitsstücke gebe, die solchen Ausdrücken als benannte Realitäten gegenüberstehen. Dieses Problem entspricht in mancher Hinsicht dem, was in diesem Jahrhundert als Fido/Fido-Prinzip angesprochen wurde. Insbesondere aber taucht es da auf, wo die These, dass die Bedeutung eines Namens sein Referenzobjekt sei, am Beispiel solcher Fälle wie »Pegasus existiert nicht« in Bedrängnis gerät: Um wahr sein zu können, muss der Satz bedeutungsvoll sein. Dies gilt insbesondere auch für den syntaktisch an Subjektstelle stehenden Ausdruck »Pegasus«. Wenn dieser Ausdruck bedeutungsvoll ist und seine Bedeutung voraussetzungsgemäß in der Referenz liegt, scheint sich dieser Satz nicht ohne Selbstwiderspruch verneinen zu lassen.

Technische Fragen dieser Art spielen bereits in den Dialogen Platons eine gewisse Rolle. Offensichtlich macht er von bestimmten Auffassungen Gebrauch und hat wohl diesbezüglich auch bestimmte Überzeugungen. Doch hat dieser Philosoph die Fragen als Fragen nicht terminologisch angesprochen. Immerhin finden sich bei ihm nicht nur z. B. eine Unterscheidung verschiedener Wortarten anhand der Beobachtung unterschiedlicher Funktionen im Satz (wie z. B. Subjekt/Prädikat-Struktur). Wir finden auch die Annahme, dass bestimmte Worte eigentlich feste, unverrückbare Designata als Bedeutungen haben, und zwar unabhängig von den konventionellen Bedeutungen. Diese Auffassung gilt als extreme Form des semantischen Realismus. So scheint den Ideen (s. Art. ›Idee‹) die Aufgabe zuerkannt, als primäre und echte Referenzobjekte zu fungieren, die sich im Denken hinreichend klar erfassen lassen. Demgegenüber dürften die Objekte, auf die Ideen-Namen im Sinne von Prädikaten anwendbar sind, als Gegenstände sekundärer Referenz fungieren.

Aristoteles war der erste, der eine Theorie der Bedeutung entwickelte. Im ersten Kapitel seiner Schrift *Lehre vom Satz* bietet er ein Modell an, welches die Beziehung sprachlicher Zeichen zu den Dingen im Hinblick auf die Kommunizierbarkeit unserer Gedanken erklären soll. Danach ist z. B. das geschriebene Wort »Mensch« ein »Symbol« für das gesprochene Wort, und dieses ist Symbol für eine »Affektion der Seele«, die »Abbild« der Dinge ist. Vielleicht ist dies so zu verstehen, dass Worte aufgrund ihres Symbolcharakters eine Bedeutung haben und damit als Zeichen fungieren können. Nach Aristoteles sind Worte in erster Linie Zeichen (σημεῖα) der Affektionen der Seele, die er auch Gedanken nennt; insofern diese Abbilder der Dinge sind, sind Worte auch Zeichen für die Dinge. Sowohl die Dinge als auch die Gedanken bzw. Affektionen der Seele sind für alle Menschen dieselben, während die sprachlichen Zeichen insofern auf Konvention beruhen, als verschiedene Sprachgruppen verschieden lautende Worte verwenden. Zwei Fragen scheinen hier besonders klärungsbedürftig: Weshalb meint Aristoteles, Worte seien in erster Linie Zeichen für Gedanken? Und inwiefern sind die durch Worte bezeichneten Gedanken für alle Menschen dieselben?

Nach Kapitel 4 der *Kategorienschrift* bezeichnen (σημαίνειν) allgemeine Namen wie »Mensch«, »Pferd«, »Lebewesen« eine Substanz. Aristoteles unterscheidet im folgenden Kapitel zwischen »ersten« Substanzen, nämlich bestimmten Menschen oder Pferden, und »zweiten« Substanzen, nämlich den Arten und Gattungen der ersten Substanzen, z. B. der Art Mensch und der Gattung Lebewesen (s. Art. ›Kategorie‹, ›Substanz‹). Zweite Substanzen bezeichnen (σημαίνειν) im Unterschied zu ersten Substanzen nicht »ein Dieses« (d. h. ein bestimmtes, aufzeigbares Einzelnes, τόδε τι). Denn das Wort »Substanz« bezeichnet im Fall der Aussage »Sokrates ist eine Substanz« nicht dasselbe wie im Fall der Aussage »Mensch ist eine Substanz«: im ersten Fall bezeichnet »Substanz« ein Dieses, d. h. der Zahl nach Eines, im zweiten Fall die Art Mensch. »Mensch« oder »Lebewesen« bezeichnen also zwar eine Substanz und damit Eines, aber nicht ein Dieses, sondern Mensch im Allgemeinen oder Lebewesen im Allgemeinen. Zweite Substanzen bezeichnen eine »Qualität« erster Substanzen und machen sie damit »erkennbar« (δηλοῦν). Eine zweite Substanz (Mensch im Allgemeinen) wäre dann so etwas wie der Inbegriff aller Merkmale, die es erlauben, einen Gegenstand als einer bestimmten Art oder Gattung zugehörig zu erkennen, z. B. als Mensch oder Lebewesen. Nach heutigem Sprachgebrauch wäre dies die Bedeutung oder Intension eines Prädikats (»Mensch«, »Lebewesen«). Dieser Deutung scheint entgegenzustehen, dass Aristoteles sagt, ein allgemeiner Name wie »Mensch« bezeichne eine Substanz – in diesem Fall eine Art, also einen Gegenstand –, was die intensionale Deutung nicht nahelegt.

Vielleicht lässt sich Aristoteles' Auffassung dem heutigen Sprachgebrauch gemäß aber auch so verstehen, dass das Wort »Mensch« einerseits etwas bedeutet, andererseits etwas bezeichnet. Mit Bezug auf das aristotelische Zeichenmodell könnte man sagen, dass das Wort »Mensch«, indem es einen Gedanken symbolisiert, eine Bedeutung hat und damit als Zeichen fungiert. »›Mensch‹ bezeichnet eine Substanz« wäre dann so zu verstehen, dass das Wort die Art eines Gegenstandes bedeutet (nämlich Mensch) und Gegenstände einer bestimmten Art bezeichnet (nämlich Menschen bzw. Substanzen). Wenn man die These, Worte bezeichneten in erster Linie Gedanken, in dieser Weise interpretieren kann, dann wäre auch klar, inwiefern die Gedanken oder Affektionen der Seele für alle Menschen dieselben sein müssen. Denn wenn das deutsche Wort »Mensch«, das griechische ἄνθρωπος oder das lateinische *homo* nicht denselben Gedanken symbolisieren würden, dann wären die Worte auch nicht Zeichen für dasselbe, nämlich Mensch im Allgemeinen, und daher auch nicht für dieselben Dinge.

Wenn man das zentrale Element der aristotelischen Bedeutungstheorie darin sieht, dass es zwischen den Worten und den Dingen ein Mittleres geben muss, das Aristoteles Affektionen der Seele bzw. Gedanken nennt, dann ist seine Theorie vergleichbar mit der Theorie der Stoiker. Die STOIKER unterscheiden zwischen a) dem sprachlichen Ausdruck eines Sachverhalts (z. B. »Sokrates schreibt«), b) dem behaupteten Sachverhalt (πρᾶγμα) und c) der Sache selbst (Sokrates), von der etwas behauptet wird. Der behauptete Sachverhalt ist das, was durch die Wortfolge »Sokrates schreibt« bezeichnet wird, und er ist das, was man versteht, wenn man die Sprache, in der die Aussage gemacht wird, versteht. Das Bezeichnete ist somit ein Mittleres zwischen den Worten, die bezeichnen, und den Dingen, auf die die Bezeichnung zutrifft. Es ist das, was »gesagt« wird (λέγεται), und die Stoiker prägten dafür den Terminus λεκτόν (›Gesagtes‹ bzw. ›Sagbares‹). Das Sagbare gliedert sich in unvollständiges Sagbares (λεκτά), z. B. »(jemand) schreibt«, bei denen der sprachliche Ausdruck eine Ergänzung verlangt (z. B. »Sokrates«), und vollständige λεκτά, die ihrerseits weiter unterteilt werden in Propositionen (ἀξιώματα), Syllogismen, Fragen etc. Das λεκτόν, das durch die Wortfolge »Sokrates schreibt« bezeichnet wird, ist eine Spezies der vollständigen λεκτά, nämlich eine Proposition. An dieser Lehre ist auffällig, dass Propositionen als eigentliche Träger der Prädikate »wahr« und »falsch« angesehen wurden. Hier zeigt sich eine gewisse Ähnlichkeit mit der Position Freges in seinem Aufsatz »Der Gedanke«. Auch darin, dass die λεκτά generell als etwas Unkörperliches angesehen wurden, tritt eine gewisse Ähnlichkeit zu den Sinn-Gebilden dieses Philosophen hervor. Unklar an der Position der Stoiker ist vor allem der Status der λεκτά in ihrem Verhältnis zu den Vorstellungen (d. h. Vorstellungsinhalten). Bei Sextus Empiricus heißt es, die Stoiker hätten das »Sagbare« bestimmt als etwas, das »gemäß einer rationalen Vorstellung subsistiere«, wobei unter einer »rationalen Vorstellung« etwas zu verstehen sei, das »sprachlich aufgezeigt« werden könne (*Gegen die Mathematiker* VIII 70).

Vorstellungsinhalte als Bedeutungen haben in der epikureischen (s. Art. ›Epikureismus‹) Philosophie eine wichtige Rolle gespielt. Hier ist von Vorbegriffen (προλήψεις) die Rede, die das sind, »was den Wörtern zugrunde liegt« und was man erfasst, wenn man Wörter versteht. Genauer heißt es so: »Sobald das Wort ›Mensch‹ ausgesprochen ist, sieht man sofort im Geist auch dem Vorbegriff entsprechend seine Gestalt vor sich« (Diogenes Laertius X 33). Diese Charakterisierung scheint schwierig und wirft eine Reihe von Problemen auf. Wie bei den Stoikern die Rede von λεκτά, die jeweils »gemäß (κατά) einer rationalen Vorstellung subsistieren«, die Frage nach dem genaueren Sinn des »gemäß« provoziert, so stellt sich auch hier im Blick auf die Beziehung von Vorbegriff und Bild die Frage nach dem Sinn des »entsprechend«.

Beweis

Unter einem »Beweis« (griech. ἀπόδειξις, lat. *demonstratio*) versteht man in der Philosophie und den Wissenschaften generell eine stichhaltige Begründung für eine aufgestellte Behauptung. Wenn man in der Lage ist, eine solche Begründung anzugeben, verfügt man bezüglich einer Aussage über Wissen (s. Art. ›Wissen(schaft)‹), anderenfalls hat man nur eine Meinung (s. Art. ›Meinung‹). Die Unterscheidung von Wissen und bloßer Meinung verlangt deshalb eine

Untersuchung der Natur des Beweises, die erstmals von ARISTOTELES in den *Zweiten Analytiken* unternommen wurde. Frühere Denker wie z. B. XENOPHANES VON KOLOPHON oder ALKMAION VON KROTON hatten die Auffassung vertreten, dass wirkliches Wissen die menschlichen Erkenntnismöglichkeiten übersteigt. So sagte Xenophanes, dass kein Mensch je über ein »klares« oder »anschauliches« (σαφές) Wissen verfügen wird (vgl. D. K. Frg. 21 B 34). Und von Alkmaion stammt der Satz, wonach nur die Götter Klarheit (σαφήνεια) über die unsichtbaren Dinge (τὰ ἀφανέα) haben, während es Sache der Menschen sei, Schlüsse zu ziehen (τεκμαίρεσθαι) (vgl. D. K. Frg. 24 B 1). Das Verb τεκμαίρεσθαι bedeutet »aus Zeichen schließen«, aber nach Alkmaion führt dieses Verfahren nicht zu »Klarheit« bzw. Wissen. Das zugehörige Substantiv τεκμήριον wurde allerdings auch in der Bedeutung ›sicheres Zeichen, Beweis‹ verwendet. So bezeichnet z. B. Platon im Dialog *Parmenides* Zenons Argumente (λόγοι) gegen die Annahme einer Vielheit des Seienden als »Beweise« (τεκμήρια) für die These, das Seiende sei nicht Vieles (127e). Auf diese Weise habe ZENON VON ELEA die These des Parmenides verteidigt, das Seiende sei Eines.

Zenons Argumente (s. Art. ›Atomismus‹ (2), ›Eleatik, Eleaten‹ (2)) für diese These hatten offenbar die Form eines indirekten Beweises. Er wollte zeigen, dass die Annahme (ὑπόθεσις), das Seiende sei Vieles, logisch unmögliche Konsequenzen hat, nämlich dass das Seiende unter dieser Voraussetzung sowohl ähnlich als auch unähnlich sein müsste. Ein solcher Beweis wird *reductio ad absurdum* genannt; d. h., eine These gilt dann als bewiesen, wenn gezeigt werden kann, dass ihre Negation falsch bzw. logisch unmöglich ist. Zenons Lehrer PARMENIDES VON ELEA (s. Art. ›Eleatik‹ (1)) scheint der erste Philosoph gewesen zu sein, der sich dieser Beweisform bediente. So argumentierte er für die These, das Seiende sei nicht entstanden, indem er zeigte, dass aus der Annahme, das Seiende sei entstanden, Unmögliches folgt: Denn das Seiende müsste entweder aus Seiendem entstehen, was wegen der strikten Einheit des Seienden nicht möglich ist; oder es müsste aus Nichtseiendem entstehen, was auf Grund des stillschweigend vorausgesetzten Prinzips, wonach nichts aus nichts werden kann, unmöglich ist (vgl. D. K. Frg. 28 B 8,6 ff.). Die Auffassung, das Seiende sei entstanden, ist fester Bestandteil der »Meinungen der Sterblichen«. Wenn auf rational nachvollziehbare Weise gezeigt werden kann, dass aus dieser Meinung logisch Unmögliches folgt, dann ist Wahrheit bzw. Wissen für die »Sterblichen« nicht mehr unzugänglich.

Parmenides' Beweis der Unentstandenheit des Seienden ist indirekt in dem Sinne, dass die Wahrheit dieser These nicht auf dem Wege der Deduktion aus Prämissen gewonnen wird, deren Wahrheit unabhängig von der Wahrheit der Konklusion anerkannt werden muss. Außerdem ist »das Seiende« des Parmenides nicht ein Gegenstand unter anderen, sondern sozusagen ›die Wahrheit selbst‹ (s. Art. ›Wahrheit‹; vgl. B 8,51). Der Begriff eines deduktiven Beweises, d. h. der Ableitung von Theoremen aus Axiomen, konnte offenbar erst in Beziehung auf die »Wissenschaften« (ἐπιστῆμαι) aufkommen, die ihre je eigenen Gegenstände haben, d. h. nicht »die Wahrheit« oder »das Seiende« als solches. Das Vorbild einer solchen Wissenschaft ist die Geometrie, wie sie z. B. in Euklids *Elementen* zur Darstellung kommt.

Nach Aristoteles, der in den *Zweiten Analytiken* erstmals eine Beweistheorie entwickelt hat, können wir dann sagen, dass wir etwas »wissen« (εἰδέναι), wenn wir über einen »Beweis« (ἀπόδειξις) verfügen (I 2). Der Begriff »Beweis« wird dann näher bestimmt als »wissenschaftlicher Schluss« (συλλογισμὸς ἐπιστημονικός). Zum Adjektiv »wissenschaftlich« (ἐπιστημονικός) gehört das Substantiv ἐπιστήμη (»Wissenschaft«, »Wissen«) und das Verb ἐπίστασθαι, das auch mit ›verstehen‹ übersetzt werden kann. Das spezielle Wissen bzw. Verstehen, zu dem man mittels Beweis gelangt, setzt bereits bestimmte Kenntnisse, bzw. Wissen in einem allgemeineren Sinn, voraus (s. Art. ›Definition‹). Aristoteles bringt dies dadurch zum Ausdruck, dass er seine Theorie von Anfang an mit Bezug auf die Situation des Lehrens (διδασκαλία) und Lernens (μάθησις) vermittelt, und er legt Wert auf die Feststellung, dass Lehren und Lernen überhaupt nur auf der Grundlage bereits vorhandener Kenntnis (γνῶσις) möglich ist (I 1).

Das »Verstehen« (ἐπίστασθαι), um das es Aristoteles geht, ist also eine spezielle Form von Wissen, das er auch »apodeiktisches Wissen« nennt. Das Beweismittel ist der »Syllogismus«, d. h. eine bestimmte Form des Schlusses oder der Deduktion. In den *Ersten Analytiken* I 1 wird der Syllogismus als »Rede« (λόγος) definiert, »in der aus bestimmten Sätzen etwas anderes als das Gesetzte dadurch, dass dieses der Fall ist (τῷ ταῦτα εἶναι), notwendigerweise folgt.« Das »Gesetzte« sind die Prämissen (προτάσεις) des Beweises, das, was aus den Prämissen folgt, ist die Konklusion (συμπέρασμα). Prämissen und Konklusion sind Sätze, die in einem bestimmten Verhältnis zueinander stehen und als »Obersatz« (I), »Untersatz« (II) und »Schlusssatz« (III) bezeichnet werden. Diese Sätze haben als Bestandteile drei Begriffe (ὅροι), den »Oberbegriff« [A], den »Mittelbegriff« [B] und den »Unterbegriff« [C], die alle je in zwei der drei Sätze vorkommen müssen. Aristoteles unterscheidet verschiedene gültige Figuren des Syllogismus. Ein Beispiel für einen Syllogismus der ersten Figur ist das folgende: 1. Prämisse (I): Alle Menschen [A] sind Lebewesen [B]; 2. Prämisse (II): Alle Lebewesen [B] sind sterblich [C]; Schlusssatz (III): Alle Menschen [A] sind sterblich [C]. Dieser Syllogismus ist gültig, und außerdem sind seine Prämissen wahr. Dass er gültig ist, bedeutet, dass es für beliebige Begriffe A, B und C unmöglich ist, dass beide Prämissen wahr sind und der Schlusssatz falsch ist. Aristoteles war der erste Philosoph, der in dieser Weise zwischen der formalen Gültigkeit des Schlusses und der Wahrheit der Sätze, aus denen er besteht, unterschieden hat. Um zu wissen, dass ein Syllogismus gültig ist, braucht man die Wahrheit der Sätze, aus denen er besteht, nicht zu kennen; doch ist ein gültiger Syllogismus, dessen Prämissen falsch sind, nicht »apodeiktisch« oder beweisend, d. h. er führt nicht zu Wissen. Ein apodeiktischer Syllogismus ist also ein gültiger Schluss, in dem beide Prämissen wahr sind.

Die Wahrheit der Prämissen allein genügt jedoch noch nicht zum Beweis eines bestimmten Satzes, der aus ihnen abgeleitet werden soll. Die Prämissen müssen außerdem »erste« Sätze sein; ist dies nicht der Fall, dann müssen diese Sätze ihrerseits aus wahren und ersten Sätzen abgeleitet sein (vgl. *Topik* I 1). In diesem Falle sind die Prämissen ihrerseits Schlusssätze eines Beweises, während die »ersten« Sätze einer Kette von Beweisen eines Beweises weder fähig noch bedürftig sind. Aristoteles nennt diese Sätze »unmittelbar« (ἄμεσοι) und im Verhältnis zur Konklusion »bekannter« (γνωριμώτεραι) und früher bzw. fundamentaler (πρότεραι); in diesem Sinn sind sie deren »Gründe« (αἴτίαι) (*Zweite Analytiken* I 2). Dass diese Gründe »bekannter« sein müssen, ergibt sich offenbar daraus, dass Lernen nur möglich ist aufgrund eines vorgängigen Wissens. Zu diesem Wissen gelangt man nicht mittels Beweis, sondern durch »Induktion« (ἐπαγωγή). Aristoteles unterscheidet den Beweis von der Induktion dadurch, dass der Beweis »vom Allgemeinen« abhängt (ἐκ τῶν καθόλου), die Induktion dagegen »vom Besonderen« (ἐκ τῶν κατὰ μέρος). Das Wissen, zu dem man mittels Induktion gelangt, beruht auf der Wahrnehmung, deren Gegenstand das Besondere ist, d. h. der durch eine Allaussage implizierte Einzelfall (I 18). Um zu wissen, dass eine Eigenschaft einem bestimmten Gegenstand als solchem zukommt, muss man zuvor wissen, dass sie einem einzelnen Gegenstand der betreffenden Gattung zukommt. Aristoteles' Begriff der Induktion ist nicht derselbe wie der moderne der unvollständigen bzw. vollständigen Induktion, und mit seiner Erklärung (II 19), wie man von der Erkenntnis des Besonderen zur Erkenntnis des Allgemeinen gelangt, scheint er auch gar keine wissenschaftliche Methode ins Auge zu fassen, sondern vielmehr die Entstehung von Allgemeinbegriffen.

Eine Prämisse kann auch »früher« und »bekannter« sein in dem Sinne, dass das in ihr ausgedrückte Wissen der sinnlichen Wahrnehmung näherliegt (vgl. I 2); das Besondere (τὸ καθ' ἕκαστον), das Gegenstand der Wahrnehmung ist, ist früher und bekannter »für uns«, während das Allgemeine (τὸ καθόλου) (s. Art. ›Allgemeines‹), das »schlechthin Frühere« bzw. »Bekanntere«, der Wahrnehmung ferner liegt. Mit Bezug auf diese Unterscheidung spricht Aristoteles einerseits von einem Beweis, der zum Wissen führt, *dass* (ὅτι) etwas der Fall ist, und andererseits von einem Beweis, der zum Wissen führt, *warum* (διότι) etwas der Fall ist. Diese beiden Arten des Beweises wurden später »Dass-Beweis« (*demonstratio quia*) bzw. »Warum-Beweis« (*demonstratio propter quid*) genannt; Wilhelm von Ockham hat den ersten Beweis als »Beweis a posteriori«, den zweiten als »Beweis a priori« bezeichnet. Aristoteles (I 13) gibt für einen »Dass-Beweis« folgendes Beispiel: Wenn man durch Wahrnehmung bzw. Induktion erstens weiß, dass die Planeten nicht funkeln, und zweitens weiß, dass das, was nicht funkelt, nahe ist, hat man einen Beweis dafür, dass die Planeten nahe sind, aber man hat keinen »Warum-Beweis«; denn das Nicht-Funkeln der Planeten ist nicht die Ursache bzw. der Grund für ihre Nähe, vielmehr ist umgekehrt ihre Nähe der Grund dafür, dass sie nicht funkeln.

Während Aristoteles' Beweistheorie dem didaktischen Zweck der Vermittlung von Wissen dient, verhält es sich mit der stoischen Beweistheorie anders. Nach Sextus Empiricus (*Grundzüge der pyrrhonischen Skepsis* II 247) galt das Interesse der STOIKER an Beweisen nicht nur der Frage ihrer formalen Gültigkeit, sondern in erster Linie der Befähigung, Wahres von Falschem zu unterscheiden. In dieser Hinsicht wurden sie von den Skeptikern kritisiert, die ihnen entgegenhielten, dass die Untersuchung formaler Fragen der Logik nichts zur Beurteilung der Wahrheit oder Falschheit von Sätzen beitrage (vgl. Cicero, *Lucullus* 91 ff.). Nach der stoischen Theorie muss der Schlusssatz eines Beweises einen »von Natur aus nicht-evidenten Sachverhalt (φύσει ἄδηλον)« ausdrücken, d. h. einen Sachverhalt, der nicht direkt erfassbar ist, sondern nur indirekt, mittels eines »indikativen Zeichens« (ἐνδεικτικὸν σημεῖον). Dieses »zeigt« (σημαίνει) oder »enthüllt« (ἐκκαλύπτει) die Wahrheit des Schlusssatzes »aufgrund seiner eigenen Natur und Beschaffenheit«; es wird definiert als »Proposition« (ἀξίωμα), die das »Antecedens einer gültigen bzw. wahren Implikation (συνημμένον)« darstellt (vgl. Sextus Empiricus, *Grundzüge der pyrrhonischen Skepsis* II 101). Ein Standardbeispiel eines solchen Beweises ist das folgende (II 140): »Wenn Schweiß durch die Haut fließt, gibt es intelligible (d. h. nicht sinnlich wahrnehmbare) Poren (I); nun fließt Schweiß durch die Haut (II): also gibt es intelligible Poren (III).« Die Existenz intelligibler Poren (III) ist das zu beweisende Nichtevidente (ἄδηλον). Die Prämissen des Beweises müssen im Verhältnis zum Schlusssatz »prävident« (πρόδηλον) sein. So ist es prävident, dass Schweiß durch die Haut fließt (II); und die Wahrheit der Implikation (I), von der die 2. Prämisse das Antecedens bildet, ist ebenfalls prävident, weil »im Voraus erfasst ist« (προειλῆφθαι), dass durch einen festen Körper keine Flüssigkeit dringen kann (II 142).

Im Unterschied zu einem aristotelischen Beweis sind die Elemente eines stoischen Beweises oder Argumentes (λόγος) nicht Begriffe, sondern Propositionen. Ein Argument ist »schlüssig« (συνακτικός), »wenn die Implikation, die mit der Konjunktion (συμπεπλεγμένον) der Prämissen des Arguments beginnt und mit seinem Schlusssatz endet, gültig bzw. wahr (ὑγιές, bzw. ἀληθές) ist« (II 137). Im Unterschied zur modernen Auffassung, die in der Antike auch vertreten wurde, ist die stoische Analyse der Implikation (συνημμένον) nicht wahrheitsfunktional. Nach dem Megariker Philon z. B. hängt die Gültigkeit einer Implikation nur davon ab, dass nicht der Vordersatz (ἀρχόμενον) wahr und der Nachsatz (λῆγον) falsch ist (II 110). Demgegenüber verlangten die Stoiker, dass zwischen dem Antecedens und dem Consequens eine »Verbindung« (συνάρτησις) bestehen muss, und legten fest, dass eine Implikation dann gültig bzw. wahr sei, wenn das kontradiktorische Gegenteil des Consequens dem Antecedens widerstreite (μάχεται) (II 111). Der Gedanke des »Widerstreits« beruht auf dem Gedanken, dass Vordersatz und Nachsatz in einer relevanten »Verbindung« zueinander stehen. Die oben angeführte Prämisse »Wenn Schweiß durch die Haut fließt, dann gibt es intelligible Poren« exemplifiziert diese Verbindung, die der Grund dafür ist, dass die zweite Prämisse (»Nun fließt Schweiß durch die Haut«) als Zeichen für die nichtevidente Existenz intelligibler Poren fungieren kann. Offenbar besteht also ein Zusammenhang zwischen der Forderung einer Verbindung von Vordersatz und Nachsatz einerseits und der Forderung der Präevidenz der Prämissen andererseits. In dieser Hinsicht liegt ein wichtiger Unterschied zwischen aristotelischen und stoischen Beweisen darin, dass sich aus stoischen Syllogismen keine Ketten bilden lassen; denn da die Schlussfolgerung eines stoischen Beweises nichtevident sein muss, kann sie nicht als Prämisse eines anderen Beweises fungieren.

Definition

definitio ist die lateinische Übersetzung des griechischen Wortes ὅρος bzw. ὁρισμός (›Begrenzung, Bestimmung‹). Nach Ciceros *Topik* bezeichnet dieser Begriff eine »sprachliche Äußerung (*oratio*), die von dem, was definiert wird, darlegt (*explicat*), was es sei (*quid sit*).« Ciceros Formulierung entspricht der Unterscheidung zwischen dem zu definierenden Gegenstand (*definiendum*) einerseits und dem definierenden Ausdruck (*definiens*) andererseits. Diese Unterscheidung kann auf zwei Weisen aufgefasst werden. Angenommen, »zweibeiniges, ungefiedertes Lebewesen« sei das *definiens* von »Mensch«: dann kann man die Definition so verstehen, dass der definierende Ausdruck eine Erkenntnis darüber vermittelt, was ein Mensch sei; in diesem Falle spricht man von einer »Realdefinition«. Man kann sie aber auch so verstehen, dass durch das *definiens* nicht eine Erkenntnis über den Gegenstand vermittelt, sondern vielmehr nur festgelegt wird, wie der Name bzw. das Prädikat »Mensch« verwendet werden soll; in diesem Falle spricht man von einer »Nominaldefinition«. Diese zweite Auffassung der Definition ist die heute in den empirischen Wissenschaften übliche, während sie von ARISTOTELES in der Wissenschaftslehre zwar in Betracht gezogen, aber für wissenschaftlich irrelevant erachtet wurde.

In den *Zweiten Analytiken* (II 10) scheint Aristoteles davon auszugehen, dass es sich bei einer Definition (ὁρισμός) um die Bestimmung (λόγος) dessen handelt, was eine Sache ist (τί ἐστιν). Wenn man z. B. sagt: »Donner ist ein gewisses Geräusch in den Wolken«, so ist dieser Satz eine Bestimmung dessen, was das Wort »Donner« bezeichnet, d. h. des bekannten akustischen Phänomens. Erklärt man dieses Phänomen durch Angabe einer Ursache, indem man z. B. sagt: »Weil Feuer in den Wolken erlischt, donnert es«, so bringt man damit ein Argument vor, das Aristoteles als λόγος διὰ τί ἔστιν (›Bestimmung, warum es ist‹) bezeichnet, mittels dessen der Satz »bewiesen« wird (s. Art. ›Beweis‹), Donner sei ein Geräusch in den Wolken. Dieser selbe λόγος kann auch als Definition gelesen werden (»Donner ist ein Geräusch von erlöschendem Feuer in den Wolken«), wobei diese volle Definition des Phänomens die durch dessen wissenschaftliche Analyse gewonnene Einsicht ausdrückt. So gesehen stellt die zuerst genannte Definition nur eine partielle Einsicht dar. Diese Art der Definition, d. h. die »Bestimmung dessen, was der Name oder eine andere, namensähnliche Bestimmung (λόγος ὀνοματώδης) bezeichnet (σημαίνει)«, ist also nicht eine Nominaldefinition im erwähnten traditionellen Sinn. Aristoteles macht dies in der Weise deutlich, dass er erklärt, es sei »schwierig« zu erfassen, *warum* etwas ist, wenn man nicht wisse, *dass* es ist (ὅτι ἔστιν). Nach seiner Auffassung ist also eine Namensbestimmung nicht bloß ›nominal‹, sondern bereits eine partielle Definition der Sache, in diesem Fall des bekannten akustischen Phänomens.

Einer der Hauptgründe, weshalb viele moderne Theoretiker im Hinblick auf die empirischen Wissenschaften »Realdefinitionen« im Sinne des Aristoteles für unfruchtbar halten, liegt in der Schwierigkeit der Frage, wie man zu solchen Definitionen gelange und wie man sich vergewissern könne, dass sie korrekt sind. Denn wenn der »Realist« sich etwa darauf beruft, dass man das »Was« oder die »Essenz« eines Gegenstandes intuitiv erfasse, so wird ihm entgegengehalten, dass solchen Intuitionen etwas Beliebiges anhafte. Während es für die Position des »Realisten« kennzeichnend ist, dass jede Sache nur eine einzige Definition hat, die deren »Essenz« ausdrückt, ist die Position des »Nominalisten« dadurch gekennzeichnet, dass er die von ihm verwendeten Begriffe in gewissem Ausmaß beliebig definieren kann. In dieser Hinsicht scheint Aristoteles eine interessante Kontroverse anzudeuten. Denn er erwähnt, dass der Sokrates-Schüler ANTISTHENES die Meinung vertreten habe, jede Sache habe eine ihr »eigene Formel« (οἰκεῖος λόγος), und nur gerade diese eine Formel sei von ihr aussagbar. Daraus ergebe sich, dass Widerspruch (ἀντιλέγειν) nicht möglich sei (vgl. *Metaphysik* V 29); denn verschiedene Formeln wären nach Antisthenes nicht Formeln derselben Sache. Antisthenes' Position wird gelegentlich nominalistisch interpretiert. Nach dieser Interpretation wird mit der Behauptung, Widerspruch sei unmöglich, zum Ausdruck gebracht, dass man über Definitionen nicht streiten kann.

Denn wer einem bestimmten Logos widersprechen will, bringt einen anderen Logos vor. Wenn nun nach Auffassung des Realisten jede Sache nur *einen* Logos hat, d. h. nur *eine* Definition, dann kann es sich bei einem *anderen* Logos nicht um einen Logos *derselben* Sache handeln, daher auch nicht um einen Widerspruch.

Die nominalistische Deutung der Position des Antisthenes ist historisch wohl nicht korrekt. Aristoteles stellt in *Metaphysik* V 29 die Sache so dar, dass das von Antisthenes aufgeworfene Problem durch die Unterscheidung zwischen essentieller und akzidenteller Prädikation gelöst wird. Jede Sache hat in gewisser Hinsicht nur *einen* Logos, d. h. die Definition, die die Essenz der Sache ausdrückt (s. Art. ›Substanz‹). In anderer Hinsicht aber hat jede Sache viele Logoi, denn man kann verschiedene Dinge über dieselbe Sache aussagen. Selbst wenn man Antisthenes' These als antirealistischen Einwand konstruiert, würde diese Antwort des Aristoteles nicht von vorneherein gegenstandslos. Denn nominalistisch gedeutet legt die These »Widerspruch ist unmöglich« nahe, verschiedene Definitionen z. B. des Menschen als Definitionen verschiedener *Begriffe* zu verstehen: so könnte etwa »rationales Lebewesen« als *definiens* von »Mensch*« und »Statue von der und der Form« als *definiens* von »Mensch**« aufgefasst werden. Die aristotelische Antwort wäre die, dass diese Begriffe Begriffe von verschiedenen Dingen sind – nämlich »homonymen« Dingen, d. h. Dingen, die denselben Namen haben, aber nicht dieselbe Definition (vgl. *Kategorien* 1). Und nach Aristoteles ist es keineswegs so, dass Definitionen willkürlich gewählt sind, vielmehr stellen sie das Resultat einer Analyse dar. So wird etwa die Definition des Menschen als »rationales Lebewesen« auf dem Wege der Einteilung (διαίρεσις) der Gattung »Lebewesen« in ihre Arten gewonnen. Eine korrekt gebildete Definition besteht demgemäß in der Angabe der Gattung (»Lebewesen«) und der spezifischen Differenz (»rational«) (vgl. *Topik* I 8). Insofern eine Definition das Resultat einer Analyse ist, kann man über sie auch Rechenschaft ablegen.

Neben dieser Auffassung der Definition, der Analyse eines Dinges nach Genus und Spezies, gibt es auch eine andere, nach der der Logos oder die Definition verstanden wird als Resultat der Analyse im Sinne von Zergliederung eines Ganzen in seine Teile. Auch in diesem Zusammenhang bringt Aristoteles die Meinung des Antisthenes ins Spiel. Gemäß *Metaphysik* VIII 3 hat Antisthenes behauptet, es sei unmöglich, das »was es ist« zu definieren, da eine Definition in einer »langen Formel« (μακρὸς λόγος) bestehe. Wenn Definition eine Sache der Analyse eines Dinges in seine konstitutiven Teile ist, lassen die Teile selbst nicht wiederum eine Definition zu. Da eine ähnliche Argumentation in Platons *Theaetet* (201e ff.) vermutlich die Position des Antisthenes reflektiert, liegt es nahe, Antisthenes' Behauptung auf die Analyse eines Ganzen in seine Teile zu beziehen. Nach der erwähnten Passage des *Theaetet* lassen sich die »Elemente« (s. Art. ›Element‹) eines Gegenstandes nur mittels eines Namens bezeichnen (ὀνομάζειν), sie lassen sich nicht in einem Logos »sagen« (λέγειν), da ein Logos ein »Komplex von Namen« (συμπλοκὴ ὀνομάτων) ist. Dies legt vielleicht nahe, die Position des Antisthenes folgendermaßen zu rekonstruieren. Die Definition eines Dinges besteht in einer »langen Formel« (μακρὸς λόγος); diese lange Formel wäre die der Sache »eigene Formel« (οἰκεῖος λόγος). Die »lange Formel« aber ist ein Komplex aus den den Teilen des Gegenstandes »eigenen Formeln«. Diese Formeln der Teile wären nur aussagbar mittels einer »langen Formel«, die ihrerseits wiederum aus den Formeln der Teile bestehen müsste. Dies aber ist unmöglich, da die Grundbestandteile einer Sache nicht weiter zerlegbar sind. Wenn aber die »eigenen Formeln« der Teile nicht aussagbar sind, ist auch die »lange Formel« nicht aussagbar, daher ist Definition nicht möglich.

Aristoteles' Antwort auf dieses Problem scheint die zu sein, dass eine Definition nicht einfach eine lange Formel dieser Art darstellt, sondern eine solche Formel, die »etwas von etwas ausgesagt« (τὶ κατὰ τινὸς). Das definierbare Ganze ist in diesem Fall die aus Materie und Form zusammengesetzte Substanz, wobei diese Bestandteile ihrerseits nicht wiederum definierbar sind. Materie und Form sind die Prinzipien (ἀρχαί) wahrnehmbarer Substanzen. In der *Physik* I 1 sagt Aristoteles, ein Name bezeichne ein Ganzes in unbestimmter Weise, während die Definition dieses in seine Teile zerlege. Das Ganze sei zunächst für unsere Sinneswahrnehmung das Deutlichere und Erkennbarere, in Wirklichkeit aber etwas Verschwommenes. Von dem »für uns« Erkennbareren ausgehend dringt man nach Aristoteles zu der durch die Definition vermittelten Erkenntnis des Ganzen vor, und diese Erkenntnis ist klarer und die erkannte Struktur erkennbarer als das in der sinnlichen Wahrnehmung gegebene Ganze. Diese Erklärung des Aristoteles gibt auch eine Antwort auf die Frage, wie man zu solchen Definitionen bzw. zur Erkenntnis der ›Essenzen‹ der Dinge komme.

Dialektik

Das Wort »Dialektik« leitet sich von διαλεκτικὴ τέχνη ab, und Dialektik hat in diesem Sinn mit ›Unterredungskunst‹ zu tun. Doch steht diese Kunst der Unterredung im Dienst der Auseinandersetzung über eine Sache und hat somit wesentlich argumentativen Charakter. Dieses Verständnis von »Dialektik« führt sich auf Sokrates zurück, der in den frühen Dialogen Platons als jemand porträtiert wird, der anderen argumentativ begegnet. Die Rede von einer Kunst (τέχνη) hat hier durchaus einen substantiellen Sinn. Denn Sokrates operiert planvoll, strategisch und mit Bedacht.

(1) Dieser Sinn von »Dialektik« liegt ARISTOTELES' *Topik* zugrunde und bestimmt oft genug sein eigenes Vorgehen in den Lehrschriften. Die Art von Argumentation, die im Rahmen der Dialektik verfolgt wird, unterscheidet sich von anderen Argumentationsarten nicht etwa dadurch, dass hier eine besondere Logik gilt. Vielmehr liegt der Unterschied zwischen einer eigentlichen Beweisführung (s. Art. ›Beweis‹) auf der einen und einer dialektischen Argumentation auf der anderen Seite darin, dass Argumente im ersten Fall von sogenannten ersten, nicht mehr reduzierbaren Sätzen ausgehen, letztere hingegen von wahrscheinlichen Sätzen, die gemeinhin akzeptiert werden (s. Art. ›Meinung‹). Aristoteles betrachtet an einer Stelle ZENON VON ELEA als Begründer der Dialektik. Damit ist vermutlich der Umstand ins Licht gerückt, dass Zenon die Falschheit einer These so aufwies, dass er den Antipoden mit widersprüchlichen Folgerungen konfrontierte. Dieses Verfahren findet sich auch im zweiten Teil des Platon'schen *Parmenides*.

(2) Bei PLATON gibt es eine Konzeption von Dialektik, die sich sinngemäß wohl am besten als philosophische Analyse charakterisieren lässt. Diese Konzeption findet sich im Dialog *Politeia* VI–VII. Sie kontrastiert das Selbstverständnis der Fachwissenschaften (so z. B. der Geometrie) mit dem Anspruch des Dialektikers, Voraussetzungen aller Art nicht unbefragt im Raum stehen zu lassen, sondern sie auf ihre Präsuppositionen hin zu untersuchen (s. Art. ›Gut‹, ›Wissen(schaft)‹). Nun ist der Dialektiker in *Politeia* VI–VII jemand, der seine Tätigkeit nicht nur als Disziplin zweiter Ordnung versteht (etwa als Meta-Geometrie usw.), sondern seinerseits bis zu den letzten Elementen vordringt und diese in eine sachgemäße Ordnung bringt. Insofern finden sich hier, in der Beschreibung von Aufstieg und Abstieg, Antizipationen dessen, was in der Tradition der euklidischen *Elemente* (bei Pappos) als Analysis und Synthesis thematisch werden wird. Diese Orientierung ist auch späterhin Teil der

Philosophie und wird auch bei den neuzeitlichen Autoren eine wichtige Rolle spielen.

(3) Daneben hat »Dialektik« bei Platon zumindest tendenziell noch einen weiteren Sinn, der mutatis mutandis bei Hegel wiederkehren wird. Und zwar handelt es sich um den Gedanken, dass Begriffe (Ideen bzw. Formen in Platons Verständnis; s. Art. ›Idee‹) Beziehungen zueinander aufweisen, die die Ideenwelt selber als eine Art Netzwerk ausweisen. Im Dialog *Sophistes* skizziert Platon ein Bild dieser Ideen-Gemeinschaft; und die Aufgabe des Dialektikers scheint darin zu bestehen, über die Struktur(en) dieser Gemeinschaft Auskunft geben zu können. Mithin versteht sich der Dialektiker auf die dialektische Struktur der Begriffe. Die Art und Weise, wie diese Begriffe miteinander kommunizieren (d. h. Verträglichkeit oder Nichtverträglichkeit an den Tag legen), lässt sich als System von Wahrheitsbedingungen interpretieren, denen Sätze über Dinge in unserer Welt genügen müssen. Dies ist der Kern des Gedankens.

Nun scheint Platon – dies ist die Annahme einer ganzen Reihe von Interpreten – dieses intelligible Universum als dynamisches Gebilde aufzufassen (vgl. *Sophistes* 248b). Insbesondere sieht es so aus, als affizierten sich die begrifflichen Gehalte wechselseitig und als bedeute Gedachtwerden bereits eine Form der Veränderung. Hier also würde der dem Neuplatonismus vertraute Gedanke Platz gewinnen, wonach Ideen ihrerseits denkende Wesen sind (vgl. Plotin, *Enneaden* V 9 [5] 8,2 und 8,18). Diese Vorstellung spielte auch für Hegel eine Rolle, der in seiner *Wissenschaft der Logik* reine Gedanken eben nicht nur als Gedachtes, sondern auch als Denkendes auffasst. Dass Platon derartige Auffassungen vertrat, seine Ideen mit einer Art von Biographie versehen wissen wollte oder eine Form von Begriffs-Geschichte inaugurierte, ist mehr als zweifelhaft.

(4) In der hellenistischen Philosophie gewinnt ›Dialektik‹ gelegentlich die Bedeutung von ›Logik‹. Dies ist bei einigen Stoikern (s. Art. ›Stoa‹) der Fall, die Dialektik als jenen Teil

der Philosophie ansehen, der Belange der Sprache, Erkenntnis und formalen Logik in sich begreift. Dialektiker im hier relevanten Sinn sind vor allem Logiker, die sich wie CHRYSIPP und DIODOR auf Komplexitäten der Logik verstehen, verschiedene Weisen der Implikation unterscheiden usw. Der weitere Sinn von ›Dialektik‹ als Sprachlogik spiegelt sich z. B. auch in AUGUSTINS Werk *De Dialectica* wider.

Eigenschaft(en)

Modernes Denken orientiert sich an einer Unterscheidung zwischen Gegenständen auf der einen und Eigenschaften auf der anderen Seite. Dabei sind Gegenstände das, was singulären Termini als Referenzobjekte gegenübersteht, und Eigenschaften dasjenige, was den Referenzobjekten vermittels genereller Termini zu- oder abgesprochen wird. Diese Unterscheidung, die in der lateinischsprachigen Tradition unter den Titeln ›Substanz‹ und ›Attribut‹ begegnet, tritt in der griechischen Philosophie erst allmählich hervor (s. Art. ›Subjekt‹, ›Substanz‹). Dies hängt damit zusammen, dass Worte lange uniform als Namen (ὀνόματα) behandelt wurden (s. Art. ›Sein‹) und die Wirklichkeit entsprechend uniform als Ensemble von Seiendem bzw. von dingartigen Gebilden erschien. Vor diesem Hintergrund wurden Eigenschaften also als Dinge betrachtet, die *in* oder *an* anderen Dingen vorkommen. Die Auffassung von Eigenschaften als Ingredienzien begegnet bei ANAXAGORAS (um 500 – um 428 v. Chr.). Sie scheint auch zu PLATONS Zeiten außerordentlich einflussreich gewesen zu sein (vgl. Aristoteles, *Metaphysik* I 9, 991a 15–19). Dies erhellt an der Beschreibung von Eigenschaften als Stücken, die sozusagen gehabt werden, bzw. als Teilen des Dinges, an dem sie vorkommen. Auffassungen dieser Art liegen auch den Einwänden gegen die Ideenlehre im Dialog *Parmenides* zugrunde, d. h. dass die Idee (als Gegenstand der Teilhabe) zerstückelt werde und die Eigenschaft selber Teil des Dinges sei, welches sie charakterisiert. (Wittgenstein betrachtete »diese Auffassung der Eigenschaften als Ingredientien eines Dinges« gelegentlich als die Auffassung Platons. Doch befindet er sich hier im Irrtum. Es handelt sich vielmehr um eine Meinung, die Platon selber ad absurdum führt.) Platon selbst scheint zwischen der Idee F als Eigenschaft, F in abstracto und ihrem jeweiligen immanenten Aspekt oder Charakter F unterschieden zu haben, den ein Ding als Subjekt der Teilhabe aufweist (s. Art. ›Idee‹).

Vergleichsweise klare Unterscheidungen finden sich erst bei ARISTOTELES. Er unterschied zwischen Dingen, Universalien (s. Art. ›Allgemeines‹) und Eigenschaften, wobei die Letzteren gemäß der Kategorien-Unterteilung in neun nicht-substantielle Typen untergliedert werden (s. Art. ›Kategorie‹). Dieser Philosoph hat im übrigen auch als erster Denker die Unterscheidung zwischen essentiellen und nicht-essentiellen bzw. akzidentellen Eigenschaften eingeführt; und er hat des weiteren mit der Berücksichtigung sogenannter Eigentümlichkeiten (ἴδια, lat. *propria*) eine Klasse von Eigenschaften markiert, die zwar nicht essentiell zu einer Sache gehören (wie Wiehern zum Pferd), aber doch nur an dieser Sache vorkommen.

Spätere Denker wie die STOIKER haben ausdrücklich individuelle und generelle Eigenschaften unterschieden. Diese Thematik spielt dann bei der Beurteilung der Frage eine Rolle, ob und warum einzelne Dinge individuell verschieden sein können und worauf diese Verschiedenheit eigentlich beruht (s. Art. ›Individuum‹). Diese Problematiken werden im Neuplatonismus akut und vor dem Hintergrund der Erörterungen PORPHYRIOS', des Schülers Plotins, auch für die christliche Tradition relevant.

Im 20. Jahrhundert hat u. a. Bertrand Russell (1872–1970) darauf hingewiesen, dass es sich bei der Gliederung der Wirklichkeit in Substanzen und Attribute um eine Projektion grammatischer Züge unserer Sprache (d. h. der Subjekt/Prädikat-Struktur) in die Wirklichkeit handele; und Alfred Jules Ayer (1910–89) machte geltend, dass die Auffassung von Eigenschaften als etwas von ihrem Träger Distinktem daher rühre, dass wir beim Versuch, etwa über eine wahrnehmbare Eigenschaft zu sprechen, einen Artikel o. Ä. einführen müssen, in dem wir das Ding als Ding vorstellig machen, von dessen Eigenschaft wir reden.

Eleatik, Eleaten

Unter »Eleatik« versteht man eine Denkweise, die unausgesprochene oder ausgesprochene Elemente bzw. Positionen der Philosophie des Parmenides von Elea in Süditalien aufnimmt. Eleaten im philosophisch relevanten Sinne sind ferner Zenon und Melissos.

(1) Parmenides (geb. um 515 v. Chr.), der in seiner von Griechen gegründeten Heimatstadt Elea in Unteritalien auch politisch tätig war und als Gesetzgeber wirkte, verfasste ein Lehrgedicht mit dem Titel *Über das Seiende* (oder auch: *Über die Natur*). Das Gedicht hat die Form einer Rede, in der die Göttin Dike (»Recht«) einen jungen Mann in einem ersten Teil über »die Wahrheit« belehrt und in einem zweiten Teil über die »Meinungen der Sterblichen« (D. K. Frg. 28 B 1,28–30). Im »Wahrheits«-Teil entwickelt die Göttin in »zuverlässiger« Rede die Attribute des Seienden (τὸ ἐόν), das Eines ist, unveränderlich, undifferenziert und ohne Beziehung auf etwas anderes (B 8), während der »Doxa«-Teil (δόξα bedeutet »Meinung, Ansehen, Schein«) eine Kosmologie enthält, auf deren Gegenstand – die Ordnung des sichtbaren Kosmos – die Attribute des Seienden nicht anwendbar sind, da die Welt sich nicht als undifferenzierte Einheit darstellt (s. Art. ›Sein‹, ›Meinung‹, ›Kosmos‹). Die Welt-Ordnung, die von der Göttin »wahrscheinlich«

genannt wird (B 8,60), wird vielmehr auf die Entgegensetzung zweier »Formen«, nämlich Feuer und Nacht, bzw. Warmes und Kaltes, zurückgeführt (B 8,53 ff.). Der Hinweis auf die Wahrscheinlichkeit lässt sich so verstehen, dass die von der Göttin entwickelte Kosmologie die bestmögliche ist, nämlich mit Rücksicht auf die Bedingungen, unter denen die an die Sinneswahrnehmung gebundene menschliche Erkenntnis steht. Dies bedeutet, dass der zweite Teil nicht einfach menschliche Meinungen wiedergibt, sondern die Doxa als Doxa, d. h. als von der Wahrheit unterschieden, kenntlich machen soll. Die Voraussetzung dafür, dass der Mensch bzw. der Adressat der Rede der Göttin zu dieser Einsicht über die Doxawelt, von der er ein Teil ist, kommt, besteht darin, dass er sich im Denken von der Doxawelt und damit von der sinnlichen Erfahrung löst. Dies ist vielleicht didaktisch gesehen die Absicht, die die Göttin mit dem ersten Teil ihrer Rede verfolgt.

Parmenides lässt die Göttin ihre Rede über die »Wahrheit« mit der Unterscheidung zweier »Wege der Forschung« beginnen, die allein denkbar seien (B 2). Der erste Weg wird gekennzeichnet als der Weg, »dass ist und dass nicht ist [oder: dass es unmöglich ist], nicht zu sein«; dieser sei der »Pfad der Überzeugung, da er der Wahrheit folgt«. Der zweite wird gekennzeichnet als der Weg, »dass nicht ist und dass es richtig [oder: notwendig] ist, nicht zu sein«; er wird als »ganz unerfahrbar« beschrieben, da das »nicht Seiende« weder erkennbar noch aufzeigbar sei. Beiden Kennzeichnungen fehlt ein grammatisches Subjekt, das von manchen Interpreten ergänzt wird, z. B. »es«, »etwas«, »das Seiende«, »was Gegenstand der Forschung ist«, »was gesagt und gedacht werden kann«. Doch scheint es auch möglich, dass Parmenides nicht Aussagen (»*x* ist«, »*x* ist nicht«), sondern Affirmation und Negation als Ausdrucksweisen eines Gedankens unterscheiden wollte: Wenn ein Gedanke mittels des »ist« ausgedrückt wird, dann ist es unmöglich, dass das, was affirmativ ausgesagt wird, d. h. das, wovon der Gedanke Gedanke ist, nicht ist. Wird andererseits ein Gedanke mittels »ist nicht« ausgedrückt, dann ist es notwendig, dass das, wovon der Gedanke Gedanke ist, nicht ist. Dass der zweite Weg kein möglicher Weg ist, also nur hypothetisch eingeführt wird, ist wohl der Formulierung »dass es notwendig ist, nicht zu sein« zu entnehmen. Sie lässt sich so verstehen, dass der Weg »dass nicht ist« jegliche Affirmation, ausgedrückt durch »ist«, ausschließt; danach würde »*x* ist nicht« nicht nur »*x* ist *y*« ausschließen, sondern auch »*x* ist *x*«, sodass der Gedanke, ausgedrückt durch »*x* ist nicht«, ohne jede Bestimmtheit und damit nicht denkbar wäre.

Von diesen beiden »Wegen der Forschung« unterscheidet Parmenides in Fragment B 6 den Weg der »nichts wissenden Sterblichen«, die er »Doppelköpfe« nennt und die »Sein und Nichtsein für dasselbe und nicht dasselbe« hielten. Die angedeutete Konfusion ist offenbar auf die vorangegangene Unterscheidung der zwei Wege zu beziehen, die von den Menschen nicht vollzogen wird; sie zeigt sich etwas später darin, dass die Menschen vom Entstehen und Vergehen des Seienden und von dessen Veränderlichkeit überzeugt sind (B 8,39–41). Im Kontext von Fragment B 2 bedeutet dies, dass sie die Negation des Weges »dass ist« nicht als jegliche Affirmation ausschließend verstehen. Parmenides scheint dabei »Gewohnheit« und »Erfahrung« als diejenigen Faktoren bezeichnen zu wollen, welche die Menschen in ihrem gedankenlosen Verhalten bestimmen (B 7). Wahrscheinlich ist dieser »Weg der Sterblichen«, von dem die Göttin den Jüngling abbringen will, nicht einfach identisch mit dem Weg, den sie selbst im Doxa-Teil ihrer Rede beschreitet; denn die negative Charakterisierung des Verhaltens der Sterblichen – sie werden als stumm, blind und taub geschildert – könnte darauf hinweisen, dass es bezüglich der sinnlichen Wahrnehmungen ein angemessenes Verhalten gibt, zu dem die göttliche Belehrung über die »Meinungen der Menschen« hinführen soll.

Nachdem sie den zweiten »Weg der Forschung« für ungangbar erklärt und den Weg der »Sterblichen« als gedankliche Konfusion gebrandmarkt hat, wendet sich die Göttin im Fragment B 8 dem Weg »dass ist« zu, der als einziger übrig bleibt. Auf diesem Weg gebe es »viele Zeichen, dass, weil ungeworden, es auch unvergänglich ist« (B 8,2–3). Damit scheint nun auch ein Subjekt bezeichnet zu werden, nämlich »was ist«: »Es war nicht einmal noch wird es sein, da es jetzt zugleich ganz ist« (B 8,5; s. Art. ›Ewigkeit‹). Der im Folgenden entwickelte Begriff des »Seienden« steht in Kontrast zur Auffassung, die im Rahmen der Doxa maßgeblich ist. So beschließt offenbar die Göttin ihre Rede über die Doxa mit den Worten: »So also entstanden gemäß der Meinung diese Dinge [d. h. der sichtbare Kosmos] und sind jetzt und danach werden sie, nachdem sie gewachsen sind, ein Ende nehmen; und für diese Dinge haben die Menschen einen Namen festgesetzt, der für ein jedes bezeichnend ist« (B 19). Wahrscheinlich sind es diese Gegenstände der menschlichen Meinungen, die durch verschiedene Namen bezeichnet werden und für die gilt, dass sie entstehen, sind und vergehen, welche die Göttin in ihrer Rede über die Wahrheit als »nichtseiende Dinge« (μὴ ἐόντα) bezeichnet (B 7,1). Aus der Sicht der Göttin nehmen die Menschen fälschlicherweise an, dass die Dinge des sichtbaren Kosmos, z. B. die Sonne, der Mond und die Sterne, Dinge sind, die »sind«, weshalb in ihren Meinungen keine Wahrheit ist. Gemäß der Doxa ist »sein« ein Prädikat, das von etwas ausgesagt werden kann, das durch einen bestimmten Namen bezeichnet und damit von dem durch andere Namen Bezeichneten als verschieden gedacht wird. Der Begriff des »Seienden«, der dieser Auffassung zugrunde liegt, umfasst eine Vielheit von Gegenständen, die »sind«. Im Lichte dessen, was die Göttin in ihrer Rede über die Wahrheit sagt, bedeutet dies, dass die Gegenstände, die in Rede und Denken als »seiende« intendiert werden, von dem von ihnen ausgesagten »Sein« unterschieden werden müssen. Der »Pfad der Überzeugung« hingegen verbietet die Unterscheidung zwischen dem als seiend Gedachten und seinem Sein; dann aber erscheint es problematisch, das »Seiende« als entstanden zu begreifen, denn dies würde eben diese Unterscheidung involvieren.

Die »Konfusion« der Doxa scheint als solche allerdings erst dann erkennbar zu werden, wenn ein Denkweg beschritten wird, der sich zugleich als ihre Auflösung erweist. Diesen Weg weist die Göttin in Fragment B 8, wo die Auffassung expliziert wird, dass »Sein« (εἶναι) selbst das ist, was »ist«. Was »ist«, erscheint dabei als subjektlos, insofern das Sein offenbar nicht als Sein von einem begrifflich davon zu unterscheidenden »etwas« verstanden werden soll. Insofern aber das Sein Gegenstand der Forschung ist, wird es als etwas begriffen, das »ist«. Dass »Sein« als »etwas« verstanden werden kann, hat die Göttin schon in früherem Zusammenhang zum Ausdruck gebracht: »Das, was zu sagen und zu denken ist, muss sein; denn Sein ist (ἔστι γὰϱ εἶναι), nichts ist nicht (μηδὲν δ' οὐκ ἔστιν)« (B 6,1–2). Diese Stelle lässt sich so verstehen, dass Denken immer Denken von etwas ist, das »ist«; »Sein« steht wohl als Name für das, was »ist«, und der Name kann sich nicht auf »nichts« beziehen, da »nichts« nicht »sein« kann. Von der Bezogenheit des Denkens auf das Sein (s. Art. ›Wahrheit‹) ist offenbar auch die Rede in Fragment B 3 (»denn dasselbe ist Denken und Sein«) und an einer anderen notorisch schwierigen Stelle in Fragment B 8: »dasselbe ist Denken und das, weswegen der Gedanke ist, denn nicht ohne das Seiende, in dem es ausgesprochen ist, wirst du das Denken finden« (B 8,34–36). Denken ist Denken von etwas; was den Gedanken zum Gedanken von etwas macht, ist das Sein dieses »etwas« bzw. jenes Etwas, »weswegen der Gedanke *ist*«. Wie immer man diese Passagen auch genau versteht, so scheint man doch daran festhalten zu können, dass es Parmenides um einen Begriff des Seienden geht, der sich insofern von demjenigen abhebt, den die Göttin der Doxa zuweist, als das, was »ist«, das »etwas«, wovon der Gedanke Gedanke ist, nicht von seinem Sein unterschieden werden darf.

In dieser Weise vom »Seienden« zu denken verlangt vom Adressaten der Rede der Göttin, dass er sich in seinem Denken gewissermaßen neu orientiert. Wenn Parmenides von »Zeichen« am »wahren Weg« spricht, so bedeutet dies vielleicht, dass unter der Voraussetzung der Unterscheidung der beiden »Wege der Forschung« die Explikation des Seinsbegriffs rational nachvollziehbar ist. Als solche Zeichen könnte man die in Fragment B 8 genannten Attribute des Seienden ansehen, bezeichnet durch die Prädikate »unentstanden«, »unvergänglich«, »ganz«, »unbewegt«, »unvollendbar«, »zeitlos«, »einzig«, »kontinuierlich« (B 8,3–6). Dabei stellt sich die Frage, wie diese Zeichen erkannt bzw. die Attribute des Seienden aufgefunden werden. Eine mögliche Antwort scheint die zu sein, dass Parmenides weitgehend den Seinsbegriff der Doxa als Leitfaden zur Entdeckung der Attribute des Seienden benutzte: so ist das Seiende gemäß der Doxa entstanden, vergänglich, Vieles usw.

Die Argumentation gegen die Entstehung des Seienden (B 8,6–21) – die wohl auch dessen Unvergänglichkeit zeigen soll – ist grundlegend, denn aus ihr ergeben sich auch weitgehend die übrigen Attribute. Dass das Seiende unentstanden ist, beweist Parmenides indirekt (s. Art. ›Beweis‹): Wenn man annimmt, das Seiende sei aus Nichtseiendem entstanden, dann müsste man denken können, dass es nicht ist, bzw. dass das Nichtseiende ist, was unmöglich ist. Die Annahme ist deshalb unhaltbar und das Gegenteil wahr. Ein zweiter Beweis geht offenbar davon aus, dass das Seiende aus Seiendem entstanden ist, und scheint darauf zu beruhen, dass derjenige, der behauptet, das Seiende sei entstanden, sich auf das Seiende beziehen muss, das bereits als unentstanden erwiesen wurde und sich nicht etwa auf ein Seiendes »neben« diesem Seienden beziehen kann; d. h. das Seiende, das die Doxa annimmt, kann nicht »sein«. Nichts ist »außerhalb« des Seienden, erklärt die Göttin in B 8,36–38, da es Moira, die Schicksalsgöttin, »gebunden« habe, »ganz und unbewegt« zu sein. Parmenides spricht in diesem Zusammenhang auch von »starker Notwendigkeit (ἀνάγκη)«, die das Seiende in »begrenzenden Banden« halte (B 8,30–31). Diese Notwendigkeit ist nicht als äußerer Zwang zu verstehen, sondern wohl eher als eine Art Notwendigkeit des Denkens, durch die Denken an Seiendes gebunden ist. Dieser Gedanke könnte auch hinter dem dritten Argument gegen die Entstehung des Seienden stehen, das als Satz vom zureichenden Grund in der Philosophiegeschichte eine Rolle spielte, nämlich dass, wenn Seiendes »bei nichts beginnend« entstanden wäre, es einen Grund geben müsste, dass es zu einem bestimmten Zeitpunkt und nicht zu einem andern entstanden wäre (B 8,9–10).

Eine viel diskutierte Frage ist die, wie das »ist«, das auf den wahren Weg führen soll, zu verstehen ist. Manche Forscher nehmen an, dass das Wort die Bedeutung »existiert« hat: Nach Parmenides existiert nur das Seiende, während die Gegenstände der Doxa, d. h. die Dinge der sichtbaren Welt, nicht existieren. Da das Seiende das ist, was existiert, ist die Aussage »das Seiende existiert« eine Tautologie. Doch das Problem liegt hier darin, dass Parmenides offenbar die Aussage darüber, *was* etwas ist, nicht von der Aussage unterscheidet, *dass* es ist – eine Unterscheidung, die z. B. in der Philosophie der mittelalterlichen Scholastik mittels der Begriffe »Essenz« (s. Art. ›Substanz‹) und »Existenz« ausgedrückt wird. Dieser Unterschied ist grundlegend für die Erklärung des Verhältnisses Gottes zur Welt. So meint Thomas von Aquin, wenn er sagt »Gott ist Sein«, dass die Essenz Gottes mit seiner Existenz zusammenfalle, während für alle geschaffenen Wesen gilt, dass ihr Sein, das sie von Gott haben, von ihrer Essenz verschieden ist. Wenn Parmenides eine derartige Begrifflichkeit zur Verfügung gehabt hätte, hätte er z. B. die Möglichkeit gehabt, das Verhältnis des Einen Seienden zur Doxawelt mit Hilfe der Annahme unterschiedlicher Seinsgrade auszudrücken, was er gerade ausschließt: Was ist, »ist notwendig entweder ganz und gar oder es ist nicht« (B 8,11). Angesichts solcher Probleme ist es auch schwierig zu sagen, worauf sich der Ausdruck »das Seiende« eigentlich bezieht. Möglich ist, dass er sich auf »das All« (τὸ πᾶν) bezieht, verstanden als Inbegriff all dessen, was als »seiend« ausgesagt und gedacht wird.

(2) Zenon von Elea (s. Art. ›Atomismus‹ (2)), der in Platons Dialog *Parmenides* gemeinsam mit dem großen Philosophen auftritt, ist besonders auf Grund seiner Argumentationen gegen die Realität von Bewegung berühmt geworden. Diese Argumentationen, die uns vor allem durch Aristoteles' Berichte in der *Physik* bekannt sind und durch entsprechende Bemerkungen des Kommentators Simplicius, konstruieren schwierige Paradoxe. Sie basieren auf der Annahme von Zeit- und Bewegungspunkten – eine Annahme, die von Aristoteles, der eine Kontinuums-Vorstellung vertrat, zurückgewiesen wurde. Die Frage, wer die möglichen Gegner der Einlassungen Zenons sein mögen, ist nach wie vor kontrovers. Ob Zenon eine eigene These zum Wesen des Seienden entwickelte, ist nicht bekannt. So, wie Platon im ersten Teil des *Parmenides* die Situation darstellt, hätte Parmenides positiv für die Annahme von Einheit argumentiert und damit einen ontologischen Monismus vertreten, während sich Zenon von Elea darauf beschränkt hätte, Gegenargumente abzuwehren und zu zeigen, dass sich die Antipoden des Parmenides in viel größere Schwierigkeiten verstricken. Der letztere Punkt ist vielleicht so zu verstehen, dass Parmenides eine These vertrat, die in vieler (oder sogar in jeder) Hinsicht den Protest des gesunden Menschenverstandes hervorrief, während seine Antipoden bei dem Versuch, die Belange des gesunden Menschenverstandes zu stützen, zur Annahme formallogischer Kontradiktionen genötigt sind. Dieser Punkt mag Aristoteles zu dem Urteil bestimmt haben, dass Zenon von Elea als Begründer der Dialektik zu gelten habe (s. Art. ›Dialektik‹).

(3) Melissos von Samos (um 441 v. Chr.) artikulierte eine Reihe von Argumenten zugunsten der Ontologie des Parmenides. Wie jener und wie auch Zenon bediente er sich dabei der indirekten Beweisführung. An wenigstens zwei Punkten wird allerdings ein Dissens mit der Konzeption des Parmenides deutlich. Denn Melissos behauptet, das Seiende sei unbegrenzt (ἄπειρον); und diese These (D. K. Frg. 30 B 3) scheint einen Widerspruch zur Vorstellung zu bedeuten, dass das Seiende begrenzt sei (D. K. Frg. 28 B 8,42 ff.). Vielleicht wollte Melissos mit dieser These einen wirkungsvollen Einwand gegen die Speerspitze atomistischer Attacken formulieren. Denn die Atomisten hielten ja dafür, dass das Leere ebenso existiere wie das Seiende, welches das Leere gewissermaßen als Ort benötige (s. Art. ›Atomismus‹ (1)); und mit der Behauptung, dass das Seiende unbegrenzt sei – Melissos verstand dies offenbar im räumlichen *und* zeitlichen Sinn –, hätte er die Basis für die Annahme der Existenz des Leeren destruiert (D. K. Frg. 30 B 7,7). Ein anderer Punkt betrifft den Gedanken, dass Seiendes körperlos (ἀσώματον) sei (B 9). Dieser Gedanke steht ziemlich isoliert; und insofern ist die Bedeutung von ἀσώματον (›immateriell‹?) nicht klar. Dies macht eine Beurteilung der These schwierig.

(4) Eleatische Gedanken scheinen auch in der Schule der megarischen Philosophen Boden gefasst zu haben. So hat Diodoros Kronos (4. Jh. v. Chr.), der vor allem als Logiker bekannt wurde, gegen die Annahme der Realität von Bewegung argumentiert (s. Art. ›Atomismus‹ (7)). – In anderer Weise haben eleatische Gedanken auch Philosophen in Bann gezogen, die die Hauptthesen nicht geteilt hätten. Wie Demokrits Konzeption der Atome die Bedingungen zu beobachten suchte, die Parmenides für das Seiende etabliert hatte, so hat auch Platons Konzeption der Idee zumindest in den sogenannten mittleren Dialogen (*Phaidon*, *Symposium*) Vorstellungen des Parmenides berücksichtigt.

Element

Das Wort *elementum* ist die lateinische Übersetzung des griechischen στοιχεῖον, das so viel bedeutet haben mag wie ›Ergänzungsstück einer Reihe‹, ›Teilstück‹ oder auch ›Baustein‹. Es wurde u. a. verwendet zur Bezeichnung der Buchstaben als kleinsten Einheiten eines Lautgebildes, war aber ursprünglich wohl in der Sprache der Mathematik beheimatet, in der es z. B. den Punkt als kleinste Einheit von Linie, Fläche und Körper bezeichnete. PLATON scheint der erste Philosoph gewesen zu sein, der den Ausdruck im Bereich der naturphilosophischen Betrachtung heimisch machte. Denn Platon dachte vorzugsweise im Horizont mathematischer Paradigmen und führte in seiner schulinternen Prinzipiendiskussion mit »Einheit« und »unbestimmter Zweiheit« bzw. dem »Kleinen und Großen« tatsächlich στοιχεῖα ein, die den Bestand aller Wirklichkeit nach dem Vorbild pythagoreischer Zahlen-Metaphysik strukturell erklärbar machen sollten. Das Wort gehörte jedoch nicht zum Vokabular der Selbstbeschreibung vorsokratischen Denkens.

EMPEDOKLES VON AKRAGAS (um 495 – um 435 v. Chr.) beschrieb das, was man heute als die »vier Elemente« bezeichnet, nämlich Feuer, Luft, Wasser und Erde, als »Wurzeln (ῥιζώματα) aller Dinge« (D. K. Frg. 31 B 6). Diese Metapher ist offenbar stärker als von Vorstellungen des Bauens und Zusammensetzens von Bildern des Organischen bestimmt, die insbesondere da Gewicht gewannen, wo das Bild der Wirklichkeit als φύσις (›Natur‹) mit dem Bild einer *natura creatrix* verbunden wurde. Auch Worte wie σπέρματα (›Samen‹), das von ANAXAGORAS zur Bezeichnung von Grundbestandteilen der Realität verwendet wurde (D. K. Frg. 59 B 4), oder γένεσις (›Entstehung, Werden, Erzeugung‹) gehören zu den Ausdrücken, die das Bild vom Wachstum vermitteln, das durch die Etymologie des Wortes φύσις hervorgerufen wird (s. Art. ›Natur‹).

Empedokles' Theorie der vier Grundelemente lässt sich als Synthese zweier gegensätzlicher Denkmodelle begreifen, mit denen vorsokratische Philosophen die Frage zu beantworten suchten, wie sich Einheit zu Vielheit differenziert. Das eine Modell ist das der Entzweiung, das mythischer und religiöser Vorstellung entstammt. Der namhafteste Vertreter dieses Modells ist Anaximandros von Milet (um 610 – 545 v. Chr.), der aus dem undifferenzierten Urgrund, dem »Unbegrenzten« (ἄπειρον), Gegensätze paarweise sich heraussondern und abspalten lässt, die dann die Weltordnung (κόσμος) konstituieren: zunächst das Heiße (Feuer) und Kalte (Luft), und sodann das Feuchte (Wasser) und das Trockene (Erde) (D. K. Frg. 12 A 16, B 1). Für diese Denkform ist charakteristisch, dass die in der Realität selbst wirksamen Kräfte polarer Natur sind. Da sie Produkte der Entzweiung sind, sind sie darauf angelegt, sich zu konfrontieren und gegenseitig zu entmachten. Das Kalte weicht dem Heißen und umgekehrt, das Feuchte dem Trockenen und umgekehrt: die jeweiligen Gegensätze vernichten sich gegenseitig (s. Art. ›Qualität‹). – Nach dem anderen Modell jedoch, dem der Abwandlung, lässt sich Vielheit und Verschiedenheit als Modifikation einer Urrealität verstehen. Sie zeichnet sich durch eine sparsame und denkbar ökonomische Konzeption aus, die es gestattet, sämtliche Dinge und Ereignisse als Aspekte der Funktion eines uniformen Prozesses zu begreifen. So erklärte Anaximenes von Milet (um 546 v. Chr.), der diese Denkweise begründete, die Entstehung der Welt und sämtlicher Dinge in ihr als Resultat quantitativer Veränderungen im Bereich der einen Realität. In einem Prozess der Verdichtung wird Luft bzw. Dunst (ἀήρ) sukzessive zu Wind, Wolke, Wasser, Erde und Stein, in einem Prozess der Verdünnung entsprechend schließlich zu Feuer (D. K. Frg. 13 A 7).

Anaximenes und anderen Denkern ging es offenbar darum, in Konfrontation mit den landläufigen Meinungen zu sagen, wie die Dinge wirklich sind. Wenn Heraklit sagte »Der Kosmos ist Feuer« (D. K. Frg. 22 B 30) oder Anaximenes »Alles ist Luft«, so wollten sie wohl auch zu verstehen geben, dass die Dinge in Wirklichkeit nicht so sind, wie sie erscheinen, bzw. dass das, wofür die meisten Menschen sie halten, nicht ihr wahres Wesen ist (s. Art. ›Kosmos‹). Diese Einschätzung passt besser zu der bis heute weit verbreiteten Vorstellung, dass eine adäquate Charakterisierung in jedem Fall genetisch zu verfahren habe, d. h. der Herkunft eines Dinges Rechnung tragen müsse. Im Ganzen erscheint das Abwandlungsmodell gegenüber dem Entzweiungsmodell, nach dem die polaren Gebilde nur übergänglichen Charakter haben, als wissenschaftlich fortschrittlicher, da es ermöglicht, die vielfältigen Erscheinungsformen der Dinge mit Bezug auf eine einzige von ihnen zu erklären. Empedokles' Theorie der vier Elemente bzw. »unerschütterlichen Wurzeln« aller Dinge hingegen ist weder eine Variante des einen noch des anderen Modells.

Empedokles' Position lässt sich mit Bezug auf die genannten Denkformen vielleicht folgendermaßen charakterisieren: Wenn es sich bei dem, was die erfahrbare Welt konstituiert, um polare Kräfte handelt, so sind diese auf gegenseitige Zerstörung angelegt, und es gibt nichts, was wirklich Bestand hat; dies widerstreitet der Erfahrung. Wenn andererseits die vielfältigen Erscheinungsformen nur Abwandlungen einer einzigen Grundform sind, dann ist das, was wirklich ist, bzw. was die Dinge ihrem Wesen nach sind, wandelbar; was aber wandelbar ist, wird schließlich zunichte. Wenn sich nun das, was wirklich ist, nicht als nichtseiend denken lässt, dann ist das Abwandlungsmodell in dieser Form nicht haltbar. Empedokles akzeptierte in diesem Punkt die These des Parmenides, wonach sich das Seiende nicht als entstanden oder vergänglich denken lässt (s. Art. ›Eleatik, Eleaten‹ (1)). Er akzeptierte aber nicht die Konsequenz, die Parmenides aus dieser These zog; denn da Parmenides das Seiende für unveränderlich hielt, galt ihm das Veränderliche als nicht-seiend bzw. Veränderung als bloßer Schein oder Meinung. Empedokles' Theorie der Elemente stellt demgegenüber den Versuch dar, die Ontologie des Parmenides mit der Annahme der Realität der sinnlich erfahrbaren Welt vereinbar zu machen. Zwei Gesichtspunkte stehen dabei im Vordergrund: erstens verfügen die Elemente bzw. »Wurzeln« über Attribute des parmenideischen Seienden, d. h. sie sind unentstanden und unvergänglich – Empedokles bezeichnet sie als »unerschütterlich« (ἀκίνητοι, vgl. z. B. D. K. Frg. 31 B 26,12). Zweitens stehen sie hinsichtlich der Konstitution des Kosmos in »gleichem Recht und Ansehen« und haben verschiedene, aber gleich wichtige Aufgaben (vgl. D. K. Frg. B 17,27–29). Mit dieser Vorstellung restituiert Empedokles die mythische Aufteilung der Welt an die Götter Zeus, Poseidon und Hades. Dieser zweite Gesichtspunkt legt für Empedokles' Erklärung des Verhältnisses von Einheit und Vielheit ein anderes als die beiden genannten Denkmodelle nahe. Denn der Gedanke der Gleichberechtigung aller Elemente oder Kräfte wird im medizinischen Denken zum definierenden Merkmal von Gesundheit.

Die Beschreibung der Elemente als unerschütterlich verlangt die Annahme eines Prinzips der Bewegung, das nicht in ihnen selbst liegen kann. Denn anders als die Atomisten, die die wahrnehmbaren Dinge als Konfigurationen aus Atomen deuten (s. Art. ›Atomismus‹), die u. a. durch deren Eigenbewegung zustande kommen, begreift Empedokles das Entstehen und Vergehen der Dinge als »Mischung« (μῖξις) und »Entmischung« (διάλλαξις) (D. K. Frg. 31 B 8), für deren Zustandekommen die polaren Mächte Liebe und Streit verantwortlich sind (vgl. B 17). Allgemein gesagt sind Liebe und Streit der Realität selbst innewohnende Kräfte, die sich in ihrer Herrschaft periodisch ablösen. Dabei geht Empedokles von der Vorstellung aus, dass die einheitsstiftende Kraft der Liebe ihrerseits auch Untergang stiftet und die zerstörerische Macht des Streits seinerseits Gestaltungen schafft; denn die Liebe löst im Prozess der Zusammenführung die vom Streit im Prozess der Entflechtung gestifteten Einheiten bzw. isolierten Gebilde wiederum zu umfassender Einheit auf. So betrachtet sind Entstehen und Vergehen, Geburt und Tod Vorstellungen, die den Kern der gemeinten Sache verfehlen (B 8–9). Denn sie täuschen uns darüber hinweg, dass alle Gestaltungen Äußerungsformen im Leben der Elemente sind und sachgemäß eben nur als solche auch erklärt werden können (B 21; B 26).

Im Einzelnen vertritt Empedokles die Auffassung, dass verschiedene Gebilde auf Grund von unterschiedlichen Mischungsverhältnissen zustande kommen. Blut z. B. ist das, was herauskommt, wenn man die Elemente Feuer, Luft, Wasser und Erde zu gleichen Teilen mischt (B 98), Knochen das, was einer Mischung der Elemente Feuer, Wasser und Erde im Verhältnis 4 : 2 : 2 entspricht (B 96). Offenbar geht dieser Mischungsprozess mit der Herrschaft der Liebe einher (B 71), die durch die Göttin Aphrodite verkörpert wird, die selbst kunstvoll und künstlerisch agiert (B 73). In dieser Hinsicht ist sie dem »Weltbaumeister« (δημιουργός) in Platons Dialog *Timaios* vergleichbar, nur dass sie nicht wie dieser nach vorgegebenen, ewigen Mustern schafft, sondern spielerisch stets neue Gestaltungen entwickelt. Damit berührt Empedokles' Theorie der Elemente auch einen für die Problemstellung der modernen Philosophie wichtigen Punkt. Denn wenn Empedokles Veränderung als Mischung und Entmischung bereits immer schon vorhandener, ihrerseits unveränderlicher Realitäten deutet, scheint er nicht nur einen wichtigen Schritt zur Bewältigung des Problems qualitativer Veränderung angezeigt zu haben; sondern er stellte sich auch die Frage, wie Gestalt und Struktur zustande kommen – eine Frage, die heute als »Problem der Emergenz« diskutiert wird.

Epikureismus

Ihren Namen erhielt diese neben der Stoa, der Akademie und dem Peripatos wichtigste Philosophenschule von ihrem Begründer. Epikur (um 342/341 – 271/270 v. Chr.) hatte sehr früh, im Alter von 14 Jahren, Interesse an der Philosophie gefunden und später auch bei verschiedenen Größen seiner Zeit studiert. Für sein eigenes Philosophie-Verständnis wurde Sokrates' Vorstellung bestimmend, wonach der Philosoph ein Seelenarzt sein solle; und er betonte, dass Philosophie nur dann einen Wert habe, wenn es ihr gelänge, den menschlichen Geist von all den grundlosen Vorstellungen zu befreien, die das Leben bedrohen, wie z. B. die Vorstellung, dass die Götter die Welt vernichten, dass der Tod ein Übel sei, das man fürchten müsse. Somit steht die Philosophie hier ganz im Dienste eines praktischen Anliegens. Dieses Anliegen erscheint umso begründeter, als der Zusammenbruch der alten politischen Strukturen auch den schützenden Verband der Polis aufgeweicht hatte und das Individuum nun, zumal in Zeiten größerer Rechtsunsicherheit, zunehmend auf sich allein gestellt war und neuer Orientierung bedurfte.

Diese Orientierung versuchte Epikur durch eine empiristisch ausgerichtete und, wie er meinte, wissenschaftlich fundierte Wirklichkeitsbetrachtung abzusichern. Diese versieht uns mit einer materiell vorgestellten Welt ohne jeglichen metaphysischen Rest. Wie für die naturphilosophische Betrachtung nur das zählt, was sich dem Zeugnis der Sinne darbietet oder aber im Rekurs auf den Befund der Sinneswahrnehmung erschlossen werden kann, so lassen sich auch unsere Fragen nach dem Guten und Schlechten im Rückgang auf die Beobachtung beantworten.

Epikur unterteilte die Philosophie in drei Disziplinen: Ethik, Physik und Grundlegungswissenschaft bzw. Kanonik. In dieser Grundlegungswissenschaft vertritt er die These, dass man sich so eng wie nur möglich an den eigentlichen Wahrnehmungsbefund zu halten habe und alle Deutungen von dem eigentlichen Bericht des Befundes fernhalten müsse. Diese Forderung basiert auf der Annahme, dass sämtliche Eindrücke (φαντασίαι) wahr seien und Irrtum und Falschheit erst da aufkommen, wo das erkennende Subjekt etwas hinzumeint (προσδοξαζόμενον), d. h. etwas anspricht, was im Befund der Sinne selbst nicht gegeben ist (Diogenes Laertius X 31–32; 50; s. Art. ›Wahrnehmung‹). Diese Theorie ist wohl nicht leicht zu verstehen. Denn auf der einen Seite sieht es so aus, dass Epikur mit der Behauptung, alle Wahrnehmungen (αἰσθήσεις) seien vernunftlos (ἄλογοι) und irrtumsunfähig, an unkorrigierbare Empfindungen eigener Zustände denkt; auf der anderen Seite weist die Vorstellung, dass Sinneswahrnehmungen von ihren Gegenständen weder etwas wegnehmen noch ihnen etwas hinzufügen, auf einen Gegenstandsbereich außerhalb des erkennenden Subjektes; und die These, dass alle Wahrnehmungen wahr seien, müsste in diesem Sinn besagen, dass die Wahrnehmungen die Dinge außerhalb korrekt repräsentieren.

Die Art und Weise, wie wir zu Eindrücken gelangen, ist für Epikur durch die Annahme bestimmt, dass auf das erkennende Subjekt Abbilder (εἴδωλα) der Gegenstände selbst zuströmen und in ihm einen Eindruck (φαντασία) hinterlassen (Diogenes Laertius X 46). Um in Erfahrung zu bringen, ob ein Urteil über die Welt wahr oder falsch ist, genügt es, das Urteil auf der Basis der Evidenz (ἐνάργεια; s. Art. ›Evidenz‹) zu bestätigen (ἐπιμαρτύρησις) oder aber gegenzubestätigen (ἀντιμαρτύρησις; Sextus Empiricus, *Gegen die Mathematiker* VII 203–216).

Im Bereich der Ethik geht Epikur von der These aus, dass Lust (ἡδονή) das höchste Gut sei (s. Art. ›Gut‹). Seine Schüler stützten diese Behauptung mit dem Hinweis darauf, dass Tiere und Kleinkinder zu dem hinstreben, was ihnen Freude/Lust/Vergnügen bereitet und entsprechend von dem wegstreben, was ihnen Schmerz bzw. Verdruss bereitet. Die Epikureer meinten, dass hier die Natur noch unverdorben urteile und nicht durch falsche Wertungen verbogen sei (Cicero, *De finibus bonorum et malorum* I 29–31). Insofern hätten wir es hier mit einem guten Beleg dafür zu tun, dass der Mensch auf der Basis bloßer Sinneswahrnehmung das erfasse, was für ihn gut sei. Nun erweist sich Epikurs Lustbegriff bei näherer Betrachtung freilich als problematisch. Denn Epikur vertrat die Ansicht, dass Lust in der Abwesenheit von Schmerz bestehe (Diogenes Laertius X 139). Mit dieser Auffassung setzt er sich von den Positionen anderer Lust-Theoretiker ab. Vielleicht lässt sich Epikurs Vorstellung damit erklären, dass er zeitlebens kränklich war und unter Schmerzen litt. Doch ändert dies nichts daran, dass er das Wort ›Lust‹ in sehr eigentümlicher Weise verwandte. Seine Theorie ist in jedem Fall einem wichtigen Einwand ausgesetzt, dass nämlich aus der Tatsache, dass alle Wesen nach Lust streben, nicht folgt, dass es eine Lust gibt, nach der alle streben. Außerdem lässt sich geltend machen, dass aus der Tatsache, dass jemand X erstrebt, nicht folgt, dass X tatsächlich erstrebenswert ist. (Dieser Punkt spielt in der Widerlegung der utilitaristischen Position John St. Mills bei George E. Moore eine wichtige Rolle.)

Zu den wichtigsten Lehren Epikurs zählt die Behauptung, dass der Tod uns nichts angehe (Diogenes Laertius X 139). Vielleicht wollte Epikur hier nur sagen, dass wir im Zustand des Totseins nichts wahrnehmen und erfahren können und dass jede Sorge vor dem, was sich dann noch ereignen könnte, sinnlos sei. Mit der Betonung, dass alles Schlechte in der Wahrnehmung liege, wollte er darauf hinweisen, dass der Tod nichts sei, was selbst wahrgenommen werden könne, und mithin nicht als Übel zu gelten habe.

In der Physik entwirft Epikur ein atomistisches Weltmodell (s. Art. ›Atomismus‹), das die Welt der Erfahrung ihrerseits verstehbar machen soll. Zusätzlich zu dem Prinzip der Bestätigung bzw. Gegenbestätigung macht Epikur hier das Prinzip der Nicht-Gegenbestätigung geltend. Es dient dazu, eine Annahme (wie z. B. die Existenz des leeren Raums) als mit den Phänomenen vereinbar zu erweisen. So wird die Existenz des Leeren aus der Tatsache der Bewegung in der Welt erschlossen (Diogenes Laertius X 40); und Epikur meinte offenbar, dass die gegenteilige Annahme von den Phänomenen selbst widerlegt würde. Die Wirklichkeit selbst baut sich aus den Atomen auf, die sich durch den leeren Raum bewegen und zusammenballen und entflechten (Diogenes Laertius X 42–44). Anders als frühere Atomisten wie Demokrit und Leukipp vertrat Epikur die Auffassung, dass die Atome theoretisch teilbar seien und ihrerseits aus absolut kleinsten Teilen bestehen (Diogenes Laertius X 56–59). Ferner vertrat er die These, dass die Atome nicht nur über Gestalt und Größe verfügen, sondern auch über Gewicht (Diogenes Laertius X 54), das ihren Fall verursacht. Wie aber kommt es dann zu jenen Zusammenstößen, die für die Entstehung der Welten vorausgesetzt werden müssen? Epikurs Antwort lautet hier, dass irgendein Atom aus keinem einsichtigen Grunde urplötzlich von der Linie des freien Falls abweicht (griech. παρέγκλισις, lat. *clinamen*; Diogenes Laertius X 43) und so eine Kollision verursacht. Diese These wurde bereits in der Antike als unverständlich und mit Misstrauen betrachtet. Doch erfüllte sie für Epikur wohl einen wichtigen Zweck. Auf der einen Seite wird damit betont, dass das Universum letztlich als das Ergebnis blinden Zufalls anzusehen sei (vgl. Lukrez, *De rerum natura* II 1048–66; s. Art. ›Natur‹); und gerade diese Annahme macht ja den Kern der epikureischen Philosophie als Lebenshilfe aus. Auf der anderen Seite gestattete diese Annahme vermutlich auch die Behauptung einer persönlichen Willensfreiheit: Nur wenn es in der Verkettung der Ereignisse irgendwo eine Lücke gibt (vgl. Cicero, *De fato* 19) und das Individuum seinerseits Handlungen frei verursachen kann, hat die Philosophie auch einen Sinn und kann eine Aufgabe erfüllen. Wie Epikur sich diese Freiheit näher vorstellte (etwa dass jede freie Handlung eine Abweichung in der Bewegung der Atome voraussetze?), bleibt im Dunkeln.

Die späteren Vertreter dieser Schulrichtung scheinen sich vor allem darum bemüht zu haben, Details des Gedankengebäudes besser zu begründen und so die Positionen des Epikureismus gegen die z. T. scharfsinnige Kritik der Stoiker zu verteidigen. Dies war auch insofern nötig, als Epikur selbst kein Freund technischer Disziplinen war und die Belange der Logik weder ernst genug nahm noch eigentlich beherrschte. Aus heutiger Sicht beansprucht vor allem PHILODEMOS VON GADARA (um 110 – 40 v. Chr.) mit seinen Auffassungen über Zeichen bzw. Zeichen-Prozesse (σημεῖα – σημείωσις) besonderes Interesse. Wichtige Vermittlerfunktion kommt dem römischen Dichter T. LUCRETIUS CARUS zu (gest. 55 v. Chr.), dessen Lehrgedicht *De rerum natura* ein vollständiges Bild der epikureischen Weltbetrachtung zeichnet. Vermutlich ist dieses Bild auch von persönlichen Beurteilungen geprägt. Jedenfalls ist auffällig, dass Lukrez die Natur geradezu hymnisch preist und hierin keinen Gegensatz zum Geist eines harten Atomismus sieht. Eine wichtige Quelle ist sein Werk namentlich deshalb, weil im 5. Buch eine Kultur-Entstehungslehre entwickelt wird. Diese Schilderung zeigt, wie die Stationen und Errungenschaften der Zivilisation auf dem Boden epikureischer Voraussetzungen verstanden und erklärt werden können.

Zwar hat der Atomismus Epikurs innerhalb des naturphilosophischen und naturwissenschaftlichen Denkens der Antike eine gewisse Bedeutung behalten. Doch wurde Epikurs Denken in der Auseinandersetzung der Philosophenschulen gering geachtet und, wie insbesondere in christlicher Zeit, auch moralisch verdächtigt. Zu einer eigentlichen Wiederaufnahme der Atomistik und ihrer wissenschaftlichen Prinzipien kam es in der Renaissance und Aufklärung. Zentrale Anknüpfungen an die atomistische Tradition finden sich bei Pierre Gassendi (1592–1655).

Epoché

»Epoché« (ἐποχή; lat. *suspensio*) heißt eigentlich ›Einhalt‹, ›Verzögerung‹, ›Pause‹ u. ä. Zum philosophischen Terminus wird dieser Ausdruck in der Bedeutung ›Urteilsenthaltung, In-der-Schwebe-lassen‹ im Umkreis skeptischer Denker (s. Art. ›Skepsis‹), zuerst in der Schule Pyrrhons und später in der Akademie Platons. (1) Die Vertreter der pyrrhonischen Skepsis (s. Art. ›Pyrrhonismus‹) gelangten zu der Überzeugung, dass jeder Behauptung (*p*) eine gleich starke Behauptung (Nicht-*p*) gegenüberstehe und dass der Skeptiker zumindest bisher keinen Grund gefunden habe, der ihn veranlassen könnte, eher *p* als Nicht-*p* mit Wissensanspruch zu behaupten bzw. zu verneinen. So lässt er die Dinge in der Schwebe, lebt ohne feste Überzeugungen und hofft, auf diese Weise zu Seelenruhe (ἀταραξία) und Glück bzw. Wohlbefinden (εὐδαιμονία; s. Art. ›Glück‹) zu gelangen (vgl. Sextus Empiricus, *Grundzüge der pyrrhonischen Skepsis* I). (2) Die Vertreter der Akademie Platons – hier sind in erster Linie Arkesilaos und Karneades (s. Art. ›Akademiker‹) zu nennen – hatten vielleicht ähnliche Auffassungen (s. Art. ›Evidenz‹). Nach außen hin traten sie als Denker in Erscheinung, die Wissensansprüche anderer Schulen attackierten und dabei insbesondere die Stoiker in Widersprüche zu verwickeln suchten. Mittels dieser Strategie gelang es ihnen, plausibel zu machen, dass der stoische Weise entweder irre bzw. dem Risiko des Irrtums ausgesetzt sei, oder aber auf dem Boden seiner eigenen Annahmen zur Urteilsenthaltung verpflichtet sei (vgl. Cicero, *Lucullus*).

Den Vertretern beider skeptischen Richtungen wurde von andern Philosophen immer wieder entgegengehalten, dass die Forderung nach Urteilsenthaltung zu Handlungsunfähigkeit führe. Über die Triftigkeit dieses Vorwurfs, der sich auch bei David Hume findet, entspannen sich z. T. subtile Kontroversen.

In der neueren Philosophie hat ›Epoché‹ bei Edmund Husserl einen eigenen, nicht-skeptischen Sinn erlangt: Der Phänomenologe, der bestimmte Gehalte des Bewusstseins untersucht, enthält sich bei diesem Unterfangen jeglicher transzendenten Setzung, d. h.: er klammert die Frage aus, ob die Gehalte, auf die er sein Augenmerk richtet, in der Außenwelt eine tatsächliche Entsprechung haben.

Erscheinung

Das Wort »Erscheinung« übersetzt (1) das griechische Wort φαινόμενον, (2) das griechische Wort φαντασία bzw. das lateinische Wort *visum*.

(1) Das Wort τὸ φαινόμενον bedeutet von seiner Bildung her ›das, was sich zeigt‹ (s. Art. ›Evidenz‹). Phänomene in diesem Sinn sind, wie schon bei ANAXAGORAS, sichtbare Sachverhalte, die gewissermaßen als Fenster zur Erforschung einer hintergründigen Wirklichkeit dienen (D. K. Frg. 59 B 21a). In der hellenistischen Philosophie wird dieser Phänomen-Begriff problematisiert. So haben die pyrrhonischen SKEPTIKER (s. Art. ›Pyrrhonismus‹) sinngemäß zwischen einem phänomenologischen Scheinen auf der einen und einem urteilshaften Scheinen auf der anderen Seite unterschieden (s. Art. ›Subjekt‹). »Scheinen« im ersten Sinne liegt dieser Beurteilung nach da vor, wo sich uns Dinge unwillkürlich zeigen (dass *p*); von »Scheinen« im zweiten Sinne hat man da zu sprechen, wo das Sich-Zeigen von etwas mit einem Meinen, Glauben, Zustimmen unsererseits verbunden ist. Der pyrrhonische Skeptiker orientiert sich an Phänomenen ersterer Art: Sie akzeptieren heißt nicht, irgendwelche Wahrheitsansprüche ins Spiel bringen (vgl. Sextus Empiricus, *Grundzüge der pyrrhonischen Skepsis* I 19–20).

(2) Von Erscheinungen sprachen die STOIKER im Zusammenhang ihrer Erkenntnislehre (s. Art. ›Stoa‹): Dinge drü-

cken unserem Zentralorgan (ἡγεμονικόν) ihren Stempel auf (τύπωσις, lat. *impressio*). Auf diese Weise entstehen Bilder. Deren Gehalte werden von den Stoikern propositional gedeutet (s. Art. ›Wahrnehmung‹). D. h.: Erscheinungen sind, zumindest bei CHRYSIPP, Erscheinungen, dass etwas der Fall ist. In diesem Sinn ist es konsequent, dass Erscheinungen im Rekurs auf den ihnen eigenen propositionalen Gehalt auch als wahr oder falsch beurteilt werden (vgl. Sextus Empiricus, *Gegen die Mathematiker* VII 227 ff.).

(3) »Erscheinung« im Sinne von ›Schein‹ hat im Kontext der hier thematisierten Begriffe keinen Ort. ›Schein‹ wird von δόξα mitkonnotiert (s. Art. ›Meinung‹).

Evidenz

Mit dem lat. Wort *evidentia* – häufiger noch mit *perspicuitas* (›Anschaulichkeit, Durchsichtigkeit‹) – übersetzt CICERO das griechische Wort ἐνάργεια (›Klarheit‹). Dieser Begriff scheint in der griechischen Philosophie erst in hellenistischer Zeit eine wichtige Rolle gespielt zu haben, nämlich in der vor allem von Cicero im Dialog *Lucullus* nachgezeichneten Kontroverse zwischen den STOIKERN und den akademischen SKEPTIKERN (s. Art. ›Akademiker‹) um das »Kriterium der Wahrheit«. Dabei ging es um die Frage, was eine Erkenntnis zu einer gesicherten macht bzw. ob es überhaupt gesicherte Erkenntnis gebe. Der Terminus wurde offenbar auch schon von EPIKUR verwendet, der die Meinung vertrat, alle Sinneseindrücke seien wahr (s. Art. ›Epikureismus‹); er scheint dabei ἐνάργεια für gleichbedeutend mit φαντασία (›Erscheinung‹ bzw. ›Eindruck‹; s. Art. ›Erscheinung‹) gehalten zu haben (Sextus Empiricus, *Gegen die Mathematiker* VII 203).

Im Unterschied zu Epikur gingen die Stoiker davon aus, dass es falsche Erscheinungen gibt, und sie glaubten, dass wahre Erscheinungen, insofern sie »erkenntnishaft« (καταληπτικὴ φαντασία) sind – d. h. den Gegenstand so abbilden, wie er ist, und das Subjekt, das die Erscheinung hat, zur Zustimmung veranlassen –, unverwechselbar seien. Zumindest einige spätere Stoiker beriefen sich dafür auf die Evidenz einer Erscheinung, die einen gleichsam mit Gewalt nötige, ihr zuzustimmen, d. h. sie als wahr anzuerkennen (Sextus Empiricus, *Gegen die Mathematiker* VII 257). Da die Akademiker bestritten, dass sich wahre von falschen Erscheinungen unterscheiden lassen – also die Existenz erkenntnishafter Erscheinungen leugneten –, aber vermutlich nicht bestritten, dass es evidente Erscheinungen gibt, ist es das Hauptanliegen des Kritikers der akademischen Position im *Lucullus*, die notwendige Verbindung zwischen Wahrheit und Evidenz einer Erscheinung herauszustellen. Seiner Auffassung nach gehört es zum Begriff der Evidenz, dass eine evidente Erscheinung uns durch sich selbst die Dinge so zeigt, wie sie sind (s. Art. ›Erscheinung‹), d. h. dass die Evidenz einer Erscheinung ihre Wahrheit garantiert.

Die Position der Akademiker demgegenüber war die, dass eine Erscheinung allenfalls subjektiv ›plausibel‹ (πιθανόν) ist, d. h. dass ein wahrnehmendes Subjekt, da es keine erkenntnishaften Erscheinungen gibt, bloß zur Aussage berechtigt ist, dass ihm dies oder jenes wahr erscheint, bezüglich der Frage aber, ob es tatsächlich wahr ist, zur Urteilsenthaltung (s. Art. ›Epoché‹) verpflichtet ist. Karneades scheint die Frage nach der Wahrheit einer Erscheinung von der Frage nach ihrer Evidenz unterschieden zu haben, derart, dass Evidenz einer Erscheinung nur auf Grund der Beziehung zukommt, die sie zum wahrnehmenden Subjekt hat, dem etwas wahr erscheint, Wahrheit dagegen nur auf Grund der Beziehung, die sie zum Gegenstand hat, der ihr zugrunde liegt (vgl. Sextus Empiricus, *Gegen die Mathematiker* VII 160–169).

Ob dies allerdings bedeutet, dass Karneades Evidenz für etwas bloß Subjektives hielt, ist nicht klar, ebenso wenig wie die Frage, ob er sich der Problematik eines solchen Evidenzbegriffs bewusst war, die in neuerer Zeit etwa von Franz Brentano herausgestellt wurde. – In neuester Zeit vertrat Wolfgang Stegmüller die Auffassung, dass das Evidenzproblem unlösbar ist, da man einerseits nicht zeigen könne, dass es Evidenz, d. h. gesicherte Erkenntnis, gibt, ohne für seine Argumente Evidenz vorauszusetzen, und es andererseits aus demselben Grunde selbstwidersprüchlich wäre, gegen die Evidenz zu argumentieren.

Ewigkeit

Das Wort »Ewigkeit« (lat. *aeternitas*) ist verwandt mit dem griechischen Wort αἰών (lat. *aevum*), das ›Leben, Lebenszeit‹ bedeutet, und der Begriff steht in der Antike in enger Beziehung zu den Begriffen des Lebens und der Zeit (s. Art. ›Zeit‹). Wird die Lebenszeit eines Menschen αἰών genannt, so ist damit die zeitliche Fülle eines menschlichen Lebens gemeint, die in Beziehung gesetzt wird zum Leben des ganzen Kosmos, von dem das Leben des Einzelnen abhängt. In diesem Sinne sagt Aristoteles in Anlehnung an die Tradition: »[...] die Fülle (τέλος), welche die Zeit des Lebens für jedes Einzelne umfasst, außerhalb deren naturgemäß nichts weiter ist, wird der Aion jedes Einzelnen genannt. In demselben Sinn ist nun auch die Fülle des ganzen Himmels und die Fülle, die die ganze Zeit und die Unbegrenztheit umfasst, der Aion, der, als ein Unsterbliches und Göttliches, den Namen vom ›stets sein‹ (ἀεὶ ὄν) hat« (*Über den Himmel* I; 279a 23 ff.). In demselben Zusammenhang stellt Aristoteles auch fest, dass es außerhalb des »Himmels« weder Materie noch Ort und Zeit gebe und dass infolgedessen die dort befindlichen Wesen – d. h. in erster Linie der »Unbewegte Beweger« des 12. Buches der *Metaphysik* – keiner Veränderung unterworfen sind und ohne zu altern das »beste und selbstgnugsamste Leben« verbringen (s. Art. ›Gut‹).

Nach Aristoteles ist die Welt ewig, d. h., sie ist nicht entstanden und wird nicht vergehen. Mit der These ihrer Unentstandenheit wendet er sich gegen die von PLATON im Dialog *Timaios* entwickelte Auffassung: Platon unterscheidet dort zwischen Sein und Werden in der Weise, dass das, was immer ist, aber niemals wird, durch das Denken erfasst wird, das hingegen, was immer wird, d. h. entsteht und vergeht, aber niemals wirklich ist, Gegenstand von Meinung und sinnlicher Wahrnehmung ist (*Timaios* 28a; s. Art. ›Sein‹). Da die Welt sinnlich erfahrbar ist, muss sie gemäß dieser Unterscheidung entstanden sein. Dieser als Organismus verstandene sichtbare Kosmos wurde vom göttlichen Demiurgen (›Baumeister‹) nach dem Vorbild des ewigen Lebewesens geschaffen, und da er ihn nicht mit der ewigen Natur des Vorbildes ausstatten konnte, erschuf er die Zeit als bewegtes Abbild der Ewigkeit (s. Art. ›Nachahmung‹). Weil Vergangenheit und Zukunft Formen der Zeit sind, ist die Vergangenheits- und Zukunftsform nicht auf das immer Seiende anwendbar, nur das zeitlos zu verstehende »ist« lässt sich von dem idealen Wesen aussagen (*Timaios* 37c–38a). Dass der Ausdruck »immer seiend« in diesem Zusammenhang nicht in Entsprechung zu zeitlicher Dauer »immer während« (lat. *sempiternus*) bedeuten soll, sondern so viel wie »wirklich seiend«, wurde später von PLOTIN hervorgehoben (*Über Zeit und Ewigkeit*, *Enneaden* III 7 [45] 6).

Der Gedanke, dass das, was wahrhaft ist, ewig bzw. zeitlos ist, hat historisch seine Wurzeln in PARMENIDES' Gedicht *Über das Seiende*, wo es heißt, dass das, was ist, »nicht einmal war und nicht sein wird, da es jetzt zugleich ganz ist« (D. K. Frg. 28 B 8,5) (s. Art. ›Eleatik, Eleaten‹ (1)). Wird »Zeitlosigkeit« wie hier nicht als Eigenschaft von Sätzen (besonders der Mathematik) verstanden, sondern als Eigenschaft von Gegenständen (des »Seienden«), dann erscheint der Gedanke problematisch: wie lässt sich ein Gegenstand, der, insofern er unvergänglich ist, zeitlos dauert, kohärent denken, wenn »Dauer« ein mit Zeit verbundener Begriff ist? Parmenides' Formulierung hat offenbar BOETHIUS' Konzeption der Ewigkeit beeinflusst, der im 5. Buch seines Werkes *De consolatione philosophiae* »Ewigkeit« (*aeternitas*) so definiert: »Ewigkeit ist der vollständige und vollendete Besitz unbegrenzbaren Lebens.« Seine Definition wurde von Thomas von Aquin aufgenommen, der »ewig« in diesem Sinne als Prädikat verstand, das allein Gott zukommt, der keinen Anfang und kein Ende hat, nicht der Zeitfolge untersteht und als einziges Wesen vollkommen unveränderlich ist. Das Sein Gottes unterscheidet sich vom Sein seiner Geschöpfe durch die absolute Einfachheit seines Wesens, während hinsichtlich der geschaffenen Dinge zu unterscheiden ist zwischen dem, was sie sind, und ihrem Sein, bzw. ihrer Existenz, die sie von Gott empfangen; insofern sind sie auch nicht vollkommen unveränderlich und deshalb auch nicht ewig. Der Begriff der Einfachheit in der von Boethius herkommenden Auffassung des Thomas macht einen wichtigen Unterschied zur Ewigkeitsauffassung der Griechen von Parmenides bis Plotin deutlich: Für die Griechen ist das wahrhaft Seiende ewig, aber als Gegenstand des Denkens kann es nicht absolut einfach sein, sondern muss durch Form bestimmt sein. Erst der Gedanke der Schöpfung bzw. des Seins als Geschaffenem brachte die Transzendenz der Ewigkeit gegenüber dem Sein mit sich.

Form

Einer der Faktoren, die bei der Konstituierung der Wirklichkeit beteiligt sind, ist das formhafte Moment (μορφή; s. Art. ›Ziel‹). Von ARISTOTELES wird ihm ein eigener kausaler Status zugeschrieben (*Metaphysik* V 2, *Physik* II 2, *Zweite Analytiken* II 11), und diese »Ursache« (αἰτία) als Faktor verstanden, der komplementär zur Materie besteht (s. Art. ›Materie‹). Der dabei maßgebliche Gedanke tritt deutlicher hervor, wenn bedacht wird, dass das griechische Wort für Materie, ὕλη, eigentlich ›Stoff‹ bedeutet. Mit »Form« bzw. »Gestalt« (εἶδος) ist somit jener Faktor benannt, der die Präsenz von Struktur verständlich macht und gewährleistet, dass etwas als Ding einer bestimmten Art erkennbar wird. Aristoteles sieht die Beziehung von Form und Materie als ein Verhältnis, das sich nur im Denken aufspalten lässt. In diesem Sinn versteht er Dinge als Ganzheitlichkeiten aus Form und Materie (*Metaphysik* VII 3, 1029a 5; VII 10, 1035b 32–33; VII 11, 1037a 32; s. Art. ›Substanz‹). Mit dieser Auffassung distanziert er sich von PLATON. In dessen Betrachtungsweise galt die Form – so wird die Idee (s. Art. ›Idee‹) von Aristoteles durchwegs interpretiert – als transzendenter Faktor, der, kraft der Teilhabe individueller Dinge an der Idee, so etwas wie einen immanenten Aspekt an den Tag legt. Dieses Verständnis findet sich übrigens auch bei Autoren der späteren, vor-neuplatonischen Tradition. So deutet ALCINOOS (oder Albinos?) die aristotelische Form als immanente Idee.

Die Vorstellung, dass Formhaftigkeit als wichtiger und für das Wesen eines Dinges sogar ausschlaggebender Faktor anzusehen sei, mag aus der Orientierung am künstlerischen Tun erwachsen sein. Sowohl Platon als auch Aristoteles bringen diesen Vergleich ein. Dies geht aus dem Baumeistervergleich in *Timaios* und *Politeia* X ebenso hervor wie aus Aristoteles' Auffassung der Natur als Baumeisterin, die nichts umsonst bzw. planlos schaffe, und aus der Illustration der Form/Materie-Beziehung mittels des Künstlers, der aus einem Stück Bronze eine Hermesgestalt hervortreten lässt.

Der Form-Gedanke hat wichtige Vorläufer. Hier ist etwa EMPEDOKLES zu nennen, der die schöpferische Tätigkeit der Liebe in Begriffen der künstlerischen Gestaltung von Formen und Mustern beschrieb (D. K. Frg. 31 B 71). In diesem

Zusammenhang findet auch der Ausdruck μορφή Verwendung (B 21).

Ein anderer wichtiger Traditionsstrang dieses Motivs findet sich bei pythagoreischen Denkern. Hier ist namentlich PHILOLAOS zu nennen (2. Hälfte 5. Jh.). Dieser Philosoph argumentierte dafür, die Wirklichkeit als Produkt von »grenzelosen« und »grenzebildenden« Dingen aufzufassen (D. K. Frg. 44 B 2). Diese Auffassung erscheint im Kontext einer erkenntnistheoretischen Erwägung: »Von vornherein wird es nicht einmal ein Objekt der Erkenntnis geben können, wenn alles grenzenlos wäre« (B 4). Sie reflektiert in gewisser Weise Erwägungen, die Parmenides anstellte, wenn er von der Undenkbarkeit des Nicht-Seienden sprach und seinerseits Bedingungen artikulierte, die Dinge erfüllen müssen, sollen sie als wirklich *und* als erkennbar angesehen werden (s. Art. ›Eleatik, Eleaten‹ (1)). Im Kontext pythagoreischen Denkens wird der Gedanke der Begrenzung mit Zahlhaftigkeit in Verbindung gebracht: »Und in der Tat hat ja alles, was man erkennen kann, Zahl. Denn es ist nicht möglich, irgendetwas mit dem Gedanken zu erfassen oder zu erkennen ohne diese« (B 4; vgl. B 6). Dabei lässt sich dieser Gedanke vor dem Hintergrund anderer Erwägungen so verstehen, dass Zahl (ἀριθμός) im Sinne der Anzahl von Einheiten ihrerseits etwas Konstituiertes ist: Prinzip und Anfang (ἀρχή) aller Dinge ist die Einheit (B 8). Zwar ist nicht sicher, wie der hier verwendete Ausdruck μονάς näher zu verstehen ist. Falls damit so viel wie Punkt gemeint wäre (s. Art. ›Atomismus‹ (3; 4)), hätte man, wie im Falle der sogenannten unteilbaren Linien, an die Bausteine der Linie, als Grundstein sämtlicher anderen geometrischen Gebilde, zu denken.

Unabhängig davon gilt es zu sehen, dass ›Form‹ und ›Materie‹ auch späterhin in Kontexten verwendet werden, die mit der Erklärung von Erkenntnis bzw. Erkennbarkeit zu tun haben. Dies geschieht bei Kant einerseits und bei Husserl andererseits.

Geist

Mit dem mehrdeutigen Wort »Geist« (»Lebensgeist«, »Denkkraft«, usw.) pflegen verschiedene griechische und lateinische Ausdrücke übersetzt zu werden, denen z. T. heterogene Begriffe entsprechen. So wird es nicht nur als Übersetzung des lateinischen *spiritus* verwendet, das seinerseits das griechische Wort πνεῦμα (›Hauch, Atemluft‹) übersetzt. Es übersetzt auch das lateinische *mens*, das ebenfalls eine Vielzahl von Bedeutungen hat, etwa ›Gemütskraft‹ oder ›Denkvermögen‹ (auch *intellectus*); in der letzteren Bedeutung wurde *mens* von lateinischen Autoren als Übersetzungswort für das griechische νοῦς verwendet. Die Begriffe νοῦς – dieses Wort wird gegebenenfalls auch mit ›Vernunft‹ übersetzt – und πνεῦμα haben je ihre eigene Geschichte, doch in der Philosophie der Stoiker erscheinen sie als eng verbunden, und zwar mit Bezug auf einen dritten Begriff, λόγος – ein Wort, das u. a. ›Rede, Aussage, Definition, Argument, Proportion‹ bedeuten und oft auch mit ›Vernunft‹ übersetzt werden kann. Πνεῦμα bezeichnet bei den STOIKERN etwas Körperliches, doch von spezieller Art, ein Gemisch aus Luft und Feuer, eine »aktive«, gestaltende und zusammenhaltende Kraft, die auch als »Ursache«, »Gott« oder »Logos« beschrieben und der »passiven«, gestaltlosen Materie (ὕλη) gegenübergestellt wird (s. Art. ›Materie‹, ›Stoa‹). Die Stoiker dachten sich diese beiden polaren Prinzipien (ἀρχαί) nicht dualistisch in dem besonders seit Descartes geläufigen Sinn, wonach Geist und Materie verschiedene Dinge (*res*) oder Substanzen sind – »denkende« bzw. »ausgedehnte Substanz« –, sondern in der Weise, dass sich λόγος und ὕλη zwar im begrifflichen Nachdenken unterscheiden, ›materiell‹ jedoch nicht trennbar bzw. Eines sind. Diese monistische Betrachtungsweise macht auch erklärbar, dass z. B. der römische Philosoph SENECA die menschliche *ratio* (λόγος, ›Vernunft‹) als im menschlichen Körper eingesenkten Teil (*pars*) des »göttlichen Geistes« (*divini spiritus*, griech. πνεῦμα) identifiziert (*Epistulae morales* VII 66,12), d. h. als Teil der materiell verstandenen, alles durchdringenden göttlichen Kraft.

Die stoische Auffassung von Geist und Materie, d. h. deren ›materiale‹ Einheit im Begriff des »Pneuma«, war für die neuplatonischen Philosophen, die Geist (νοῦς) als etwas Immaterielles verstanden, nicht akzeptabel. Im Denken PLOTINS (s. Art. ›Neuplatonismus‹) stellt sich die sichtbare Welt dar als Ausfluss aus drei übergeordneten »Prinzipien« oder »Hypostasen« (ἀρχικαὶ ὑποστάσεις), dem Einen, dem νοῦς und der Seele (ψυχή); vgl. *Enneaden* V 1[10]. Die Seele ist Ursache der körperlichen Welt, und der Geist enthält als Ursache der Seele die Formen (εἴδη) der sichtbaren Dinge, denn die Seele bringt die sinnliche Welt hervor, indem sie sich auf den νοῦς »zurückwendet« oder auf ihn »blickt«. Zu diesem »göttlichen« νοῦς steht der menschliche νοῦς, d. h. das höchste Vermögen der menschlichen Seele, im Verhältnis eines Abbildes (s. Art. ›Nachahmung‹) zu seinem Urbild. Dabei handelt es sich um eine andere Art der Beziehung als der eines Teils zum Ganzen, die der materialistischen Konzeption der Stoiker entspricht. Plotin betrachtet den menschlichen Geist als das wahre Selbst des Menschen, d. h. das, was denkt. Zu seinem wahren Selbst gelangt der Mensch durch Selbsterkenntnis, die eine Abwendung von der körperlichen Welt, d. h. von der Sinneswahrnehmung (αἴσθησις) voraussetzt (s. unten). Während für die Stoiker zu sein oder zu existieren bedeutet körperlich zu sein, bedeutet nach Plotin für den Menschen zu sein bzw. sich selbst zu sein, d. h. letztlich Geist zu sein, eine Form des Denkens oder Erkennens (νοεῖν), die vollkommen unbeeinträchtigt ist von den der körperlichen Existenz anhaftenden Unvollkommenheiten. Plotin sieht also die körperliche Existenz des Menschen als Hindernis, das dieser durch Erkenntnis seines wahren Selbst, d. h. seines Ursprungs, zu überwinden trachten muss.

Das Verb νοεῖν, das die Aktivität des νοῦς bezeichnet und gewöhnlich mit ›denken‹ oder ›erkennen‹ übersetzt wird, bedeutet bei Plotin ebenso wie schon bei Platon und Aristoteles eine Form des Erkennens, die dem diskursiven Denken (διανοεῖσθαι) und dem sinnlichen Wahrnehmen (αἰσθάνεσθαι; s. Art. ›Wahrnehmung‹) übergeordnet ist. Sowohl das diskursive Denken als auch die Sinneswahrnehmung sind mit Bewegung verbunden, insofern es sich nämlich einerseits bei der Tätigkeit des diskursiven Verstandes um einen Prozess handelt, und andererseits die Sinneswahrnehmung (αἴσθησις) äußerer Gegenstände bedarf, von denen sie affiziert wird. Die Denkgegenstände des νοῦς hingegen, d. h. die »Formen« (εἴδη) der Dinge, sind dem Geist nicht äußerlich, sondern er »hat« sie schon immer im Betrachten (θεωρεῖν) seiner selbst, das keine prozesshafte Tätigkeit, sondern eine Aktivität (ἐνέργεια) ist, die keine Bewegung involviert. Dieser Unterscheidung von νοῦς und αἴσθησις, der höchsten bzw. niedrigsten Form der Erkenntnistätigkeit der menschlichen Seele, korrespondiert die Unterscheidung ihrer Objekte: die sinnliche Wahrnehmung bezieht sich auf individuelle materielle Dinge, der Geist auf unveränderliche Formen bzw. platonische Ideen (s. Art. ›Idee‹). Obwohl eine entsprechende Unterscheidung im Rückblick bereits bei vorplatonischen Denkern vorgezeichnet scheint, gehört sie nicht zum Begriffsinventar solcher Philosophen wie Xenophanes und Parmenides, bei denen sich ein Geistbegriff herauszubilden begann, der sich für die philosophische Spekulation der Folgezeit als fruchtbar erwies.

Vom Dichter und Philosophen Epicharmos stammt ein Vers, der besagt: »Der Geist (νοῦς) sieht und der Geist hört, das andere aber ist taub und blind« (D. K. Frg. 23 B 12). Damit scheint gemeint, dass im Vergleich zur ›Wahrnehmung‹ des Geistes die Wahrnehmungen des Gehörs und des Gesichts nichts wert sind. Damit vergleichbar ist Parmenides' Verdikt über den »irrenden Geist« der »nichts wissenden Sterblichen«, die als »taub« und »blind« bezeichnet werden (vgl. D. K. Frg. 28 B 6; s. Art. ›Eleatik, Eleaten‹ (1)). Sein Schüler Melissos (s. Art. ›Eleatik, Eleaten‹ (3)) zieht daraus die Folgerung, dass unser Hören und Sehen nicht eigentlich als Hören und Sehen beschrieben werden darf; denn unsere Sinne vermitteln uns nicht das Seiende, da das Seiende Eines und unveränderlich ist, die Gegenstände der Sinne aber Vieles und veränderlich (D. K. Frg. 30 B 8). Melissos sieht also einen Konflikt zwischen den Berichten der Sinne und dem richtigen Denken, demgemäß ein Gegenstand der Wahrnehmung stabil und unveränderlich sein müsste. Hinter dieser Auffassung scheint unausgesprochen auch der Gedanke zu stehen, dass der Mensch verschiedene Sinnesorgane bzw. Sinnesvermögen hat, die sich auf verschiedene Züge der phänomenalen Wirklichkeit beziehen. Wenn dann der Konflikt zwischen der Vernunft und den Sinnen zugunsten der Vernunft bzw. des richtigen Denkens entschieden wird, so ist das Resultat dies, dass dem Seienden als dem Gegenstand des νοεῖν alle Prädikate, die auf die Dinge der phänomenalen Welt zuzutreffen scheinen, abgesprochen werden. Die Existenz bzw. Diagnose eines solchen Konflikts – man findet sie auch bei Demokrit (vgl. D. K. Frg. 68 B 125) – dürfte auch Xenophanes' Lehre von dem einen Gott veranlasst haben, der »ganz sieht« (οὖλος ὁρᾷ), »ganz erkennt« (οὖλος νοεῖ) und »ganz hört« (οὖλος ἀκούει; D. K. Frg. 21 B 24). In Anlehnung an die alte Vorstellung, dass Gott alles erkennt, alles hört und alles sieht, scheint Xenophanes damit sagen zu wollen, dass diese Vorstellung mit der Annahme unvereinbar ist, Gott nehme alles mittels verschiedener Organe wahr. Das Erkennen, Hören und Sehen des Gottes ist dem menschlichen Wahrnehmen insofern nicht analog (s. Art. ›Meinung‹), als Menschen mittels ihrer Sinnesorgane nicht »alles« sehen und hören. Da sich der Geist des einen Gottes auf alles erstreckt, ist er auch machtvoll: »[...] ohne Anstrengung lenkt er alles mit seiner Geisteskraft (νόου φρενί)« (B 25).

Der Geist der »Sterblichen« hingegen ist schwach und »irrend« (πλακτὸς νόος), sagt PARMENIDES (D. K. Frg. 28 B 6). Der Ausdruck »irrender Geist« scheint widersprüchlich, denn Parmenides ist der Auffassung, dass Erkennen (νοεῖν, γιγνώσκειν) immer mit Wahrheit und wirklichem Sein verknüpft ist. Aber Parmenides sieht im Geist der Menschen etwas sich selbst Widerstreitendes: einerseits ist er auf die Wahrheit (ἀλήθεια) oder das Seiende (τὸ ἐόν) bezogen, andererseits meinen die Menschen, dass das, was sie mit den Sinnen wahrnehmen, wahr oder wirklich ist. Diese Konfusion kann nach Ansicht des Parmenides behoben werden durch logische Argumentation (λόγος), dergemäß das Seiende das ist, was weder entstanden ist noch vergeht usw. (vgl. B 8). Doch indem Parmenides' λόγος das wirklich Seiende zum ausschließlichen Gegenstand des Erkennens macht, diskreditiert er zugleich die Validität der Sinneswahrnehmungen, die glauben machen, dass das Seiende entsteht und vergeht. Damit löst er nicht den Konflikt zwischen der Vernunft und der sinnlichen Erfahrung, der ihn beschäftigt hat, und wahrscheinlich hielt er die Frage nach dem Verhältnis der sinnlich erfahrbaren Welt zu der dem Geiste zugänglichen Wahrheit im strikten Sinne für nicht beantwortbar. Denn aus seiner Sicht wäre wohl die einzig mögliche Antwort auf diese Frage die gewesen, dass die wahrnehmbare Welt aus dem Seienden als ihrem Ursprung (ἀρχή) entstanden ist. Aber diese Antwort war ihm nicht offen, denn das »Seiende«, das aus Seiendem entstehen soll, wäre »anderes« als dieses »ursprünglich« Seiende, also »Nichtseiendes«, was undenkbar ist (B 8, 12 ff.).

Zwar gibt Parmenides auch eine Beschreibung des sinnlich wahrnehmbaren Kosmos, erklärt sie jedoch für »trügerisch« (B 8, 52), da sie nicht dem Anspruch der Vernunft, das Seiende zu erkennen, genügt. Doch eröffnet der Kosmos-Gedanke selbst, d. h. der Begriff von der Welt als einem geordneten Ganzen (s. Art. ›Kosmos‹), hinsichtlich des Geistbegriffs neue Perspektiven. So haben viele Philosophen von der Antike bis in die Neuzeit das sogenannte »kosmologische Argument« für unabweisbar gehalten, nämlich den Schluss von der Wohlgeordnetheit des Kosmos auf eine intelligente Ursache, die sie als »Geist« oder »Gott« zu bezeichnen pflegten. Den ersten Schritt in diese Richtung scheint Anaxagoras von Klazomenai getan zu haben. Anaxagoras akzeptierte Parmenides' Argumentation, wonach ein Entstehen und Vergehen des Seienden nicht möglich ist. Da er zugleich der unleugbaren Realität des Entstehens und Vergehens sinnlich wahrnehmbarer Dinge Rechnung tragen wollte, deutete er ihr Entstehen und Vergehen als ein »sich Mischen« bzw. »sich Trennen«: »Kein Ding (χρῆμα) entsteht oder vergeht [nämlich schlechthin, d. h. aus Nichtseiendem], sondern aus seienden Dingen (ἀπὸ ἐόντων χρημάτων) mischt es sich (συμμίσγεται) und trennt sich (διακρίνεται)« (D. K. Frg. 59 B 17). Grundlage dieser Theorie war die Annahme eines Anfangszustandes der Dinge, in dem »alle Dinge zusammen waren« (ὁμοῦ πάντα χρήματα ἦν; B 1), und zwar in der Weise, dass in dieser ›Urmasse‹ nichts erkennbar bzw. sichtbar war. Anaxagoras scheint dann die Entstehung bzw. das Sichtbarwerden der Dinge als »Aussonderung« (ἀπόκρισις) verstanden zu haben, hervorgerufen durch Bewegung (κίνησις), deren Ursache »der Geist« (ὁ νοῦς) ist (B 13). Die Auflösung des ursprünglichen Zusammenhängens von Allem bezeichnete er als ein »sich Trennen« (διακρίνεσθαι; B 17). Es ist nicht klar, ob die Verwendung dieses Wortes etwas mit einer erkennenden bzw. unterscheidenden Tätigkeit (διακρίνειν) des Geistes zu tun hat. Jedenfalls heißt es, dass der Geist »alles erkennt«, das »sich Mischende«, das »sich Aussondernde« und das »sich Trennende« (B 12), d. h. das, was durch die ursprüngliche Aussonderung entsteht. Geist ist der dominierende Faktor dieses Prozesses; und zwar kann er dies nur deshalb sein, weil er »mit keinem Ding gemischt« (s. Art. ›Natur‹) ist und von allen Dingen dadurch verschieden, dass er »unbegrenzt« (ἄπειρον), »selbstherrschend« (αὐτοκρατές) und »für sich« (ἐφ' ἑαυτοῦ) ist. Als solcher »ordnete er alles« (πάντα διεκόσμησε), »was war, was ist und was sein wird« (B 12).

Anaxagoras' Auffassung des Geistes als Ursache der erkennbaren Ordnung der Welt hatte eine große Wirkung. Von den erwähnten Attributen des Geistes ist das der Unvermischtheit vielleicht das interessanteste, da es in Richtung der Konzeption eines »reinen Geistes« (νοῦς καθαρός) weist, die sich bei Aristoteles und dann vor allem im Neuplatonismus mit der Vorstellung der Freiheit von Potentialität bzw. von Materie verbindet. Bei Anaxagoras bedeutet dieses Attribut, dass der Geist nicht durch Vermischung mit den Dingen in seiner Herrschaft über sie »behindert« (B 12) wird; es bedeutet nicht, dass der Geist ›immateriell‹ ist, denn Anaxagoras nennt ihn das »feinste« (λεπτότατον) und »reinste« (καθαρώτατον) aller Dinge (B 12). In dieser Hinsicht hat Anaxagoras' Geistbegriff eine gewisse Ähnlichkeit mit dem Begriff πνεῦμα, den möglicherweise bereits Anaximenes von Milet verwendet hatte, und zwar synonym mit »Luft« (ἀήρ), dem ›Urstoff‹, aus dem die den Menschen zusammenhaltende Seele ist und der ebenso den ganzen Kosmos umgibt und beherrscht (vgl. D. K. Frg. 13 B 2; s. Art. ›Seele‹). Doch ist der νοῦς des Anaxagoras nicht im selben Sinne Prinzip (ἀρχή), in dem Anaximenes Luft als Prinzip begriffen hatte, nämlich als dasjenige, »aus dem alles entsteht und in das es sich wiederum auflöst« (B 2). Er ist nicht ›materiale‹ Ursache im Sinne der aristotelischen Terminologie (s. Art. ›Materie‹), d. h. das, »woraus« etwas entsteht, sondern die intelligente Ursache der Bewegung, die die Aussonderung der Dinge aus der ›Urmasse‹ und die Gestaltung des sichtbaren Kosmos bewirkt. Mit Bezug auf diesen Unterschied wurde Anaxagoras von Aristoteles als »Nüchterner« im Vergleich zu den »aufs Geratewohl redenden« früheren Philosophen gelobt (vgl. *Metaphysik* I 3), und Aristoteles bezieht sich in seiner eigenen Theorie des νοῦς (s. unten) ausdrücklich auf Anaxagoras' These vom »unvermischten« Geist.

So beeindruckend Anaxagoras' Aussagen über die Natur des Geistes waren und so klar es auch schien, dass Geist das Prinzip der Ordnung in der Welt sein müsse, so wenig sagt Anaxagoras darüber, *wie* der Geist die Dinge ordnet. Diese Frage betrifft nicht so sehr die *Natur* des Geistes als vielmehr dessen Inanspruchnahme als Ursache oder Erklärungsgrund (αἰτία) für die Wohlgeordnetheit der Dinge. Im Dialog *Phaidon* (97b ff.) versucht PLATON zu zeigen, was es heißt, dass der Geist die Ursache von allem ist. In dieser Absicht unterscheidet er zwischen dem, was für das Seiende ursächlich ist (τὸ αἴτιον τῷ ὄντι), und demjenigen, ohne das das Ursächliche nicht ursächlich sein könnte, d. h. zwischen Ursachen und notwendigen Bedingungen. Die Erklärung bzw. wahre Ursache dafür, dass Sokrates im Gefängnis sitzt und auf den Tod wartet, ist die, dass es den Athenern richtig schien, Sokrates zu verurteilen, und es Sokrates richtig schien, ihrem Beschluss zu folgen und nicht zu fliehen. Die notwendigen Bedingungen seines Sitzens sind physischer Art, d. h. ihre Angabe involviert u. a. einen Bezug auf Sokrates' Knochen und Sehnen. Mit anderen Worten: Es ist die »Wahl des Besten« (αἵρεσις τοῦ βελτίστου), die erklärt, weshalb Sokrates im Gefängnis sitzt, und nicht physische Dinge wie Knochen und Sehnen. Wenn man in Rechnung stellt, dass jemand wie Sokrates alles, was er tut, mit »Geist« oder »Vernunft« tut (νῷ πράττει), dann ist klar, dass man sich an den menschlichen Geist halten und fragen muss, inwiefern er als Ursache in Betracht kommt.

SOKRATES' Suche nach den Ursachen von allem, was entsteht und vergeht, hat ihn nach Platons Darstellung auf die vielversprechende Theorie des Anaxagoras gebracht. Da er davon enttäuscht war und keinen besseren Lehrer finden konnte, hat er die »zweitbeste Fahrt« unternommen (99d). Damit scheint gemeint zu sein, dass man sich in Ermangelung eines »sichereren Gefährtes« an die »beste der menschlichen Thesen« (λόγοι) und die »am schwierigsten zu widerlegende« halten muss, um »auf dieser wie auf einem Floß das Leben zu durchschwimmen« (85c–d). Ein solcher λόγος hat im Folgenden (100a ff.) die Funktion einer Hypothese (ὑπόθεσις), von der ausgehend die Frage nach der Ursache (αἰτία) behandelt wird. So legt Sokrates als Hypothese den λόγος zugrunde, der die Frage beantwortet, »wodurch« die Dinge so sind, wie sie sind, z. B. schön, groß oder klein usw. Die Antwort lautet: durch »das Schöne selbst«, durch die »Größe« usw.; sie wird als die »sicherste« bezeichnet, vermutlich in dem Sinne, dass sie kein Mensch mit Vernunft bestreiten wird, auch wenn sie »vielleicht naiv« ist, insofern am Beginn der Untersuchung noch nicht klar ist, welche Fragen und Probleme sie involviert. Dies herauszufinden ist das Ziel des λόγος (›Gespräch, Argumentation‹).

Platon nennt das, wodurch schöne Dinge schön sind (usw.), Formen oder Ideen. Diese sind nicht sinnlich wahrnehmbar, sondern werden mit dem »geistigen Auge« (ὄμμα τῆς ψυχῆς) erblickt. Beim Versuch einer näheren Bestimmung dieser ›Entitäten‹ stößt man bald auf Probleme. Denn wenn man z. B. das »Schöne selbst«, in Bezug auf welches schöne Dinge schön genannt werden, als – wie man heute sagen würde – extramentales Ding auffasst, dann wird aus der Beziehung der schönen Dinge zu *dem* Schönen eine Beziehung zwischen Dingen, mit der Konsequenz, dass das Schöne dann nicht mehr *Eines* ist, sondern Vieles, insofern es in vielen Dingen anzutreffen ist. Platon diskutiert solche mit der ›Verdinglichung‹ der Formen zusammenhängenden Probleme im Dialog *Parmenides*. Aber, so erklärt er dort, man kann sie auch nicht als ›mentale Dinge‹, d. h. »Gedanken« (νοήματα) auffassen; denn Gedanken sind Gedanken »von etwas«, d. h. von Seiendem, und dieses Seiende kann nicht nur im Geiste existieren (*Parmenides* 132b–c). Da jedoch die Formen bzw. das Seiende nur durch den Geist bzw. im Denken (νόησις) erfassbar sind (vgl. *Timaios* 28a), trifft es in gewisser Weise für Platon zu, dass der νοῦς der

»Ort der Formen« (τόπος εἰδῶν) ist, obwohl man diesem Ausdruck in Platons Dialogen nicht begegnet. ARISTOTELES machte Gebrauch davon in seiner eigenen Theorie des Geistes (vgl. *Über die Seele* III 4). Aristoteles verwirft zwar die platonische Auffassung einer von den sinnlich wahrnehmbaren Dingen »getrennten« Existenz solcher »Formen« (s. Art. ›Substanz‹), aber der Begriff der Form ist zentral für seine Theorie des »sinnlichen« und des »geistigen« Wahrnehmens (αἰσθάνεσθαι bzw. νοεῖν).

Aristoteles' Theorie des Geistes (νοῦς, von mittelalterlichen Autoren meist mit lat. *intellectus* ›Intellekt‹ übersetzt) ist im Einzelnen schwer zu verstehen. In der Schrift *Über die Seele* (III 5) unterscheidet er zwischen dem »wirkenden Geist« (νοῦς ποιητικός, *intellectus agens*) und dem »erleidenden Geist« (νοῦς παθητικός): im Unterschied zu letzterem geht jener beim leiblichen Tod nicht zugrunde (s. Art. ›Seele‹). Dieser *intellectus agens* wurde später oft mit Gott bzw. der ersten Ursache aller Dinge gleichgesetzt. So wie das Licht die Farben sichtbar macht, bewirkt der νοῦς ποιητικός, dass das potentiell Erkennbare (νοητόν) erkannt wird. Diese Doktrin ist nicht leicht zu vereinbaren mit dem ›Kern‹ der aristotelischen Geist-Lehre im vorangehenden Kap. 4, wo die Rezeptivität des νοῦς hervorgehoben wird. In dieser Hinsicht hat der Geist bzw. das »geistige Erfassen« (νοεῖν) etwas mit der sinnlichen Wahrnehmung (αἴσθησις) gemeinsam. Denn die αἴσθησις, so heißt es in dieser Schrift (II 12), »nimmt die wahrnehmbaren Formen (αἰσθητὰ εἴδη) ohne die Materie auf«, wie das Wachs die Form eines Siegelringes aufnimmt ohne dessen Materie (s. Art. ›Form‹). Ähnlich veranschaulicht Aristoteles das Verhältnis des νοῦς zu den »intelligiblen« Formen (νοητά) bzw. den ›Essenzen‹ der Dinge: der Geist, d. h. derjenige »Teil« der Seele, »womit die Seele erkennt«, nimmt die potentiell erkennbaren Formen auf, wodurch diese zu aktuell Erkanntem werden; in dieser Hinsicht wird er mit einer Schreibtafel verglichen, auf die noch nichts geschrieben wurde. In diesem ›ursprünglichen‹ Zustand besteht die »Natur« des Geistes nur darin, dass er »fähig« (δυνατός) ist, die Formen aufzunehmen. Deshalb muss er »unvermischt« (ἀμιγής) sein; denn so wie das Wachs eine Natur haben muss, die einen möglichst genauen Abdruck gestattet, darf dem Geist nichts Fremdes (ἀλλότριον) beigemischt sein.

Nun legt die bildhafte Rede von »Formen« bzw. »Einprägen« eine Auffassung des geistigen Erkennens nahe, dergemäß der Geist seinem Vermögen nach »wie« die aufgenommene Form ist, ohne aber mit dieser identisch zu sein (δυνάμει τοιοῦτον ἀλλά μὴ τοῦτο). Bevor der Geist erkennt, ist er »nichts in Wirklichkeit« (ἐντελεχείᾳ οὐδέν). Das bedeutet, dass der Geist dadurch, dass er erkennt, vom intelligiblen Gegenstand, d. h. der Form, nichts »erleidet« (πάσχειν); insofern ist er »leidensunfähig« (ἀπαθής). Darin unterscheidet sich der Geist vom Körper bzw. den an den Körper gebundenen Sinnesorganen; wäre er nämlich nicht »abgesondert« (χωριστός) vom Körper und »unvermischt«, würde die Aufnahme einer Form eine Veränderung in ihm bewirken. Wenn jedoch die Natur des Geistes nur darin besteht, für die Aufnahme von Formen »vermögend« zu sein und infolgedessen das die Formen Aufnehmende von den Formen selbst unterschieden ist, stellt sich die Frage, ob der Geist für sich selbst auch erkennbar (νοητός) ist, d. h. ob sich der Geist selbst erkennt. Diese Frage ist für Aristoteles wichtig im Hinblick auf seine Konzeption einer ersten Substanz, von der als der ersten Ursache alle Dinge abhängen (*Metaphysik* XII). Diese Substanz ist νοῦς bzw. die Aktivität oder Aktualität (ἐνέργεια) des νοῦς, d. h. »Denken« (νόησις). Da dieses Denken »erstes Prinzip« (πρώτη ἀρχή) sein soll, muss es »Denken seiner selbst« (νόησις νοήσεως) sein, da es sonst von etwas davon verschiedenem abhängig wäre und deshalb nicht erstes Prinzip sein könnte (*Metaphysik* XII 9). In der Schrift *Über die Seele* (III 4) beantwortet Aristoteles die Frage, indem er den Begriff des »Vermögens« (δύναμις) differenziert: Der Geist ist nicht nur »im Vermögen«, insofern er »fähig« ist, Formen aufzunehmen, sondern auch, insofern er »vermag« (δύναται), »selbst durch sich selbst« zu erkennen. Der in diesem Sinne vermögende Geist, d. h. das durch die Formen aktualisierte Erkennende, ist nur über diese intelligiblen Formen identifizierbar, d.h er ist identisch mit dem Erkannten.

Aristoteles' Auffassung, dass der νοῦς, insofern er erkennt (νοεῖ), mit dem Erkannten (νοητόν) »dasselbe« ist, wurde von den SKEPTIKERN mit dem Argument in Frage gestellt, dass logischerweise das Erkennende (Subjekt) und das Erkannte (Objekt) verschieden sein müssen (vgl. Sextus Empiricus, *Gegen die Mathematiker* VII 310 ff.). Dieses Problem taucht auch in moderneren Diskussionen zum Thema des Verhältnisses von Geist und Körper auf. Was dabei für eine dualistische Theorie zu sprechen scheint, ist der Gedanke, dass der Geist einen »privilegierten Zugang« zu seinen eigenen Inhalten habe. Dieser Gedanke wurde von Gilbert Ryle (*The Concept of Mind*) verworfen, und zwar z. T. mit Argumenten ähnlicher Art, wie sie schon die antiken Skeptiker vorgebracht hatten. Das Problem dabei ist nicht, dass der Geist kein Bewusstsein von seiner eigenen Tätigkeit hätte. Aber dieses Bewusstsein ist selbst eine Tätigkeit des Geistes, und auf diese Tätigkeit kann er sich nicht unmittelbar selbst beziehen. Ryles Analyse des Problems scheint ziemlich genau der Fragestellung Plotins zu entsprechen, von der ausgehend dieser die skeptische Argumentation gegen die Selbsterkenntnis des Geistes zu entkräften versuchte (*Enneaden* V 3 [49]). Wenn man im Sinne des ›logischen‹ Arguments der Skeptiker von einer »Teilung« (μερισμός, V 3 [49] 5) in Erkennendes und Erkanntes ausgeht, dann sieht sich der sich selbst betrachtende (θεωρῶν) Geist als »betrachteten« (θεωρούμενον), aber nicht als »betrachtenden«, d. h., er sieht nicht »sich selbst«. Plotins Antwort scheint darin zu bestehen, dass der sich selbst betrachtende Geist dann, wenn er sich ausschließlich als Betrachteten sähe, nur einen »Eindruck« (τύπος) von sich selbst hätte, d. h. nicht »sich selbst«; er muss sich also schon *vor* der »Teilung« in Subjekt und Objekt des Betrachtens »haben«.

Auffallend an dieser antiken Debatte ist u. a. dies, dass der Skeptiker offenbar nicht unterscheidet zwischen »Geist« (νοῦς) und »diskursivem Verstand« (διάνοια), sondern anscheinend beide Termini für seinen Zweck synonym verwendet. Plotin aber gibt zu verstehen, dass auf der Ebene des diskursiven Denkens Selbsterkenntnis des Geistes nicht denkbar ist, da die Aufhebung der »Teilung« von Erkennendem und Erkanntem dem logischen Denken zuwiderläuft. Aber der menschliche »Geist« ist gegenüber dem diskursiven Verstand das höhere Vermögen, welches auf den göttlichen νοῦς, das kausale Prinzip des Seienden, bezogen ist. Seiendes und Geist sind koextensiv, denn der Geist denkt das Seiende, d. h. die Formen (εἴδη), und indem er das Seiende denkt, *ist* er das Seiende. Diese spekulative Ausweitung platonisch-aristotelischer Grundgedanken durch Plotin kann man insofern »dualistisch« nennen, als die Realität des Geistes für Plotin von anderer Art – d. h. von größerer Einheit – ist als die abbildhafte Realität des Körperlichen (s. Art. ›Nachahmung‹). Plotins Denken ist jedoch nicht dualistisch im Sinne des cartesischen Dualismus, demgemäß Geist und Körper verschiedene Substanzen sind. Nach Gilbert Ryle ist diese Konzeption insofern inkohärent, als sie auf einem »Kategorienfehler« beruht: Geist und Körper fallen nicht unter dieselbe Kategorie »Ding«. Hier wäre darauf hinzuweisen, dass Plotin, der die aristotelischen Kategorien nur auf die sinnlich erfahrbare Welt für anwendbar erklärt, den Begriff »Substanz« (οὐσία) für äquivok hält, da er nicht in demselben Sinne auf körperliche Substanzen angewendet wird wie auf die »intelligible Substanz« (νοητὴ οὐσία), d. h. die Formen bzw. den Geist (vgl. *Enneaden* VI 1 [10]; s. Art. ›Substanz‹).

Glück

Der griechische Ausdruck εὐδαιμονία heißt so viel wie ›einen guten Daimon haben‹. In vielen Fällen seiner Verwendung ist an ›gutes Zurechtkommen mit dem Leben‹ zu denken. Im Kontext philosophischer Orientierung stellte sich bald die Frage, worin dann eigentlich das Glück genau bestehe bzw. worin man ein gelungenes Leben zu sehen habe. Die klassische Diskussion dieses Punktes findet sich bei Aristoteles in der *Nikomachischen Ethik.* Hier werden nicht nur inhaltliche Momente erörtert, sondern auch strukturelle Züge untersucht.

Zu den strukturellen Zügen gehört zunächst die Intuition, dass Eudaimonia der oberste Wert sei (s. Art. ›Gut‹). Dieser Punkt fügt sich zu der Erwägung, dass es Dinge gibt, die wir um ihrer selbst willen tun, und andere, die wir um einer anderen Sache willen erstreben (*Nikomachische Ethik* I 5). Dabei ist auffällig, dass Aristoteles (wie eigentlich schon Platon) auch die Situation berücksichtigt, dass wir Dinge um ihrer selbst willen tun und um der Eudaimonia willen (*Nikomachische Ethik* 1097a 25 ff.). Dieser Gedanke scheint inkohärent. Er lässt sich jedoch leicht entwirren, wenn bedacht wird, dass Aristoteles Eudaimonia in manchen Fällen als (a) dominantes bzw. beherrschendes Ziel charakterisiert, in anderen Fällen eher als (b) inklusives bzw. umfassendes Ziel betrachtet. Der dabei relevante Unterschied wäre der, dass im einen Fall (a) das Ziel Y der Handlung X gegenüber äußerlich zu sein scheint, im anderen Fall (b) aber innerlich ist (s. Art. ›Handlung‹). Im ersteren Fall haben wir es mit Sätzen zu tun, die eine instrumentalistische Lesart der Zweck/Mittel-Struktur nahelegen. Im zweiten Fall sieht dies bei genauerem Hinsehen anders aus. Hier wären die Sätze ›X wird um seiner selbst willen gewollt‹ und ›X wird um der Eudaimonia willen gewollt‹ nämlich sehr wohl kompatibel. Denn dadurch, dass (und indem) X verwirklicht wird, wird auch Y verwirklicht – so wie jemand im Klavierspiel sein Glück findet.

Inhaltlich gesehen stellt sich für Aristoteles die Frage, welche Art von Leben als Leben der Eudaimonia anzusehen sei. In der *Nikomachischen Ethik* X 7–9 erwägt er zwei Antworten. Die eine geht in die Richtung des kontemplativen Ideals, die andere in Richtung des Lebens gemäß der Tugend bzw. der sittlichen Tüchtigkeit. Dabei handelt es sich nicht etwa um zwei integrale Teile *einer* Lebensführung, sondern um buchstäblich verschiedene Weisen von Lebensvollzug; und offensichtlich manifestiert das kontemplative Leben jene Konzeption von Eudaimonia, die als dominantes bzw. beherrschendes Ziel angesprochen wurde (a), das Leben gemäß der sittlichen Tüchtigkeit hingegen Eudaimonia als einschließendes bzw. umfassendes Ziel (b). Aristoteles selber betrachtet das Leben gemäß der sittlichen Tüchtigkeit im Zweifelsfall als zweitrangige Angelegenheit (X 7, 1178a 9). Das kontemplative Ideal expliziert Eudaimonia als eine Art von Selbsttranszendierung. Hier findet der Mensch in der Betrachtung zeitloser Entitäten (s. Art. ›Zeit‹) einen Modus von Existenz, der seinerseits nicht »in der Zeit« wäre und insofern Teilhabe an Ewigkeit bedeutet.

Vorstellungen dieser Art spielen wohl schon bei PLATON eine Rolle. Namentlich der Dialog *Timaios*, der eine Identifikation des Selbst mit dem Geist nahelegt, propagiert ein Leben der wissenschaftlichen Kontemplation. Doch ist der Kern dieser Betrachtung vorsokratischen Ursprungs. Zumindest auf der Seite der Theoretiker gewinnt die Vorstellung Boden, dass nicht praktische, sondern theoretische Belange ins Gewicht fallen. Bereits Euripides und Anaxagoras äußern sich dahingehend, dass es sich bei dem fraglichen Gott in uns um Geist handelt. Namentlich Anaxagoras propagiert das Forscherleben, das zugleich als Befreiung empfunden wird und in diesem Sinn auch der Idee der freien Künste ihre besondere Bedeutung gibt. Die wichtigsten Zeugnisse für diese Betrachtungsweise finden sich bei DE-

MOKRIT: »Wer die Güter der Seele ergreift, der ergreift die göttlicheren, wer die des Körpers, die menschlichen« (D. K. Frg. 68 B 37), oder: »Die Seligkeit wohnt nicht in Viehherden und auch nicht in Gold, sondern die Seele ist es, wo der beseligende Geist seine Wohnstätte hat« (B 171).

Zumindest die Position, die Aristoteles in der *Nikomachischen Ethik* vertritt, ist von einer scharfen Gegenüberstellung von Theoria und Praxis gekennzeichnet. Dies bedeutet u. a., dass wissenschaftliche Einsichten welcher Art auch immer in keiner Weise moralisch ins Gewicht fallen, geschweige denn sittliches Wissen konstituieren. In hellenistischer Zeit scheint dieser Punkt kein Interesse zu finden. Denn sowohl die STOIKER als auch die EPIKUREER, und vermutlich auch die SKEPTIKER, philosophieren im Lichte bestimmter Wertvorstellungen und vor dem Hintergrund moralphilosophisch relevanter Entscheide. Hier steht – diese Formulierung ist vielleicht ein wenig radikal – die Wahl des Weltmodells bereits im Schatten bestimmter Wertungen. Dies bedingt im Ernstfall auch eine neue Einschätzung einzelner Faktoren. So hielten die Stoiker dafür, dass der Besitz der Tugend notwendig und hinreichend für den Besitz der Eudaimonia sei (s. Art. ›Tugend‹); und sie nahmen damit auch gegen den Common Sense durchaus in Kauf, dass jemand im alltäglichen, normalen Sinn mit Widrigkeiten aller Art konfrontiert sei und (qua Träger stoischer Tugend) gleichwohl nicht als unglücklich angesehen werden dürfe. Derartigen Auffassungen wurde von Anhängern der aristotelischen Position heftig widersprochen. So hat THEOPHRAST in einer verlorenen Abhandlung *Über Glück* geltend gemacht, dass ein glückliches Leben mit Schmerz, körperlicher Pein u. Ä. unvereinbar sei. Die Stoiker brauchten sich von diesem Punkt nicht betroffen zu fühlen. Denn erstens betrachteten sie die in Rede stehenden Faktoren nicht unter dem Gesichtspunkt von gut bzw. schlecht; sie fallen für den stoischen Philosophen nicht ins Gewicht. Zweitens sahen sie in der Tugend eine extreme physiologische Disposition, die schlechthin unverlierbar sei.

Gut

Die den Begriff des Guten betreffenden philosophischen Fragen ergeben sich nicht zuletzt daraus, dass das Adjektiv »gut« (griech. ἀγαθόν, lat. *bonum*) nicht in derselben Weise verwendet wird wie andere Ajektive, z. B. »weiß«. So spricht man von einem guten Messer oder einem guten Pferd; und man spricht von Ansehen, Reichtum oder Wissen als von »Gütern«, wenn man der Meinung ist, dass diese Dinge erstrebenswert, d. h. wertvoll sind. Nach PLATONS Auffassung wird »gut« von Dingen mit Bezug auf die »Idee des Guten« ausgesagt. Denn Platon war der Meinung, dass wir immer dann, wenn wir einen allgemeinen Namen auf einen Gegenstand anwenden, dies mit Bezug auf eine gleichnamige Idee tun (s. Art. ›Idee‹); so nennen wir Dinge bzw. Handlungen gerecht mit Bezug auf die Idee des Gerechten, und wir nennen Dinge oder Handlungen gut mit Bezug auf die Idee des Guten. ARISTOTELES' Kritik an Platons Ansatz beruht u. a. darauf, dass das Prädikat »gut« anders verwendet wird als z. B. das Prädikat »weiß«; letzteres bezeichnet eine Farbe, d. h. ein Seiendes der Kategorie der Qualität (s. Art. ›Kategorie‹). Das Prädikat »gut« lässt sich hingegen keiner bestimmten Kategorie zuordnen, denn es lässt sich mit Wesensbestimmungen (z. B. »Gott ist gut«) ebenso verbinden wie mit Qualitäts- (»Tugend ist gut«) oder Quantitätsbestimmungen (»Maßvoll ist gut«) usw. Deshalb ist nach Aristoteles »das Gute« nicht Eines, d. h., es gibt keine universale Idee des Guten (vgl. *Nikomachische Ethik* I 4).

Die These, das Gute sei Eines, wurde nicht nur von Platon vertreten, sondern wird auch EUKLEIDES VON MEGARA (um 450 – 380 v. Chr.) zugeschrieben, der ein Schüler des SOKRATES war. Sokrates hatte solche Fragen gestellt wie »Was ist das Gerechte?«, »Was ist Tugend?«, »Was ist das Gute?«, ohne darauf eine abschließende Antwort zu wissen. Eukleides' These lautete, das Gute sei »Eines, mit vielen

Namen genannt: bald mit ›Klugheit‹, bald mit ›Gott‹, bald mit ›Geist‹ und dem übrigen«; vom Gegenteil des Guten, so wird berichtet, habe er gesagt, dass es »nicht ist« (vgl. Diogenes Laertius II 106). Damit scheint gemeint zu sein, dass man weder versteht, was »das Gute« ist, wenn man die Bedeutung solcher Begriffe wie »Gott« oder »Geist« nicht kennt, noch was diese Namen eigentlich benennen, wenn man sie als Namen für distinkte Entitäten auffasst. Ferner hat Eukleides offenbar »gut« für den fundamentaleren Begriff gehalten als »seiend«: nichts kann als seiend gelten, wenn es nicht auch gut ist. Auch Platon weist dem Guten gegenüber dem Sein den Vorrang zu: es »ragt an Würde und Kraft noch über das Sein (οὐσία) hinaus« (*Politeia* VI 19, 509b).

Platon entwickelt in den *Politeia* seine Auffassung vom Guten in drei Gleichnissen.

a) Im »Sonnengleichnis« betrachtet er die Sonne als »Spross« des Guten. Die Sonne ist im Bereich der sichtbaren Dinge sowohl Ursache ihrer Sichtbarkeit als auch Ursache ihres Werdens und Wachstums, ohne selbst Werden (γένεσις) zu sein. In analoger Weise ist die Idee des Guten im Bereich der intelligiblen Dinge sowohl Ursache ihrer Erkennbarkeit als auch Ursache ihres Seins, ohne selbst Sein (οὐσία) zu sein (VI 19, 509b).

b) Im »Liniengleichnis« stellt Platon das Verhältnis des sichtbaren Bereichs zum intelligiblen Bereich als Analogie dar, und zwar mit Hilfe der Urbild-Abbild-Relation (s. Art. ›Nachahmung‹): im Bereich der sichtbaren Dinge unterscheidet er Gegenstände von ihren Abbildern und stellt fest, dass sich der Bereich der Abbilder zum Bereich der Gegenstände, deren Abbilder sie sind, so verhält wie der Bereich des Sichtbaren zum Bereich des Intelligiblen. Der Bereich des Intelligiblen wird seinerseits unterteilt in den Bereich der mathematischen Gegenstände und den Bereich der Ideen. Diese vier »Segmente« repräsentieren verschiedene Realitäts- oder Seinsgrade: die Ideen verfügen über ein

Höchstmaß an Realität (οὐσία), die Abbilder bzw. die Abbilder der sichtbaren Gegenstände über eine verminderte Realität. Als Ursache des Seins ist die Idee des Guten »jenseits des Seins« (ἐπέκεινα τῆς οὐσίας); als Ursache des Erkennens bildet sie den »voraussetzungslosen Anfang« (ἀνυπόθετος ἀρχή, VI 20, 510b). Mit diesem Begriff unterscheidet Platon das diskursive Denken (διάνοια) des Mathematikers vom Wissen (ἐπιστήμη), zu dem der Dialektiker gelangt (s. Art. ›Wissen(schaft)‹, ›Dialektik‹). Der Mathematiker geht von »Hypothesen« aus und führt seine Beweise, ohne über diese Hypothesen selbst (z. B. die Arten der Winkel, geometrische Figuren usw.) Rechenschaft abzulegen. Der Dialektiker geht auch von Hypothesen aus, aber indem er über sie Rechenschaft ablegt, gelangt er schließlich zum voraussetzungslosen Anfang. Konkret bedeutet dies z. B., dass Wissen des Gerechten bzw. der Gerechtigkeit nicht schon dann vorliegt, wenn jemand über eine Definition der Gerechtigkeit verfügt, sondern erst dann, wenn jemand auch eine Erklärung dafür hat, warum Gerechtigkeit gut ist.

c) Im »Höhlengleichnis« (VII,1–2, 514a–517a) schließlich entwirft Platon ein Bild der menschlichen Situation, indem er den Bereich des Sichtbaren mit dem Innenraum einer Höhle vergleicht, die das Leben und Denken der in ihr befindlichen Menschen in dem Maße einengt, als sie glauben, dass das, was sie für das wirklich Seiende halten, auch das wirklich Seiende ist, während es sich in Wahrheit um Abbilder bzw. Schatten von Abbildern handelt. Dem Bereich des Intelligiblen entsprechen die Verhältnisse außerhalb der Höhle, deren Erkenntnis nur durch eine mit Zwang verbundene »Umkehrung« (περιαγωγή) der Seele möglich ist und ungleich mehr Befriedigung verschafft als die Erkenntnis der Abbilder. Den Aufstieg der Seele vom abbildhaften Sein zum »mehr seienden« und schließlich zur Idee des Guten sieht Platon zwar nur für den privilegierten Stand der »Wächter« des Staates vor, aber er beharrt darauf, dass alle

Teile bzw. Stände des Staates von dieser Erkenntnis profitieren. Das bedeutet, dass diejenigen, die das wahrhaft Seiende gesehen haben, wieder in die Höhle hinabsteigen und die darin Gefangenen am »Nutzen« des Guten teilhaben lassen müssen. Platons Gedanke ist offenbar der, dass die Idee des Guten selbst unwirksam wäre, wenn ihre Erkenntnis keine Folgen hätte für das Leben in der staatlichen Gemeinschaft. Der Dialektiker hat nach Platon eine deutlichere Vorstellung davon, was gerecht ist und was nicht. Denn als Dialektiker hat er das Vermögen, die Idee des Guten von allem anderen Guten gedanklich abzusondern (vgl. VII 14, 534b–c), d. h. er wird nicht irgendein Gutes für das Gute selbst halten; anderenfalls würde er weder das Gute selbst kennen noch irgendein anderes Gut als solches. In gleicher Weise wird er nicht z. B. eine gerechte Handlung für das Gerechte selbst halten; anderenfalls – so scheint Platon zu meinen – wäre er nicht befähigt, eine gerechte Handlung von einer ungerechten zu unterscheiden. Dieses bessere Unterscheidungsvermögen des Dialektikers im Bereich des Abbildhaften (vgl. VII 5, 520c) ist ein Aspekt der Wirksamkeit des Guten, und in diesem Sinne spricht Platon vom Guten auch als von einem »Band«, das die Polis zusammenhält (συνδεσμὸς τῆς πόλεως, VII 5, 520a).

Die verbindende oder zusammenhaltende Kraft des Guten (vgl. *Phaidon* 99c) ist jedoch nicht nur in ethischer Hinsicht wirksam, sondern auch im Hinblick auf die Entstehung des Kosmos. Im *Timaios* (29d ff.) führt Platon das Werden der Welt auf die Gutheit ihres Schöpfers zurück (s. Art. ›Kosmos‹): Der Demiurg ist gut, und weil er gut ist, ist er ohne Neid; insofern will er, dass alles ihm möglichst ähnlich wird. In ähnlicher Weise haben später christliche Autoren die Güte Gottes als Grund für seine Schöpfung bezeichnet. Die Beziehung des platonischen Demiurgen zu den Dingen im Kosmos, d. h. der Wille des Schöpfers, dass die Dinge in der bestmöglichen Weise sind, scheint sich für Platon auch in der Beziehung der wahrnehmbaren Abbilder zu ihren Urbildern zu manifestieren. Denn im *Phaidon* (74d ff.) drückt er sich so aus, dass die wahrnehmbaren Dinge danach »streben« (ὀρέγεσθαι, προθυμεῖσθαι, βούλεσθαι), so zu sein wie ihre Urbilder, Formen oder Ideen. Diese Ausdrucksweise gestattet auch ein Verständnis jener Auffassung in der *Politeia*, wonach die Idee des Guten insofern noch über dem Sein steht, als sie dem Seienden, d. h. den unwandelbaren Formen oder Ideen, Sein und Erkennbarkeit verleiht. Im Denken das Seiende zu erfassen bedeutet so gesehen zu erfassen, worin für die wahrnehmbaren Dinge das Gute besteht, d. h. das, was sie zu sein erstreben (s. Art. ›Ziel‹), hinter das sie jedoch als dessen wandelbares Abbild zurückfallen.

Aristoteles' Kritik an Platons Ansatz einer Idee des Guten in der *Nikomachischen Ethik* (I 4) geht nicht nur dahin, dass es keine universale Idee des Guten gibt – und daher kein Wissen vom Guten im Sinne des Wissens, zu dem der platonische Dialektiker gelangt –, weil »gut« nicht nur in einer einzigen Kategorie prädiziert wird. Seine Kritik betrifft insbesondere auch Platons Konzeption der Idee des Guten als Ursache bzw. Prinzip (ἀρχή). Nach Aristoteles unterscheidet sich die Idee des Guten nur dadurch von den guten Dingen, die an ihr teilhaben, dass jene ewig bzw. zeitlos ist (s. Art. ›Ewigkeit‹), diese aber nicht. Sie unterscheidet sich nicht von anderen guten Dingen, insofern sowohl von der Idee als auch von den Dingen »gut« prädizierbar ist. Mit der Idee des Guten und den guten Dingen verhält es sich ebenso wie mit dem »Menschen selbst« (αὐτοάνθρωπος) oder der »Idee des Menschen« im Verhältnis zum einzelnen Menschen, der an ihr teilhat: insofern beide Menschen sind, unterscheiden sie sich nicht. Im Hintergrund dieser Kritik steht Platons eigene Auseinandersetzung mit der dinglichen Auffassung der Ideen im ersten Teil des Dialogs *Parmenides,* wonach die Ideen selbst Dinge sind, die die Eigenschaften haben, für die sie stehen, und dadurch auf die gleiche Stufe gestellt werden wie die Dinge, die an ihnen teilhaben. Für Aristoteles ist diese Kritik der Ausgangspunkt für seine eigene Konzeption des Guten als des Besten. Denn in der *Nikomachischen Ethik* I 4 weist er darauf hin, dass das Gute durch die Annahme der Ewigkeit nicht »mehr gut« (μᾶλλον ἀγαθόν) bzw. besser wird, ebenso wenig wie das dauerhaft Weiße nicht weißer sei als das kurzlebig Weiße.

Doch mit der Frage der Existenz einer Idee des Guten hat sich nach Aristoteles die Ethik nicht zu befassen, weil sie für den Zweck der Untersuchung nicht relevant ist, d. h. für die Frage, welches Gute für den Menschen realisierbar (πρακτόν) und »verfügbar« (κτητόν) sei. Das Gute, nach dem alle streben (vgl. *Nikomachische Ethik* I 1), bzw. das für den Menschen realisierbare Gute ist nicht dasselbe wie das Gute für Wesen von anderer Natur. Selbst wenn es also eine Idee des Guten – d. h. etwas, das a) von allen guten Dingen prädiziert wird und b) abgetrennt und für sich selbst besteht (χωριστὸν αὐτό τι καθ' αὑτό) – gäbe, wäre dies für die Untersuchung belanglos. Beide Bestimmungen a) und b) treffen auf platonische Ideen generell zu. Während aber Aristoteles keinen Zweifel darüber aufkommen lässt, dass »das Gute« (τὸ ἀγαθόν) die Bestimmung a) nicht erfüllt, vertritt er offensichtlich nicht die Position, dass es kein Gutes gibt, auf das die zweite Bestimmung b) zuträfe. Denn obwohl das Gute nicht »gemeinsam prädiziert« wird, haben die »gut« genannten Dinge dennoch nicht zufällig den gleichen Namen (ἀπὸ τύχης ὁμώνυμα), sondern »von einem her« (ἀφ' ἑνός), »mit Bezug auf Eines« (πρὸς ἕν) oder »gemäß Analogie« (κατ' ἀναλογίαν) (*Nikomachische Ethik* I 4). Das Gute, mit Bezug auf das Dinge gut genannt werden, nennt Aristoteles auch »das Beste« (τὸ ἄριστον). In der *Metaphysik* XII 10 stellt er die Frage, ob das Universum (ἡ τοῦ καθόλου φύσις) das Gute bzw. das Beste als »etwas abgesondertes und an sich bestehendes« (κεχωρισμένον τὶ καὶ αὐτὸ καθ' αὑτό) besitze oder nur als seine eigene Ordnung (τάξις) oder als beides. Die Unterscheidung ist die zwischen einem wohlgeordneten Ganzen und dem Prinzip der Ordnung; sie wird illustriert durch die Unterscheidung zwischen Heer und Heerführer, der für die Wohlgeordnetheit des Heeres verantwortlich und insofern in höherem Maße gut (μᾶλλον ἀγαθόν) ist. In diesem Sinne hat das Universum das Gute sowohl in seiner Wohlgeordnetheit, als auch in deren Prinzip, dem Besten.

Das Gute im Sinne des Besten nennt Aristoteles auch Gott oder Geist. Der Begriff des Guten ist eng verknüpft mit dem Begriff des Geistes, wobei der Geist als Prinzip und Ursache der Ordnung des Kosmos verstanden wird (s. Art. ›Geist‹). Für Aristoteles ist dieses Gute die erste Ursache der geordneten Bewegung des Kosmos, und als solche bewegt es in der Weise, in der das Geliebte oder Erstrebte (τὸ ὀρεκτόν) und der Gegenstand des Denkens (τό νοητόν) bewegt (vgl. *Metaphysik* XII 7), d. h. als »Finalursache« oder als das »Worum willen« (τὸ οὗ ἕνεκα) der Bewegung (s. Art. ›Ziel‹). Da jede Bewegung eine Ursache hat, ist die erste Ursache der Bewegung selbst unbewegt. Das Bewegte steht zur Ursache seiner Bewegung im Verhältnis der Potentialität (δύναμις) zur Aktualität (ἐνέργεια), d. h., das Bewegte ist ein potentiell Bewegtes. Gäbe es keine ewige (ἀίδιον) Ursache der Bewegung, die frei von Potientialität ist bzw. reine Aktualität oder Aktivität, würde Bewegung und damit auch alles Entstehen und Vergehen aufhören. Die Form der Aktivität des »unbewegten Bewegers« bestimmt Aristoteles als Denken, und da nur das Beste Gegenstand dieser höchsten Form des Denkens sein kann, ist es Denken seiner selbst (νόησις νοήσεως, XII 9). Die Form von Leben, die Aristoteles diesem ersten Prinzip zuschreibt, »von dem der Himmel und die Natur abhängt«, ist die Betrachtung oder Schau (θεωρία), die denkbar lustvollste (ἥδιστον) und beste (ἄριστον) Aktivität überhaupt. Sie ist das Wesen der ersten, immateriellen Substanz, während sie dem Menschen nur für kurze Zeitspannen vergönnt ist. Die Aktivität des Geistes ist Leben (ζωή), und da das Wesen des unbewegten Bewegers Aktivität ist, ist sein Leben das beste Leben (ζωὴ ἀρίστη, XII 7).

Aristoteles' Suche nach dem für den Menschen Guten in der *Nikomachischen Ethik* ist geprägt von dieser Vorstellung des unüberbietbar guten Lebens (s. Art. ›Glück‹). Wer gut lebt (εὖ ζῆν), ist glücklich (εὐδαίμων). »Leben« ist im Wesentlichen Aktivität (ἐνέργεια) in irgendeinem Sinne und ist nicht dasselbe wie das biographisch erfassbare »Leben« (βίος), denn man kann auch leben, ohne Gebrauch von seinen Tugenden (ἀρεταί) zu machen. Aus der Verbindung des Guten mit dem Begriff des Glücks (εὐδαιμονία) ergeben sich drei verschiedene Typen des βίος, je nachdem, was als das Gute geliebt wird: das »Genussleben« (ἀπολαυστικὸς βίος), für das das Ziel (τέλος) die Lust ist, das »politische Leben« (πολιτικὸς βίος), für das Ehre das Ziel ist, und schließlich das »betrachtende Leben« (βίος θεωρητικός), für das die sich selbst genügende geistige Aktivität des unbewegten Bewegers das Ideal darstellt. Aristoteles favorisiert die mit dieser dritten Lebensform verbundene Glücksvorstellung, weil der mit dieser Konzeption verbundene Begriff der Aktivität Begriff von etwas ist, das nicht um eines davon verschiedenen Zieles willen erstrebt wird, sondern um seiner selbst willen, wobei εὐδαιμονία eben als dasjenige verstanden wird, was nicht um eines anderen willen erstrebt wird. So bestimmt dann Aristoteles das Gute für den Menschen (τὸ ἀνθρώπινον ἀγαθόν) als »Aktivität der Seele gemäß der besten und vollkommensten Tugend« (*Nikomachische Ethik* I 6). In Anbetracht der Unwägbarkeiten des menschlichen Lebens und im Einklang mit der communis opinio, wonach die Verwirklichung der guten Anlagen des Menschen an Bedingungen geknüpft ist, auf die der gute Mensch (ὁ ἀγαθός, ὁ σπουδαῖος) keinen Einfluss hat, fügt er als weitere Bedingung hinzu: »in einem vollkommenen Leben«. Das heißt, die »Güter der Seele«, die sogenannten ethischen und dianoetischen Tugenden (s. Art. ›Tugend‹), sind nicht die einzigen für das Glück relevanten Güter; auch die »Güter des Körpers«, z. B. Gesundheit, fallen ins Gewicht, ebenso wie die »äußeren Güter«, z. B. Freunde, Reichtum oder politische Macht. Ohne solche nichtseelischen Güter betrachtet es Aristoteles zumindest als schwierig, gut zu handeln.

In dieser Beziehung unterscheidet sich die stoische Auffassung bezüglich des Guten und des Glücks deutlich von der aristotelischen. Den STOIKERN zufolge garantiert der Besitz der Tugend (ἀρετή) das Glück, d. h. der Tugendhafte ist glücklich unabhängig von den äußeren Umständen (vgl. Cicero, *De finibus bonorum et malorum* III; s. Art. ›Tugend‹). Diese Auffassung scheint damit zusammenzuhängen, dass die Stoiker materialistische Monisten waren, d. h. alles Seiende als materiell ansahen (s. Art. ›Stoa‹) und deshalb nicht die Existenz einer transzendenten, immateriellen Substanz annehmen konnten, in deren Aktivität Aristoteles das Glücksideal gesehen hatte. Deshalb knüpften die Stoiker das gute und glückliche Leben nicht an ein transzendentes Prinzip, sondern an den Begriff des idealen Menschen, d. h. des Weisen (σοφός). Wie der gewöhnliche (d. h. »schlechte«) Mensch (ὁ φαῦλος) ist der Weise mit den Realitäten des Lebens konfrontiert, aber anders als der φαῦλος kennt er den wirklichen Wert der sogenannten Güter; einigen billigt er einen gewissen Wert (ἀξία) zu, z. B. der Gesundheit, andere betrachtet er als »indifferent« (ἀδιάφορα), z. B. das Leben. Insofern der Weise die richtige Einstellung zu den Dingen hat, ist er glücklich, und Glück besteht in der richtigen Einstellung zu den Dingen. Tugend ist daher das einzige besitzenswerte Gut. Das »letzte Ziel« (τέλος) des menschlichen Handelns oder das »höchste Gut« (*summum bonum*) wurde von ZENON VON KITION, dem Gründer der Stoa, bestimmt als »Leben in Übereinstimmung mit der Natur«. Im griechischen Wort für »übereinstimmen«, ὁμολογεῖν, steckt der Begriff λόγος (»Vernunft«), was eine enge Beziehung der Begriffe »Vernunft« und »Natur« anzeigt. Zenons Formulierung scheint zu enthalten, dass es darum geht, die menschliche Vernunft in Übereinstimmung zu bringen mit der alles durchdringenden ›Vernunft‹ des Kosmos, d. h. dem die Materie gestaltenden Prinzip; denn die menschliche »Natur« (φύσις) ist ein Teil der Gesamtnatur, d. h. Vernunft ist nicht ein der Natur übergeordnetes Prinzip, wie dies Aristoteles im Hinblick auf die transzendente Ursache der Bewegung verstanden hatte.

Deutlicher als die Stoiker haben die Epikureer die Natur zum Maßstab der Beurteilung menschlichen Handelns erklärt. Anders als die Stoiker scheinen sie die Begriffe »Natur« und»Vernunft« nicht für mehr oder weniger deckungsgleich gehalten zu haben. Denn Cicero sagt in seiner Darstellung der epikureischen Position (*De finibus bonorum et malorum* I 30 ff.) ausdrücklich, dass es die »unbestechlich und unverfälscht urteilende Natur« (*natura incorrupte atque integra iudicante*) und nicht etwa die Vernunft (*ratio*) sei, gemäß deren Verdikt die Lust für das höchste Gut aller Lebewesen gehalten werden müsse. Denn jedes Lebewesen strebe von Geburt an – d. h. in noch nicht depraviertem Zustand (*nondum depravatum*) – nach Lust und meide den Schmerz (s. Art. ›Wahrnehmung‹). Der Begriff des »natürlich Guten« (φύσει ἀγαθόν) wurde dann von den Skeptikern (s. Art. ›Pyrrhonismus‹) in Frage gestellt (vgl. Sextus Empiricus, *Grundzüge der pyrrhonischen Skepsis* III 179 ff.), die auch geltend machten, dass unter den »dogmatischen« Philosophen keine Einigkeit darüber bestehe, was unter »Natur« zu verstehen sei (I 98). Die skeptische Kritik ist bedenkenswert, denn sie weist auf die Problematik bestimmter Annahmen hin, die den antiken Auffassungen bezüglich des Guten zugrunde liegen – Annahmen nämlich, die heute als »realistisch«, »naturalistisch« oder »kognitivistisch« bezeichnet zu werden pflegen. Dieser Auffassung zufolge können wir erkennen, was gut ist, ebenso wie wir z. B. erkennen, dass Feuer wärmt, der Honig süß oder Schnee weiß ist. Dieser Vergleich wird in Ciceros Darstellung des epikureischen Arguments (*De finibus bonorum et malorum* I 30 ff.) ausdrücklich gezogen: dass Lust zu erstreben und Schmerz zu meiden sei, wird ebenso wahrgenommen (*sentiri*), wie dass Schnee weiß ist. Die aristotelische Kritik an Platons Idee des Guten, der gemäß das Adjektiv »gut« nicht eine Qualität bezeichnet wie etwa das Adjektiv »weiß«, führte also nicht zu einer grundsätzlichen Neuorientierung in der Frage, worauf wir uns beziehen, wenn wir etwas als »gut« bezeichnen.

Handlung

Im alltäglichen Sinne verstanden sind Handlungen unproblematische Gebilde. Philosophisch gesehen bereiten sie allerdings Probleme. Der erste Denker, der Probleme aufwarf und einer Lösung entgegenführte, war Aristoteles. Dabei wurden von ihm zweierlei Erwägungen vorgebracht: eine davon (a) betrifft den Gesichtspunkt der menschlichen Betätigung, eine andere (b) die metaphysischen bzw. ontologischen Gegebenheiten. (a) Etwas als »Handlung« (πρᾶξις) ansehen heißt u. a., es von »Hervorbringung« (ποίησις) zu unterscheiden (*Nikomachische Ethik* I 5; s. Art. ›Kunst‹). Danach sind Handlungen dadurch charakterisiert, dass sie selber Ziele sind oder solche in sich tragen, während Hervorbringungen aller Art auf externe Ziele hin angelegt sind (VI 5; s. Art. ›Ziel‹). (b) Aristoteles unterscheidet zwischen Bewegungen bzw. Prozessen (κινήσεις) auf der einen und Verwirklichungen bzw. Aktivitäten (ἐνεργείαι) auf der anderen Seite. Bewegungen sind qua Bewegungen etwas Unvollendetes, Verwirklichungen hingegen qua Verwirklichungen sind vollendet (*Metaphysik* IX 6). Handlungen im vollen, relevanten Sinne des Wortes sind Gebilde, die ihr Ziel in sich tragen bzw. Ziele sind (1048b 22–23; s. Art. ›Glück‹); sie gehören mithin zur Gattung der Verwirklichungen. Zugunsten der hier verfolgten

Betrachtungsweise macht Aristoteles einen linguistischen Test geltend; und zwar stellt er fest, dass Aktivitätsverben auf der einen und Bewegungsverben auf der anderen Seite einen wichtigen Unterschied an den Tag legen. Aktivitätsverben haben es an sich, zugleich im Präsens und im Perfekt verwendet werden zu können (»er lebt gut und hat zugleich gut gelebt«, 1048b 25–26). Bewegungsverben hingegen gestatten einen solchen Gebrauch nicht (»er wird gesund und ist zugleich gesund geworden«, 1048b 25). Aristoteles' Erwägungen liegen z. T. Gilbert Ryles (*The Concept of Mind*) und Zeno Vendlers (*Linguistics in Philosophy*) begrifflichen Analysen zugrunde.

Einer anderen Theorie begegnen wir bei den STOIKERN. Sie hielten dafür, dass nur physische Gegenstände und deren Zustände real sind (s. Art. ›Stoa‹). Handlungen hingegen scheinen sie als etwas Unkörperliches angesehen zu haben, nämlich als Prädikate. Mit dem Ausdruck »Prädikat« (κατηγόρημα) bezeichneten sie bedeutungshafte, im modernen Sinne intensionale Gebilde, die Prädikatszeichen zugeordnet sind (s. Art. ›Bedeutung‹). So sagten sie, dass Vernunft (φρόνησις) ein Körper sei und real, die entsprechende Ausübung (φρονεῖν), die wir jemandem zuschreiben, hingegen sei nicht real. Zwar lässt sich dieser Gedanke nicht einfach erschließen. Doch scheint klar, dass die Stoiker meinten, dass Handlungen *als* Handlungen betrachtet so etwas wie Produkte von Interpretationen seien.

Idee

Das Wort »Idee« (ἰδέα, εἶδος) ist wie unser Wort »Wissen« mit dem lateinischen Wort für »sehen«, *videre*, verwandt und bedeutet eigentlich so viel wie ›sichtbare Gestalt, Form, Aussehen‹ (s. Art. ›Wissen(schaft)‹). Zu einem philosophischen Fachausdruck wird »Idee« in der Philosophie

Platons. Hier nämlich tritt das Wort für den begrifflich erfassbaren und mit dem geistigen Auge erkennbaren Wesensgehalt einer Sache ein. Dabei zeigen die Dialoge Platons ein recht komplexes Bild. Hier ist die Idee einerseits das definierbare Wesen einer Sache (z. B. Schönheit an sich, Gerechtigkeit an sich; s. Art. ›Allgemeines‹, ›Substanz‹); sie ist andererseits das, was bestimmten Ausdrücken wie »Schönheit« bzw. »schön« oder »Gerechtigkeit« bzw. »gerecht« als primäre und eigentliche Bedeutung unwandelbar gegenübersteht (s. Art. ›Bedeutung‹, ›Platonismus‹); und sie ist schließlich das, was Dinge, Handlungen, Institutionen usw., die wir mittels genereller Ausdrücke wie »schön«, »gerecht« usw. ansprechen und klassifizieren, auch zu dem macht, was sie sind, nämlich schön, gerecht, gut usw. (s. Art. ›Gut‹).

Zwar ist umstritten, (1) ob Platon sämtlichen generellen Termini Ideen zugeordnet wissen wollte. Doch nach den sogenannten »mittleren« Dialogen (u. a. *Phaidon*, *Symposium*, *Politeia*) zu urteilen kann als sicher gelten, dass Platon meinte, (2) die Ideen seien geschichtslos und unveränderlich (und damit auch vollkommen Seiendes; s. Art. ›Sein‹), (3) bestünden unabhängig von den Dingen für sich, (4) seien im gewissen Sinn die (Wesens-)Ursache für das Sein der Dinge (s. Art. ›Natur‹), und seien (5) die eigentlichen Objekte wissenschaftlicher Erkenntnis (s. Art. ›Meinung‹, ›Wissen(schaft)‹).

Individuum

Das Wort »Individuum« ist die lateinische Übersetzung des griechischen Adjektives ἄτομος ›unteilbar‹ (s. Art. ›Atomismus‹), das offenbar erstmals von Aristoteles als Begriff eines konkreten Einzelwesens verwendet wurde (*Kategorien* 2; s. Art. ›Kategorie‹). Als das Besondere wurde das Individuum von Aristoteles dem Allgemeinen (s. Art.

›Allgemeines‹) gegenübergestellt, d. h. dem, was allgemein von einem »zugrunde liegenden« (ὑποκείμενον, lat. *subiectum*) Gegenstand, z. B. einem einzelnen Menschen (s. Art. ›Subjekt‹), aussagbar ist, wie die Gattung (»Lebewesen«), die Art (»Mensch«) und die spezifische Differenz (»vernünftig«) (s. Art. ›Qualität‹). Dasjenige Zugrundeliegende, das seinerseits nicht wiederum von einem Zugrundeliegenden aussagbar ist, bestimmte Aristoteles als das, was »unteilbar und der Zahl nach Eines« ist. Alles allgemein Aussagbare ist dagegen teilbar: die Gattung »Lebewesen« lässt sich in die Arten teilen, die Art »Mensch« in die Individuen.

Konkrete Individuen, z. B. einzelne Menschen (ὁ τὶς ἄνθρωπος), nennt Aristoteles in der *Kategorienschrift* »erste Substanzen« (οὐσίαι), Arten und Gattungen von Individuen hingegen »zweite Substanzen«. Insofern die ersten Substanzen die »Subjekte« der zweiten Substanzen sind, ist das Individuelle gegenüber dem Allgemeinen ontologisch vorrangig (s. Art. ›Substanz‹). Die Unterscheidung zwischen ersten und zweiten Substanzen deckt sich jedoch nicht mit der Unterscheidung zwischen Individuellem und Allgemeinem, da Aristoteles auch Eigenschaften von Individuen als Individuen bezeichnet. Ein bestimmtes Weiß (τὸ τὶ λευκόν) z. B. ist ein Individuum, weil es – analog zu den »ersten Substanzen« – dem von ihm allgemein Aussagbaren (»Farbe«) zugrunde liegt; aber es ist keine Substanz, denn die Eigenschaft Weiß-Sein ist die Eigenschaft eines Gegenstandes, der weiß ist, d. h. eines Körpers. Sowohl substantielle wie auch nicht-substantielle Individuen sind Teile eines Ganzen: Sokrates ist Teil der Spezies »Mensch« bzw. der Gattung »Lebewesen«, das bestimmte Weiß ist Teil der Gattung »Farbe«. Aber im Unterschied zu einem nichtsubstantiellen Individuum kann ein substantielles Individuum wiederum als Ganzes betrachtet werden, das Teile hat; allerdings entspricht die Beziehung zwischen Teil und Ganzem dann nicht der Beziehung zwischen Individuum und Art, denn ein Teil eines Menschen ist nicht ein Mensch.

Versteht man »Unteilbarkeit« in diesem Sinne, könnte man sagen, dass ein substantielles Individuum auch ein Ganzes sein muss.

Wenn in der *Kategorienschrift* konkrete Individuen als »erste Substanzen« bezeichnet werden, so bedeutet dies, dass Individuen das repräsentieren, was im primären Sinne von »sein« ist bzw. existiert. Ganzheit und Unteilbarkeit als Attribute unter anderen des »Seienden« wurden erstmals von Parmenides thematisiert (s. Art. ›Eleatik, Eleaten‹ (1)). Platons Ideen haben gewisse Merkmale mit dem »Seienden« des Parmenides gemeinsam (s. Art. ›Idee‹): sie sind unentstanden, unvergänglich und stets das, was sie sind. Das heißt: Die Frage »Was ist gerecht?« muss beantwortet werden im Hinblick darauf, was immer und unter allen Umständen gerecht ist, d. h. im Hinblick auf die Idee der Gerechtigkeit; gerechte Dinge sind gerecht durch die Anwesenheit der Idee der Gerechtigkeit bzw. durch Teilhabe an ihr. Platons Auffassung wirft das Problem der Selbstprädikation auf: Ist die Idee der Gerechtigkeit selbst gerecht, die Idee des Menschen selbst Mensch? Aus Gründen wie diesem sah sich Aristoteles veranlasst, konkrete Individuen als das anzusehen, was primär existiert; denn dasjenige, von dem wahrheitsgemäß ausgesagt werden kann, dass es (ein) Mensch ist, kann nicht ein abstrakter Gegenstand sein.

Aristoteles' Begriff des Individuums als desjenigen, was »unteilbar und der Zahl nach Eines« ist, ist unspezifisch genug, dass er auf so unterschiedliche Entitäten wie Dinge und Eigenschaften von Dingen angewendet werden konnte. Dies führt zum Problem der Individuation (s. Art. ›Eigenschaft‹): Werden Eigenschaften durch ihren Träger individuiert? Oder lassen sich Eigenschaften auch ohne Rücksicht darauf als Individuen verstehen, dass sie Eigenschaften von etwas sind? Eine Behandlung dieses Problems scheint jedoch eine vorgängige Antwort auf die Frage zu verlangen, worin die ›Individualität‹ von Individuen besteht, d. h., sie setzt den Gedanken der Unverwechselbarkeit von Individuen voraus, dem Aristoteles offensichtlich noch keine Beachtung geschenkt hatte, der aber mit der fortschreitenden Auflösung der Polisgemeinschaft immer wichtiger wurde. So war es ein Eckpfeiler der stoischen Erkenntnistheorie, dass sich keine zwei Dinge völlig gleichen und deshalb ihre Erscheinungen wenigstens im Prinzip auseinandergehalten werden können (vgl. Cicero, *Lucullus* 85).

Einen wichtigen Beitrag zum Problem der Individuation lieferte der Plotin-Schüler Porphyrios in seiner *Einleitung* zur aristotelischen *Kategorienschrift*. Danach kann das Individuum Sokrates auf verschiedene Weise bezeichnet werden, nämlich mit »Sokrates«, »dieses Weiße da«, »der da herankommt, der Sohn des Sophroniskos«. Die durch solche Ausdrücke bezeichneten Dinge werden deshalb Individuen genannt, »weil jedes aus Eigentümlichkeiten besteht, deren Gesamtheit bei keinem anderen dieselbe« ist. Damit scheint gemeint zu sein, dass man sich immer mit solchen Ausdrücken auf Individuen bezieht, die den gemeinten Gegenstand von anderen unterscheiden und dass infolgedessen die Gesamtheit der von den verwendeten bzw. verwendbaren Ausdrücken bezeichneten Eigentümlichkeiten nicht bei zwei Individuen dieselbe ist. Bemerkenswert an Porphyrios' Lösung ist, dass Eigennamen wie »Sokrates« als Prädikate verstanden werden, die »von einem einzigen Gegenstand ausgesagt« werden. Diese Auffassung steht in Kontrast zu der des Aristoteles, der gesagt hatte, Kallias sei ein Einzelding, Mensch hingegen etwas Allgemeines, weil Mensch »von mehrerem ausgesagt« werde, Kallias hingegen nicht (*Lehre vom Satz* 7). Hier ist unklar, ob das Wort »Kallias« sich auf den Namen oder die Person des Kallias bezieht. Porphyrios' Klarstellung ist deshalb ein wichtiger Schritt.

Kategorie

Das griechische Substantiv κατηγορία (lat. *praedicamentum*) und das entsprechende Verb κατηγορεῖν (lat. *praedicare*) bedeuten in der außerphilosophischen Sprache »Anklage« bzw. »anklagen«. ARISTOTELES scheint der Erste gewesen zu sein, der das Wort »Kategorie« als technischen Ausdruck verwendete und eine ›Kategorienlehre‹ entwickelte, auf die er sich an mehreren Stellen seiner Schriften bezieht. Viel häufiger als auf das Substantiv stößt man bei Aristoteles auf das Verb in der Bedeutung »prädizieren« und dessen Partizipialform κατηγορούμενον (»was prädiziert wird« bzw. »Prädikat«). Die Beziehung zwischen den von Aristoteles so genannten Kategorien und den Prädikaten bzw. den von den Prädikaten bezeichneten Gegenständen hat seit dem Altertum zu verschiedenen Meinungen darüber geführt, was Aristoteles unter einer Kategorie genau versteht bzw. was durch die »Kategorien« eigentlich klassifiziert werden soll.

Außerhalb der später so genannten *Kategorienschrift* wird die ›Kategorienlehre‹ von Aristoteles am ausführlichsten in der *Topik* (I 9) erörtert, wo er zehn »Gattungen der Kategorien« aufzählt, die er folgendermaßen bezeichnet: »Was es ist«, »Wie viel«, »Wie beschaffen«, »In Bezug auf was«, »Wo«, »Wann«, »Liegen«, »Haben«, »Tun«, »Leiden«. Von einer Farbe z. B. kann man das »Was es ist« angeben, mit »weiß« etwa oder mit »Farbe«. Sagt man jedoch »ist weiß« von etwas anderem als der Farbe Weiß, so sagt man von diesem Etwas nicht, ›was es ist‹, sondern ›wie beschaffen‹ es ist; denn weiß ist die Farbe eines Gegenstandes, nicht der Gegenstand selbst. Mit der Verwendung des Prädikats »weiß« wird also Verschiedenes bedeutet, je nachdem, ob das Subjekt (s. Art. ›Subjekt‹) ein weißer Gegenstand ist oder die Farbe Weiß; denn die Gattung der Farbe Weiß (»Farbe«) ist nicht dieselbe wie die Gattung (z. B. »Lebewesen«), der der weiße Gegenstand (z. B. ein Mensch) angehört. Sagt man jedoch von einem Menschen, dass er ein Mensch oder ein Lebewesen ist, gibt man das »Was es ist« des Subjekts an; denn das Prädikat »Mensch« bezeichnet nicht etwas an einem Gegenstand, sondern den Gegenstand selbst. So kann Aristoteles sagen, dass, wenn man das »Was es ist« einer Sache angibt, man bald eine Substanz (οὐσία) bezeichnet, bald eine Qualität, bald eine der anderen Kategorien.

Dinge wie Menschen oder Pferde, Quantitäten wie Längen oder Größen, Qualitäten wie Farben, Tugenden usw. sind Dinge, über die man sprechen kann, d. h. Dinge, auf die man sich beziehen und sagen kann, was sie sind. Was jedoch das »Was es ist« zu einer eigenen ›Kategorie‹ macht, der ersten, ist dies, dass man man bei der Angabe des »Was es ist« im Falle von Substanzen wie Menschen (»ein Mensch«) oder Pferden (»ein Pferd«) nichts nennen kann, dessen »Was es ist« ein Mensch oder ein Pferd wäre; im Falle von Qualitäten wie Weißheit kann man jedoch den Gegenstand nennen, der über die Eigenschaft, weiß zu sein, verfügt. Die Kategorienunterscheidung ermöglicht damit eine Klassifikation einerseits von Prädikaten (»Mensch«, »weiß«, »170 cm groß« usw.), andererseits von Gegenständen, über die man sprechen kann (Dinge und deren Eigenschaften wie Farbe, Größe usw.). Diese werden entsprechend der Kategorienunterscheidung verschiedenen Gattungen zugeordnet, den »Gattungen der Kategorien«. Dieser Ausdruck bedeutet wahrscheinlich nicht, dass die Kategorien Gattungen der Dinge sind, dass also in die erste Kategorie Substanzen, in die zweite Quantitäten usw. fallen. Denn wenn man von etwas sagt, was es ist, ist stets die erste Kategorie gemeint, ohne Rücksicht darauf, ob es sich bei dem Gegenstand, über den die Aussage gemacht wird, um eine Substanz handelt oder nicht. Eine andere Kategorie als die erste ist nur dann gemeint, wenn das, worauf sich der Prädikatsausdruck bezieht, nicht derselben Gattung angehört wie das, worauf sich der Subjektsausdruck bezieht:

wenn z. B. »weiß« von etwas prädiziert wird, das keine Farbe ist. Wenn also die Kategorien eine Klassifizierung von Dingen ermöglicht, dann dadurch, dass durch sie Aussagen über Dinge unterschieden werden können. Eine Aussage wie z. B. »X ist weiß« lässt sich durch die Kategorienunterscheidung je nachdem als Aussage über einen weißen Gegenstand oder als Aussage über dessen Farbe verstehen; im ersten Fall besagt sie, dass der Gegenstand weiß *ist*, im zweiten Fall, dass er *weiß* ist.

Eine historische Erklärung dieser Unterscheidung von Prädikationen könnte in Aristoteles' kritischer Aufnahme der sokratisch-platonischen Frage nach dem, was ein Gegenstand ist, gesehen werden. Für PLATON musste eine angemessene Antwort auf die Frage »Was ist X?« mit Bezug darauf erfolgen, was etwas ohne Einschränkung oder absolut ist, z. B. die Frage »Was ist schön«? mit Bezug auf »das Schöne selbst« oder die Idee der Schönheit (s. Art. ›Idee‹). Aristoteles, der nicht an die Existenz von Ideen glaubte, monierte, dass das Prädizieren des Prädikats »schön« nicht bedeute, dass es ein Schönes gebe, das getrennt von den schönen Dingen existiert und das *ist*, was das Prädikat bezeichnet (s. Art. ›Allgemeines‹). Denn das, was schön *ist*, der Gegenstand, der über die Eigenschaft der Schönheit verfügt, ist nicht dasselbe wie seine Schönheit: jener ist eine Substanz, diese eine Qualität (s. Art. ›Substanz‹).

Aristoteles' Unterscheidungen wurden z. T. modifiziert und weiter entwickelt. Eine solche Umbildung nahm sein Zeitgenosse und Kommilitone XENOKRATES vor, der zweite Nachfolger Platons in der Leitung der Akademie. Xenokrates hat die neun nicht-substantiellen Kategorien zu einer Klasse zusammengefasst und generell eine einfache Zweiteilung von »an sich« und »bezüglich« propagiert (s. Art. ›Relativität‹). Diese Unterscheidung scheint von der Überlegung geleitet, dass es Dinge gibt, die (wie die aristotelischen Substanzen) selbständig existieren, und andere, die (wie die sogenannten aristotelischen Akzidenzien) unselbständig und zu ihrer Existenz auf das Sein von Dingen angewiesen sind, die ihrerseits selbständig sind. In diesem Sinn würde die Unterscheidung eine Zweiteilung alles Seienden in zwei Klassen bedeuten.

Neben dieser ontologischen Ausrichtung, die sich bei vielen Autoren findet, gibt es aber auch ein eher funktionales Verständnis von Einteilungen. Diese Auffassung hat bei den STOIKERN Gestalt gewonnen. Sie unterschieden zwischen »Subjekt« (ὑποκείμενον), »qualifiziert« (ποιόν), »disponiert« (πῶς ἔχον) und »relativ disponiert« (πρὸς τί πως ἔχον). Und sie scheinen mit jedem dieser Punkte Gesichtspunkte eröffnen zu wollen, unter denen beliebige Dinge betrachtet und verstanden werden können. Mit anderen Worten: die Referenz ist jeweils die gleiche, nur wird das Referenzobjekt jeweils unter einer anderen Beschreibung präsentiert. Diese Linie scheint an jene Betrachtung anzuknüpfen, die Aristoteles zu einer Sondierung von Fragen motivierte, die man an etwas stellen könne, oder auch an Platons Gedanken, dass man Dinge (im weitesten Sinne) in eigenen Begriffen und in Begriffen anderer Dinge beschreiben könne. Bei näherem Hinsehen ist vielleicht nicht klar, wo diese »Kategorien«-Unterscheidung der Stoiker genau verortet ist. Offensichtlich gibt es Entsprechungen zwischen der sprachlichen Ebene der Zeichen (Worte bzw. Wortklassen), den Bedeutungen und der Realität (s. Art. ›Bedeutung‹). Dabei scheint der Gedanke der zu sein, dass mit dem bestimmten Artikel analog dem logischen Eigennamen bei Russell auf den Gegenstand verwiesen wird, der Eigenname die gezeigte Sache als individuell Beschaffenes präsentiert (der allgemeine Name entsprechend als allgemein Beschaffenes), das Verb die Sache entweder (nämlich im Falle eines einstelligen Prädikates) als in bestimmter Weise sich Verhaltendes meint oder aber (im Falle eines zweistelligen Prädikates) als etwas, was in Beziehung auf anderes sich in bestimmter Weise verhält. In diesem Sinn versehen uns diese

›Kategorien‹ mit Instrumentarien einer sozusagen progressiven Differenzierung ein und desselben Gebildes.

In späterer Zeit wurde die stoische Position vielfach als Klassifikation unterschiedlicher Dinge verstanden und gewissermaßen als und in Konkurrenz zur These der *decem genera entium* (»zehn Klassen des Seienden«) gesehen, die man Aristoteles zuschrieb. Derartige Assimilationen sind vermutlich nicht gerechtfertigt.

Kosmos

Die Grundbedeutung des griechischen Wortes κόσμος sowie der lateinischen Übersetzung *mundus* ist ›Schmuck, Zier, Ordnung‹. Der erste Philosoph, für den die Verwendung von »Kosmos« in der Bedeutung von ›Welt‹ oder ›Weltordnung‹ bezeugt ist, scheint Heraklit von Ephesos (um 540 – um 480 v. Chr.) gewesen zu sein. Während jedoch der Ausdruck »Weltordnung« die Ordnung dessen bezeichnet, auf das man sich mit dem Ausdruck »Welt« bezieht, verwendete Heraklit das Wort »Kosmos« nicht zur Bezeichnung des κόσμος von etwas. Die Frage ist also, wie bei Heraklit κόσμος zum Begriff desjenigen Gegenstandes werden konnte, auf den wir uns mit dem Wort »Welt« beziehen.

In einem Fragment seines Buches (D. K. Frg. 22 B 30) heißt es: »Dieser Kosmos, derselbe für alle [oder: alles], machte weder einer der Götter noch der Menschen, sondern er war immer und ist und wird sein ewig lebendiges Feuer, erglimmend nach Maßen und verlöschend nach Maßen«. Kosmos ist zunächst der Inbegriff alles dessen, was Philosophen seit jeher bei der Betrachtung des gestirnten Himmels, der Beobachtung der Bewegung der Himmelskörper, des Wechsels der Jahreszeiten usw. in Bann gezogen hat und das sie mit Ausdrücken wie »Ordnung«, »Schönheit« usw.

beschrieben. Heraklit bestreitet nun, dass dieser Kosmos von einem Gott gemacht wurde; damit ist wohl gemeint, dass der Kosmos nicht als Produkt einer planenden, göttlichen Intelligenz aufgefasst werden soll. Andererseits bestreitet er auch, dass der Kosmos von einem Menschen gemacht sei. Die Wahrnehmung von κόσμος und damit das Denken über die Welt in Begriffen von Ordnung und Schönheit könnte ja als Ausdruck der subjektiven Erfahrung der Menschen gedeutet werden; so betrachtet hätte Kosmos den Status einer Welt-Version und wäre insofern »gemacht«. Zwei kurze Fragmente scheinen jedenfalls in diese Richtung zu weisen, nämlich D. K. Frg. 22 B 102 (»Für Gott ist alles schön und gut und gerecht; die Menschen aber haben das eine als ungerecht, das andere als gerecht angenommen.«) und B 124 (»Wie ein Haufe aufs Geratewohl hingeschütteter Dinge der schönste Kosmos.«). Diese beiden Sprüche deuten vermutlich darauf hin, dass die Vorstellung von Ordnung, bzw. die Erfahrung von κόσμος, an bestimmte Sichtweisen gebunden ist (s. Art. ›Meinung‹). Heraklit unterscheidet dabei die menschliche von der göttlichen Sichtweise; doch obwohl so gesehen die Kosmos-Erfahrung der Menschen verschieden ist von der des Gottes, ist der Kosmos »derselbe für alles« (oder: alle, das heißt wohl: für ›Dinge‹, Menschen und Götter); die Kosmos-Erfahrung bezieht sich also wohl auf denselben ›Gegenstand‹, die gemeinsame Welt von Göttern, Menschen und Dingen.

Heraklits Kosmos hat eine rational begreifbare Struktur. Im Fragment B 1 spricht Heraklit vom »immer seienden Logos«, »nach welchem alles geschieht« (s. Art. ›Bedeutung‹). Das Wort λόγος hat verschiedene Bedeutungen, u. a. ›Rede‹, ›Vernunft‹, aber auch ›Proportion‹, und in dieser dritten Bedeutung verwendet Heraklit das Wort offenbar in Fragment B 31, wo er seine These erläutert, der Kosmos sei Feuer (s. Art. ›Element‹): Feuer wird zu Wasser, aus Wasser wird je zur Hälfte Erde und Gluthauch. Erde wird wieder zu Wasser (usw.); und zwar scheint Heraklit den Prozess von Erde zu Wasser so zu deuten, dass Wasser seinen λόγος (›Proportion‹) wieder erreicht, was die Vermutung nahelegt, dass die Hauptkomponenten des Kosmos, nämlich Feuer (bzw. Gluthauch), Wasser und Erde, je ihren λόγος haben, durch den sie in ihren gegenseitigen Beziehungen festgelegt und als κόσμος erfahrbar werden. Heraklits These, der Kosmos sei Feuer, bringt demnach die enge Beziehung zwischen Kosmos und Logos zum Ausdruck, sodass man Kosmos geradezu als die Erscheinung der logoshaften Struktur der Welt bezeichnen könnte. Ebenso wie »dieser Kosmos derselbe für alles [bzw. alle]« ist, ist auch der Logos »gemeinsam« (vgl. B 2). Die Gemeinsamkeit der logos-strukturierten Welt steht im Gegensatz zur »privaten« Scheinwelt, in der die Menschen leben, wenn sie so leben, als hätten sie ihr »privates Verständnis« von der Welt (ebd.). Heraklit scheint hier unter »privatem Verständnis« eine falsche Interpretation der Kosmos-Erfahrung zu verstehen, d. h. der Erfahrung des Kosmos, der »für alle derselbe« ist; falsches Verständnis aber »macht« Kosmos, und in diesem Sinne ist die »private« Welt, in der die Menschen leben, eine Scheinwelt.

Die Scheinwelt ist nach Heraklit das Resultat falscher Annahmen bezüglich der Natur der Dinge: Tag und Nacht, Winter und Sommer, Sattheit und Hunger, Krieg und Frieden, Feuer und Wasser, Leben und Tod haben nicht ihre je verschiedene Natur, wie die meisten Menschen annehmen, sondern sind im Hinblick darauf zu erklären, dass von den Gegensatzpaaren das eine Glied »umschlägt« und zum anderen wird und umgekehrt (vgl. z. B. D. K. Frg. 22 B 56, 67, 88; s. Art. ›Qualität‹). »Alles ist Eines« (B 50), die Wirklichkeit ist eine einzige, es gibt nur »diesen« einen, erfahrbaren Kosmos. Diese Auffassung ist insofern monistisch, als nach B 102 Gott und die Menschen den Kosmos zwar auf verschiedene Weisen erfahren, dabei aber doch in derselben Wirklichkeit leben. Wenn die Menschen ihre Kosmos-

Erfahrung falsch interpretieren, konstruieren sie zwar eine Scheinwelt, konstituieren damit aber nicht ihre eigene Welt, die gleichsam neben dem wahren Kosmos bestünde. So gesehen könnte man Heraklits Kosmos-Auffassung als ›inklusiven‹ Monismus bezeichnen, um ihn so vom Monismus des PARMENIDES (s. Art. ›Eleatik, Eleaten‹ (1)) zu unterscheiden. Denn anders als für Heraklit ist nach Parmenides κόσμος nicht die Erscheinung der logos-strukturierten Wirklichkeit, sondern vielmehr die Rationalisierung der Erfahrung der »Sterblichen« von der Welt, in der sie leben. Von dieser Welt ist nach Parmenides keine wahre oder zuverlässige Rede (λόγος) möglich und er bezeichnet ihre Darstellung als »trügerischen κόσμος meiner Worte« (vgl. D. K. Frg. 28 B 50–52). Der λόγος vom Seienden, das Eines ist und weder entsteht noch vergeht, umkreist die »Wahrheit«, die Darstellung der Welt der Menschen hingegen bezieht sich auf die δόξα (›Meinung‹ oder ›Schein‹). Die Welt der Wahrheit ist die Welt des Seins, die alles Nichtsein ausschließt; die Welt der Doxa könnte entsprechend als Welt des Nichtseins bezeichnet werden. In diesem Sinne ist der Monismus des Parmenides gewissermaßen ›exklusiv‹. Unter dem Einfluss seiner ›Logik des Seins‹ und in Reaktion darauf hat dann die Kosmos-Idee den Status eines wissenschaftlichen Paradigmas gewonnen; denn es ging nun darum, die Welt der Erfahrung in ihrer Gesamtheit als gesetzlich strukturierte Ordnung zu sehen.

Parmenides' ›Logik des Seins‹ warf ein Problem auf, das die Atomisten (s. Art. ›Atomismus‹) dadurch glaubten lösen zu können, dass sie das augenscheinliche Faktum der Veränderung in der Welt auf Um- und Neugruppierung von Partikeln (bzw. »Atomen«) zurückführten, die ihrerseits absolut veränderungslos sind und damit den Bedingungen der ›Logik des Seins‹ genügen. LEUKIPP und DEMOKRIT vertraten die Auffassung, dass diese Welt ebenso wie andere Welten als Konfiguration von Partikeln im Raum verstanden werden könne; sie gaben auch klare, rational nachvollziehbare Vorschläge zur Definition unterschiedlicher Typen von Konfiguration. Aufschlussreich ist dabei der Umstand, dass Leukipp und Demokrit in den Titeln ihrer Schriften den Ausdruck διάκοσμος verwendeten, der vielleicht so viel wie ›Durchgestaltung‹ bedeutet. Der Ausdruck legt die Vorstellung nahe, dass die von der Vernunft postulierte Ordnung des Ganzen bzw. jeder möglichen Ganzheit, durchgängig ist; d. h. es gibt keinen Teil der Wirklichkeit, der von ihr ausgenommen wäre. Alle faktisch bestehenden Ordnungen werden als vernünftige Ordnungen betrachtet, insofern sie als Strukturen begriffen werden, die sich auf bestimmte Typen der Konfiguration von Atomen zurückführen lassen. Dieser Gedanke spiegelt sich wohl in dem berühmten Fragment des Leukipp, in dem es heißt: »Keine Sache geschieht einfach so, sondern alles vollzieht sich vielmehr aufgrund von Vernunft (λόγος) und Notwendigkeit« (D. K. Frg. 67 B 2). Das Fragment steht isoliert und es bleibt offen, welchen Status Leukipp einer wissenschaftlichen Erklärung zuerkannte. Hinsichtlich der Position Demokrits sind wir besser informiert: Demokrit scheint die These des Atomismus als Hypothese verstanden zu haben, denn er betont, dass uns die Wahrheit letztlich verschlossen bleibt. Er sieht das Problem darin, dass einerseits nur Atome und leerer Raum wirklich existieren und andererseits unser Denken auf die Sinneswahrnehmung angewiesen ist, die wahrnehmbaren Eigenschaften der Dinge (s. Art. ›Qualität‹) aber nicht wirklich existieren (vgl. D. K. Frg. 68 B 125). Insofern wurde Demokrit auch als Vorläufer der späteren skeptischen Schulen reklamiert.

Demokrits skeptizistische Position zeigt, dass der Atomismus das von Parmenides gestellte Problem nicht löst. Platon und Aristoteles sahen seine Schwäche darin, dass er das, was sie als vernünftige Ordnung der Welt erachteten, nicht wirklich erklären kann. Demokrit aber hat der Fragestellung bezüglich des Verhältnisses von Logos und Kosmos, Vernunft und Welt eine neue Richtung gegeben; denn wenn das, was wirklich ist, das »Seiende«, nur dem Denken (λόγος) zugänglich sein soll, dann stellt sich die Frage nach dem Status des sinnlich Wahrnehmbaren und damit nach dem Verhältnis zwischen Denken und sinnlicher Wahrnehmung. Platon unterscheidet im *Timaios* zwischen dem »Seienden«, das nicht wird oder entsteht, einerseits, und dem »Werdenden«, das nicht »ist«, andererseits und ordnet dem Seienden das mit Logos verbundene Denken (νόησις) zu, dem Werdenden aber die sinnliche Wahrnehmung (αἴσθησις; 28a). In diesem Dialog scheint er die Frage beantworten zu wollen, wie sich die strukturell defiziente Welt des »Werdens« als Kosmos überhaupt denken lässt (s. Art. ›Natur‹). Die Antwort hat die Gestalt einer Hypothese und wird literarisch als Kosmogonie dargeboten: Ein gutmeinender »Weltbaumeister« formt eine unordentliche, spurenhafte Materie (s. Art. ›Materie‹), wobei er das Seiende bzw. die transzendenten Ideen als Muster der Schöpfung verwendet und so diese Welt als beseeltes und vernunftbegabtes Wesen schafft (34b). Dieses Geschöpf nennt Platon den »wahrnehmbaren Gott«, der »Abbild des denkbaren Gottes« (s. Art. ›Nachahmung‹) sei, welcher »zu diesem größten, besten und schönsten und vollkommensten Himmel geworden« ist, »wie es keinen anderen geben kann« (92c). Platon versteht seine Konzeption der Weltentstehung als Alternative zum Atomismus Demokrits, die den Vorteil hat, dass sie die Präsenz der Vernunft in der Welt nun wirklich denkbar werden lässt (s. Art. ›Gut‹).

Ein wesentlicher Aspekt seiner Kosmologie liegt in der Ordnung der Körperlichkeit, die in allen Teilen als geometrische Struktur vorgestellt wird. Denn Platon sieht die Elemente (s. Art. ›Element‹) als Manifestationen stereometrischer Gebilde, wobei er der Erde den Kubus zuordnet, das Ikosaeder dem Wasser, das Oktaeder der Luft und die Pyramide dem Feuer. Diese Elementarkörper sind alle auf rechtwinklige, gleichschenklige sowie rechtwinklige, ungleichschenklige Dreiecke reduzierbar. Platons mathematischer

Atomismus erlaubt den Vergleich mit dem von Heraklit postulierten *einen* Logos, dem Garanten von Proportion und Maß aller Veränderung: In Platons Betrachtung entschlüsselt sich Heraklits Logos als ideale, d. h. geometrisch abbildbare Struktur.

Diese Einschätzung der Bedeutung der Mathematik für die Naturerklärung im *Timaios* wurde zu einem wichtigen Moment in der Entstehungsgeschichte der neuen Physik; sie kommt z. B. zum Ausdruck in der Metaphorik des »Buches der Natur«, die sich auch bei Galileo Galilei findet. So schreibt Galilei: »Das Buch der Philosophie ist das Buch der Natur, das vor unseren Augen beständig daliegt, das jedoch nur wenige zu entziffern und zu lesen vermögen, da es in Buchstaben, die von denen unseres Alphabetes verschieden sind, in Dreiecken und Quadraten, in Kreisen und Kugeln, in Kegeln und Pyramiden verfasst und geschrieben ist.«

Kunst

Die Wiedergabe von τέχνη (lat. *ars*) durch ›Kunst‹ ist insofern irreführend, als unser Wort ästhetische Konnotationen gewonnen hat und zudem einen Gegensatz von der Art nahelegt, wie er zwischen naturwissenschaftlicher Orientierung und geisteswissenschaftlicher Ausrichtung besteht. Sie ist aber insofern angemessen, als hier der Gedanke eines besonderen, nicht alltäglichen Könnens zum Ausdruck gebracht wird, das Bewunderung verdient. Τέχνη bedeutete nämlich jegliche Form menschlicher oder göttlicher (vgl. Platon, *Sophistes* 265e) Kunstfertigkeit und praktischer Intelligenz, im Kontrast zum selbständigen Tun der Natur, die im Wesentlichen keiner Nachhilfe bedarf, sondern der Kunst allenfalls zum Vorbild dient (Aristoteles, *Physik* II 8, 199a 15–17).

Der Ausdruck τέχνη findet sich im Titel von Hand- und Lehrbüchern zur Rhetorik und dient – dies zeigt der Hinweis der hippokratischen Schrift *Über die alte Medizin*, Kap. 3 – als Disziplinen-Bezeichnung. In diesem Sinn fand τέχνη auf praktische Belange aller Art (Sattlerkunst, Pferdezucht), aber auch auf theoretische Domänen wie die Geometrie Anwendung. Dabei ist das Verständnis des Begriffs τέχνη in der Zeit der griechischen Aufklärung mit der Vorstellung von Wissen (ἐπιστήμη) verbunden (s. Art. ›Wissen(schaft)‹); und diese Verbindung forderte den Widerspruch PLATONS heraus. Diese Situation schimmert im Dialog *Politeia* durch. Denn zunächst werden hier sämtliche Künste unbefangen im Sinne des landläufigen, positiven Verständnisses als »Wissenschaften« charakterisiert (vgl. 428b–c). Der scharfe und undurchlässige Gegensatz zu Wissen kommt ab 533d–e zum Ausdruck, und zwar vor dem Hintergrund der erfolgten Kritik des Selbstverständnisses der Mathematiker.

Der Versuch einer systematischen Platzierung von τέχνη findet sich bei ARISTOTELES. So skizziert er zu Beginn seiner *Metaphysik* einen Stufengang von Wahrnehmung (s. Art. ›Wahrnehmung‹), über Erinnerung (μνήμη), Erfahrung (ἐμπειρία), Kunst (τέχνη) bis hin zum Wissen (σοφία, ἐπιστήμη). Wie wiederholte Erinnerungen bezüglich eines Sachverhaltes die Kraft (δύναμις) von Erfahrung bewirken, so liegt Kunst dann vor, wenn sich aus zahlreichen Gedanken der Erinnerung eine allgemeine Annahme (ὑπόληψις) bezüglich ähnlich gelagerter Fälle bildet (980b 28 – 981a 7). In diesem Sinn bezeichnet τέχνη also die Erkenntnis des Mediziners, der weiß, dass in einer bestimmten Situation dieses oder jenes Mittel nicht nur Sokrates, Kallias sondern auch Hippias und anderen geholfen hat und generell hilft. Doch weiß der Mediziner nicht, warum es geholfen hat bzw. in dem besagten Fall immer hilft (981a 29–31). Insofern ist Kunst also nicht Wissen und kann bei aller begründeten Wertschätzung nicht als Exemplifikation von Wissen im relevanten Sinn gelten.

An anderer Stelle unterscheidet Aristoteles fünf Weisen, auf die die Seele kraft urteilshafter Akte mit Wahrheit in Berührung tritt: Kunst, Wissenschaft, Klugheit (φρόνησις), Weisheit (σοφία) und Nachdenken (διάνοια). Hier wird der Gegensatz von Kunst und Wissenschaft daran festgemacht, dass sich die Wissenschaft mit Sachen beschäftigt, die sich nicht anders verhalten können, als sie sich verhalten, während Kunst Belange angeht, die kontingent sind. Letztere Bedingung würde der Kunst ihren Platz entweder im Bereich des Hervorbringens (ποίησις) oder aber im Bereich des Handelns (πρᾶξις) anweisen. Doch scheidet Handeln aus (s. Art. ›Handlung‹). Somit bleibt allein das Verständnis von Kunst als rationale Einstellung (ἕξις, lat. *habitus*) in Bezug auf Dinge, die für den Menschen gut bzw. schlecht sind (*Nikomachische Ethik* VI 3–5).

Abgrenzungen wie diese stehen und fallen mit der Annahme bestimmter Voraussetzungen. In hellenistischer Zeit werden diese Voraussetzungen problematisch. Dies zeigt die Argumentation der SKEPTIKER gegen die STOIKER (s. Art. ›Stoa‹). Letztere verstanden unter τέχνη einen »Zusammenhalt (σύστημα) von Erkenntnissen, die auf einen in Belangen des Lebens gut brauchbaren Zweck hin organisiert sind« (*Stoicorum veterum fragmenta* I, 73), und zwar »vermittels [oder: durch] Erfahrung« (II, 94); und sie führten die Existenz der Künste als Argument für die Möglichkeit von Wissen an. Gegen dieses Argument wandten skeptische Philosophen ein, dass im Begriff von Erkenntnis (κατάληψις) kein Hinweis auf Wissen gegeben und also nicht einmal klar sei, ob Wissen als notwendige Bedingung für das Vorliegen von Kunst zu verstehen sei. Da aber die Zuschreibung von Wissen unter stoischen Annahmen rigiden Bedingungen unterworfen ist, müssten die Stoiker selber zugeben, dass selbst anerkanntermaßen geniale Künstler wie Zeuxis über kein Wissen verfügen. Schlimmer noch ist die Alternative, dass es keine Künste gibt. Denn für die Stoiker ist die Astrologie – also die Fähigkeit, Ereignisse vorauszusagen – aus generellen philosophischen Gründen heraus unverzichtbar (Cicero, *Lucullus* 22, 107, 144, 146).

Materie

Das Wort stammt vom lateinischen *materia* und bedeutet dasselbe wie »Stoff«. *Materia* ist die Übersetzung des griechischen Wortes ὕλη, das mit dem lateinischen *silva* verwandt ist und ursprünglich ›Wald‹ bedeutet, dann auch ›Holz‹; da Holz zum Bauen verwendet werden kann, bedeutet ὕλη auch ›Material‹. Ὕλη ist ein zentraler Begriff im Denken des Aristoteles und später der Stoiker. Nach Aristoteles sind Form (s. Art. ›Form‹) und Materie »Prinzipien« (ἀρχαί) der (aus Form und Materie) zusammengesetzten Substanzen (s. Art. ›Natur‹, ›Substanz‹); »Materie« bezeichnet hier das der Form zugrunde liegende Substrat (s. Art. ›Subjekt‹). Ähnlich stellten die Stoiker der Materie als dem passiven Prinzip ein gestaltendes oder aktives Prinzip gegenüber, das sie λόγος (›Vernunft‹) nannten (s. Art. ›Stoa‹).

In gewissem Sinn verfügte bereits Aristoteles' Lehrer Platon über den Begriff der Materie (s. Art. ›Kosmos‹), doch brauchte er dafür nicht das Wort ὕλη. Die Philosophen aus der Zeit vor Platon und Sokrates, die »Vorsokratiker«, hatten jedoch noch keinen entsprechenden Begriff. Wenn Aristoteles im 1. Buch der *Metaphysik* ὕλη als technischen Terminus mit Bezug auf die Ursprungsspekulationen der frühen Naturphilosophen verwendete, so tat er dies in der Absicht, sein eigenes Denken unter dem Gesichtspunkt der Frage nach den Prinzipien und Ursachen des Seienden an das Denken seiner Vorgänger anzuknüpfen. In seiner eigenen Systematik bezeichnet der Ausdruck »Materie« eine von vier Arten der Ursache, die später »Materialursache« (*causa materialis*) hieß und von der »Formalursache« (*causa formalis*), der »Bewegungs-« (*causa movens*) und der »Zielursache« (*causa finalis*) unterschieden wurde (vgl. *Metaphysik* V 2). Aus der Sicht des Aristoteles hielten sich die ersten Philosophen allein an die Materialursache als »Prinzip von allem« (ἀρχὴ πάντων) (vgl. *Metaphysik* I 3). Unter »Prinzip« – ebenfalls ein aristotelischer terminus technicus – versteht er dabei dasjenige, »woraus« (ἐξ οὗ) alles Seiende entsteht und »in das« (εἰς ὅ) es wieder vergeht, das allem Seienden »Zugrundeliegende« (ὑποκείμενον) – eine »Natur« (φύσις), die selbst nicht entsteht und vergeht. So habe z. B. Thales von Milet behauptet, das Prinzip von allem sei Wasser, was Aristoteles damit erklärt, dass der Same von allen Dingen seiner Natur nach feucht sei (vgl. D. K. Frg. 11 A 12). Das Wasser ist also insofern Prinzip, als alle Phänomene in der Welt mit Bezug auf diesen einen Ursprung zu erklären sind (s. Art. ›Element‹).

Von besonderem Interesse für die Geschichte des Begriffs »Materie« ist die Theorie des Anaximenes von Milet. Anaximenes nahm Luft oder Dunst (ἀήρ) als Prinzip alles Seienden an, da aus dieser alles entstehe und in sie sich alles wieder auflöse (vgl. D. K. Frg. 13 B 2). Die qualitative Verschiedenheit der elementaren Phänomene Luft, Feuer, Wasser und Erde verstand er als Folge der quantitativen Veränderung der Luft: Luft wird im Prozess der »Verdünnung« zu Feuer, im Prozess der »Verdichtung« zu Wasser und Erde (D. K. Frg. 13 A 6–7). Anaximenes habe Luft als »unbegrenzten (ἄπειρον) Ursprung« bezeichnet (A 7), wobei er ein Wort verwendete, mit dem sein Lehrer Anaximandros den undifferenzierten Urgrund alles Seienden bezeichnet hatte (vgl. D. K. Frg. 12 A 9, B 1). Nach einem anderen Bericht (D. K. Frg. 13 A 5) ist dieses »Unbegrenzte« allerdings nicht schlechthin undeterminiert, sondern mit der Benennung »Luft« bereits determiniert. Hier zeigt sich ein Problem. Denn wenn Anaximenes das Urprinzip »Luft« nennt, scheint er damit etwas zu bezeichnen, das ebenso wie Feuer, Wasser und Erde eine bestimmte Gestalt hat. Doch wenn er andererseits Feuer, Wasser und Erde als so und so verdünnte bzw. verdichtete Luft begreift, scheint er damit nahezulegen, dass Luft keine eigene Gestalt hat, sondern diese Gestalten annimmt, indem sie sich verändert; Luft, selbst unsichtbar, wird sichtbar z. B. in Gestalt von Wolken und im weiteren Prozess von Regenwasser. Luft ist danach das, was sichtbar wird, Feuer, Wasser und Erde die Gestalten, in denen sie sichtbar wird. Aber das Sichtbare ist etwas anderes, nämlich das Feuergestaltige, Wassergestaltige oder Erdgestaltige, also das, was mit den Namen »Feuer«, »Wasser« und »Erde« benannt wird. So gesehen besteht das Problem darin, dass mit diesen Namen zwar Dinge voneinander abgegrenzt bzw. determiniert werden, dass aber die Dinge, für die die Namen stehen, selbst gewissermaßen keine eigenständigen Phänomene sind.

Obwohl die Luft in der Theorie des Anaximenes über Merkmale verfügt, die es gestatten, Feuer, Wasser und Erde gleichsam als ihre Verkörperungen und damit Luft als Prinzip zu begreifen, ist sie doch offenbar in dem Sinne materiell, als sie quantitative Veränderung erfährt; in dieser Hinsicht steht sie auf derselben Ebene wie die ›Stoffe‹ Feuer, Wasser und Erde, die Grundbestandteile des sichtbaren Kosmos. Insofern ist Anaximenes' Theorie vom Ursprung des Kosmos materialistisch. Diese Betrachtungsweise wurde bald als unzureichend empfunden. Denn wenn man fragt, was dasjenige sei, was wir mit den Namen der »Elemente« bezeichnen, stellt sich heraus, dass die Annahme der Verwandelbarkeit der Stoffe ineinander zur Folge hat, dass keiner von ihnen immer das ist, als was er bezeichnet wird: was wir z. B. Feuer nennen, ist bald Luft, bald Wasser usw. Dies ist der Angelpunkt von PLATONS Kritik an den materialistischen Erklärungen des Ursprungs der Welt im *Timaios*. Der für seine Kritik (vgl. 48a ff.) maßgebende Gesichtspunkt ist durch die Frage angezeigt, worauf wir uns beziehen, wenn wir z. B. sagen »Feuer ist dieses da (τοῦτο, τόδε)«; wir beziehen uns nämlich auf einen Gegenstand, der eine bestimmte Qualität hat bzw. so und so beschaffen ist (τοιοῦτον, τοιόνδε), der »feurig« ist, also heiß, gelb usw. »Qualität« ist eine Wortschöpfung Platons (s. Art. ›Qualität‹). In der Terminologie des Aristoteles kann man Platons Gedanken so formulieren, dass die Grundstoffe des Anaximenes und anderer Vorsokratiker keine Substanzen sind, sondern Qualitäten; die Existenz von Qualitäten setzt die Existenz von Substanzen voraus, die den Qualitäten als »Subjekte« (ὑποκείμενα) (s. Art. ›Subjekt‹) zugrunde liegen. Wahrnehmbare Substanzen sind nach Aristoteles aus Form (εἶδος) und Materie (ὕλη), den »Prinzipien« der Substanzen, zusammengesetzt. Der Unterscheidung von Form und Materie entspricht die bereits erwähnte Unterscheidung zwischen Materialursache und Formursache. Die Materialursache wird von Aristoteles bestimmt als das, »woraus als ihm innewohnenden etwas entsteht« (ἐξ οὗ γίνεταί τι ἐνυπάρχοντος); in diesem Sinne nennt er z. B. das Erz die Materialursache der Statue (*Metaphysik* V 2). Platon braucht nun im *Timaios* ebenfalls die Formulierung »woraus (ἐξ οὗ) etwas wird« zur Beschreibung dessen, was man im Anschluss an Aristoteles mit »Materie« bezeichnet. Doch das Wort ὕλη verwendet er nicht; und er macht auch klar, dass die Formulierung »woraus« nur in unvollkommener Weise etwas schwierig zu Begreifendes zum Ausdruck bringt.

Der Zusammenhang, in dem Platon den Materie-Begriff einführt, ist der folgende: Die Unterscheidung, von der der Dialog ausgeht, nämlich zwischen dem, was Gegenstand des Denkens und dem, was Gegenstand der Wahrnehmung und des Meinens ist (s. Art. ›Geist‹, ›Meinung‹, ›Sein‹), wirft ein Problem auf. Denn wenn einerseits das, was Gegenstand des Denkens ist, immer seiend ist und keine Entstehung bzw. kein Werden zulässt, und andererseits das Werdende niemals *ist* (*Timaios* 28a), dann entspricht der »wahren Meinung« nichts in der Wirklichkeit. Wenn das Werdende als Gegenstand der Wahrnehmung und des Meinens immer »wird« und niemals »ist«, lässt es sich auch nicht als Gegenstand fixieren, auf den sich Wahrnehmung oder Meinung beziehen könnten. Wenn das, was wir »Feuer« nennen, d. h. der Gegenstand unserer sinnlichen Wahrnehmung und der Meinung, dass »dieses« Feuer ist, nichts weiter ist als ein flüchtiges »Etwas«, das wir bald »Feuer«, bald »Luft«, bald »Wasser« nennen, dann haben wir auch keinen Grund zu glauben, dass das »Etwas«, das uns als Feuer erscheint, uns stets als Feuer erscheint und nicht auch als Wasser oder Luft. Um begreiflich zu machen, dass uns etwas als Feuer erscheint, muss dieses »Etwas« begrifflich erfassbar gemacht werden. Platon führt deshalb zusätzlich zum Begriff des Seienden (ὄν) und des Werdens (γένεσις) einen dritten Begriff ein, für den er die Ausdrücke »Amme des Werdens«, ὑποδοχή (wörtlich ›Aufnahme‹), χώρα oder τόπος (›Raum‹ bzw. ›Ort‹) braucht. Die ὑποδοχή bzw. der Raum ist dasjenige, »in dem (ἐν ᾧ) das Werdende wird«. Konkret heißt dies, dass das, was wir Feuer oder Wasser nennen, derjenige Teil (μέρος) der ὑποδοχή ist, der »in Brand geraten« ist bzw. der »verflüssigt wurde«; die Worte »Feuer« und »Wasser« beziehen sich also auf Dinge, die die entsprechenden Qualitäten haben.

Das »Seiende« ist nach Platon die sinnlich nicht wahrnehmbare, »intelligible Form« (εἶδος νοητόν) z. B. des Feuers, das wahrnehmbare Feuer ist ihr »Abbild« (μίμημα; s. Art. ›Nachahmung‹). Die ὑποδοχή wird mit einer »Prägemasse« (ἐκμαγεῖον) verglichen, die, da sie alle Formen aufnimmt, selbst vollkommen gestaltlos (ἄμορφον) sein muss. Das Vorhandensein dieser ›Materie‹ ist erschließbar, insofern sie die Voraussetzung der Wahrnehmbarkeit der Dinge ist. Platon spricht hier von einem »Bastardschluss« (νόθος λογισμός) und signalisiert damit ein begriffliches Problem, das damit zusammenhängt, dass die gestaltlose Materie als solche nicht eigentlich ein benennbares »Etwas« ist. Die

Bezeichnung »Prägemasse« ist eine Metapher, deren Problematik ersichtlich wird, wenn Platon die Abbildung der unwandelbaren Formen in der Materie mit der Formung von Gestalten aus Gold vergleicht. Denn diese Gestalten sind »aus« (ἐκ) dem Material Gold, während die Materie dasjenige ist, »in dem« (ἐν ᾧ) die Formen abgebildet werden. Insofern wäre der Vergleich mit einem Spiegel zutreffender.

Während die Beschreibung der ›Materie‹ als dem, »woraus« die Gestalten gebildet werden, den aristotelischen Materie-Begriff zu antizipieren scheint, gilt dies nicht ebenso für die Beschreibung »worin«. Vielleicht hat Platon das, was sich abspielt, wenn man Gestalten aus Gold formt, sozusagen als wahrnehmbares Abbild dessen verstanden, was sich abspielt, wenn die unwandelbaren Formen in der Materie abgebildet werden. Der Begriff von etwas, das die Formen aufnimmt, ist notwendig, weil sonst die Namen, mit denen wir die Dinge bezeichnen, modern gesprochen keine Referenz hätten. Platons Konzeption einer ›Materie‹ kann als Antwort auf die These des Parmenides verstanden werden, wonach das Seiende weder entsteht noch vergeht; denn aus dieser These folgt, dass das, was entsteht und vergeht, streng genommen nichtseiend ist bzw. nichts. Aus diesem Grunde ist nach Parmenides eine der »Wahrheit« gemäße Theorie des Entstehens und Vergehens nicht möglich (s. Art. ›Eleatik, Eleaten‹ (1)). Platons Theorie von der Entstehung des Kosmos ist dieser Betrachtung in gewisser Hinsicht noch stark verpflichtet. Dies zeigt sich darin, dass er die Entstehung der Welt als eine Vereinigung von Vernunft (νοῦς) und Notwendigkeit (ἀνάγκη) erklärt und damit eine Unterscheidung ins Spiel bringt, die an die doppelte Funktion der »Notwendigkeit« im Lehrgedicht des Parmenides erinnert: nämlich einerseits im Sinne der zwingenden Kraft der logischen Argumentation, andererseits im Sinne einer Determinante des Werdens, mit Bezug auf die Parmenides zu erklären versucht, dass der entstandene Kosmos so ist, wie er ist. Ebenso wie Parmenides gibt auch Platon keine

»wahre« Darstellung der Entstehung des Kosmos, sondern nur eine »wahrscheinliche« (εἰκὸς λόγος). Dies hängt damit zusammen, dass eine solche Darstellung seiner Meinung nach sich nicht nur darauf zu beziehen hat, was »durch Vernunft« (διὰ νοῦ) hervorgebracht wird, sondern auch auf das, was »durch Notwendigkeit« (δι' ἀνάγκης) geschieht; Platon spricht in dieser Hinsicht auch von einer »umherirrenden Ursache« (πλανωμένη αἰτία). Dieser Antagonismus von Vernunft und Notwendigkeit spiegelt sich im platonischen Materie-Begriff.

Aus der Sicht des ARISTOTELES ging Platons Antwort auf das von Parmenides gestellte Problem der Entstehung nicht weit genug. Er meinte, Platon habe mit Parmenides die Auffassung geteilt, dass etwas »schlechthin« aus Nichtseiendem entstehe (vgl. *Physik* I 9). Damit scheint er zu sagen, dass Platon den Sinn der These, dass alles Entstandene aus Nichtseiendem entstanden sei, nicht spezifiziert habe; und er scheint die platonische Materie mit dem Nichtseienden gleichzusetzen. Wenn aber die Materie schlechthin nichtseiend ist, dann käme sie nicht als »Prinzip« wahrnehmbarer Substanzen in Frage. Aus diesem Grunde unterscheidet Aristoteles zweierlei »Nichtseiendes« (μὴ ὄν, *Physik* I 8–9): Die Materie (ὕλη) nennt er »akzidentell nichtseiend« (μὴ ὂν κατὰ συμβεβηκός), die Abwesenheit als solche der Form (στέρησις, ›Beraubung‹, ›Privation‹ [nämlich der Form]) nennt er »an sich nichtseiend« (καθ' αὑτὸ μὴ ὄν). Aristoteles' Begriff der »Privation« begünstigte später im Neuplatonismus eine Auffassung der Materie, wonach diese nichts weiter sei als Privation jeglicher Form und damit das Dunkle bzw. Böse schlechthin (s. Art. ›Neuplatonismus‹). Der Begriff hatte jedoch bei Aristoteles ganz im Gegensatz zum Neuplatonismus die Funktion, die Materie begrifflich fassbar und damit auch erkennbar bzw. wissbar (ἐπιστητή) zu machen. Die Materie eines sich verändernden Gegenstandes ist als dessen »zugrunde liegende Natur« (ὑποκειμένη φύσις) »wissbar gemäß Analogie« (ἐπιστητὴ κατ' ἀναλογίαν, *Physik* I 7): die Materie verhält sich zum Ganzen einer aus Materie und Form zusammengesetzten wahrnehmbaren Substanz wie das Erz zur Statue, das Holz zum Bett, allgemein wie das, was keine bestimmte Gestalt hat (τὸ ἄμορφον), zu dem, was eine bestimmte Gestalt hat. Das Fehlen einer bestimmten Gestalt oder Form nennt Aristoteles »Privation«. In diesem Sinne entsteht zwar etwas »aus Nichtseiendem«, aber nicht aus schlechthin Nichtseiendem, sondern aus etwas, das »in bestimmter Hinsicht nichtseiend« ist (ῇ μὴ ὄν), insofern nämlich z. B. das zur Herstellung eines Bettes benötigte Holz noch kein Bett ist; die Form des Bettes hingegen ist in Bezug auf das noch nicht verarbeitete Holz als Material des Bettes »an sich nichtseiend«. Materie ist also nach Aristoteles als etwas zu begreifen, das in einer bestimmten Relation zu einem Gegenstand steht, der eine bestimmte Form hat; sie ist »der Möglichkeit (δύναμις) nach« das, was aus ihr entsteht.

Wenn Aristoteles Platon vorwirft, er habe nicht zwischen δύναμις und Privation unterschieden, scheint dies zu implizieren, dass für ihn Materie mehr ist als nur Abwesenheit von Form und insofern nicht wie die platonische ὑποδοχή als dasjenige gemeint, was alle Formen aufnehmen kann (πανδεχές). Im Zusammenhang der Analyse einer wahrnehmbaren Substanz mittels der Begriffe »Form« und »Materie« verwendet Aristoteles oft den Ausdruck »letzte« (ἐσχάτη) bzw. »erste Materie« (πρώτη ὕλη), was die Frage aufwirft, ob er dabei an eine ›Urmaterie‹ denkt bzw. das, was im Mittelalter als *materia prima* bezeichnet wurde. Dafür scheint zu sprechen, dass er in der *Metaphysik* (VII 3) das als »Materie« bezeichnet, was übrig bleibt, wenn man sich von einem wahrnehmbaren Gegenstand sämtliche Bestimmungen wegdenkt, die unter eine der zehn Kategorien fallen (Substanz, Quantität, Qualität usw.; s. Art. ›Kategorie‹). Hier könnte man an einen völlig undifferenzierten Urstoff denken. Nimmt man jedoch von einem Gegenstand alle Bestimmungen bzw. Formen weg, bleibt streng genommen nichts (οὐδέν) übrig; und eben dies macht die Auffassung fragwürdig, Aristoteles beziehe sich mit dem Ausdruck »erste Materie« auf einen undifferenzierten Urstoff. Aristoteles' Abgrenzung seines Materiebegriffs von der platonischen ὑποδοχή lässt es wahrscheinlicher erscheinen, dass er die materielle Komponente eines Gegenstandes vor Augen hat, die »gemäß Analogie erkennbar« ist, und die Materie eines Dinges im Sinne der ursprünglichen Bedeutung des Wortes ὕλη als dessen ›Material‹ begreift. Dies scheint auch aus seiner Schrift *Über Entstehen und Vergehen* hervorzugehen, in der Aristoteles am Anfang des 2. Buches Platons Theorie der Entstehung der Elemente im *Timaios* im Hinblick darauf kritisiert, dass die den Elementen Feuer, Luft, Wasser und Erde zugrunde liegende Materie selbst nicht getrennt von den primären Qualitäten bzw. Gegensätzen warm, kalt, feucht, trocken, gedacht werden dürfe.

Die Auffassung der Materie als Urstoff aller Dinge scheint der stoischen Betrachtungsweise mehr zu entsprechen. Die Stoiker nehmen im Hinblick auf den Bestand des Universums zwei »Prinzipien« (ἀρχαί) an, ein passives (τὸ πάσχον), nämlich die Materie (ὕλη) und ein aktives (τὸ ποιοῦν), das sie als λόγος (›Vernunft, Struktur‹) bezeichnen (vgl. Diogenes Laertius VII 134 ff.; s. Art. ›Stoa‹). Diese Unterscheidung hat eine gewisse Ähnlichkeit mit der aristotelischen Unterscheidung von Materie und Form. Aristoteles aber betrachtete Materie und Form als konstitutive »Prinzipien« der wahrnehmbaren Substanzen (οὐσίαι), wobei die Form gegenüber der Materie ontologisch das Primäre und insofern mehr »Substanz« ist (s. Art. ›Substanz‹). Gemäß stoischer Auffassung hingegen ist die Materie Substanz (οὐσία), und die Substanz, d. h. der Grundbestand des Wirklichen, ist Materie. Das, was den qualitativen und allen weiteren Bestimmungen »zugrunde liegt« (τὸ ὑποκείμενον), bezeichnen die Stoiker sowohl als Materie wie auch als Substanz. Dies hängt damit zusammen, dass den Stoikern zufolge alles, was in der Wirklichkeit existiert, materiell bzw. körperlich ist (s. Art. ›Sein‹). Der Grund für diese Annahme liegt darin, dass sie davon ausgehen, dass alles Seiende fähig ist zu wirken (ποιεῖν) und zu erleiden (πάσχειν), diese Fähigkeit aber nur Körpern zukommt. Daraus folgt, dass es sich bei einem beliebigen Körper nicht einfach um ein Stück Materie handeln kann, wenn man unter »Materie« das »passive Prinzip« versteht; vielmehr ist ein Körper ein Stück gestaltete Materie. Dabei ist die Vorstellung maßgebend, dass die passive Materie vom aktiven Prinzip (λόγος), das die Stoiker auch »Gott« nennen, vollkommen durchdrungen und damit gestaltet ist. Das Zusammenspiel des aktiven und des passiven Prinzips bedeutet auf der Ebene der wahrnehmbaren Körper – d. h. der gestalteten Materie –, dass die ›passiven‹ Elemente Erde und Wasser von einer Mischung der ›aktiven‹ Elemente Feuer und Luft durchdrungen werden. Die aktive, gestaltende Kraft nennen die Stoiker πνεῦμα ›Hauch‹ (s. Art. ›Geist‹); sie ist verantwortlich für den Zusammenhalt und die Beschaffenheit des Seienden. Das Pneuma ist gewissermaßen die physische Manifestation des aktiven Prinzips bzw. des universalen Logos. Im Unterschied zum aristotelischen Form-Prinzip ist es selbst materiell. Das aktive Prinzip wird demnach von den Stoikern nicht als etwas aufgefasst, das die Materie gleichsam von außen her strukturiert, sondern als etwas, das keimhaft in der Materie selbst angelegt ist. In diesem Sinne wird Gott auch als keim- bzw. samenhafter Logos (λόγος σπερματικός) betrachtet, der sich im Hinblick auf die Entstehung bzw. Erschaffung des Kosmos eine geeignete (εὔεργον) Materie schafft.

Die Begriffe »Materie« und »Gott« bzw. λόγος stehen also im stoischen Denken nicht für verschiedene ›Realitäten‹, sondern es sind »Prinzipien«, die Einheit und Zusammenhang der Realität erklären sollen. Beide Prinzipien sind gleich ursprünglich. Die »qualitätslose« (ἄποιον) Materie, d. h. der »passive«, undifferenzierte Urstoff, ›existiert‹ als solche nur in Relation zum gestaltenden Logos, während umgekehrt der materielle Grundbestand des Kosmos als »Substanz« Gottes begriffen wird. Die Unterscheidung von λόγος und ὕλη hat für die Stoiker erklärenden Charakter, sie ist ein Beitrag unseres Denkens. Diese Auffassung ist vergleichbar mit Spinozas Lehre einer einzigen Ursubstanz, die sowohl als »Gott« wie auch als »Natur« (*deus sive natura*) bezeichnet wird. Auf der anderen Seite scheinen die Stoiker selbst die Auffassung der Materie als unselbständiges Prinzip des Seienden wiederum in Frage gestellt zu haben. So hat Chrysipp die Materie »leidensfähig« (παθητή) genannt; als solche ist sie veränderbar. Wenn sie nämlich unveränderbar (ἄτρεπτος) wäre, könnte auch nichts aus ihr entstehen (Diogenes Laertius VII 150). Diese These steht in Verbindung mit der These der unbegrenzten Teilbarkeit der Materie, die ihrerseits die Lehre von ihrer vollständigen Durchdringung durch die aktive Kraft, das Pneuma, begründet. So gesehen ist die Materie als solche nicht völlig »qualitäts-« bzw. eigenschaftslos, sondern sie wird als Gegenstand wissenschaftlicher Erforschung in den Blick gerückt, nicht mehr nur als Erklärungsprinzip. Als Gegenstand der empirischen Wissenschaften hat die Materie Eigenschaften, die ihr als solcher zukommen, z. B. Teilbarkeit, Undurchdringlichkeit, Wägbarkeit; ihre Struktur ist experimentell erforschbar. Die Anfänge dieser Art der Betrachtungsweise sind im Atomismus zu suchen, bei Demokrit und Epikur (s. Art. ›Atomismus‹). Aber der Begriff »Materie« stammt nicht aus dem Atomismus, sondern aus der Philosophie Platons und Aristoteles', die die Materie nicht als Gegenstand in eigenem Recht auffassten, sondern als Erklärungsprinzip.

Meinung

Das griechische Wort δόξα (lat. *opinio*) ist abgeleitet von δοκεῖν und bezeichnet das, was einem ›scheint‹. »Scheinen« kann verwendet werden als Gegensatz zu »sein« (εἶναι), z. B. wenn es darum geht, dass jemand nur gerecht *scheinen* will, ohne gerecht zu *sein*. Als »Doxa« wird auch die »Meinung« im Unterschied zum »Wissen« bezeichnet; das Verb δοξάζειν bedeutet dann, dass jemand ›meint‹, ›glaubt‹ oder ›urteilt‹, dass etwas der Fall ist, wobei seine Meinung wahr oder falsch sein kann; δοξάζειν wird in solchen Zusammenhängen im Unterschied zu γνωρίζειν (›erkennen‹) verwendet. »Doxa« bedeutet auch ›Ansehen, Ruhm‹; eine angesehene oder anerkannte Meinung ist eine Meinung, für die vieles spricht, die zwar deshalb noch nicht wahr ist, aber doch wahrscheinlich. In diesem Sinne verwendet ARISTOTELES den Begriff der »angesehenen Meinung« (ἔνδοξον); ein ἔνδοξον ist das, »was allen scheint oder den meisten oder den Weisen, und von diesen entweder allen oder den meisten oder den bekanntesten und angesehensten (τοῖς μάλιστα ἐνδόξοις)« (*Topik* I 1; s. Art. ›Dialektik‹). Angesehene Meinungen figurieren als Prämissen des sogenannten dialektischen Syllogismus, einer Schlussform, die aus wahrscheinlichen Prämissen Schlüsse zu ziehen erlaubt, die dann auch nicht notwendig wahr (s. Art. ›Beweis‹), sondern nur wahrscheinlich sind.

In den meisten Fällen lässt sich δόξα mit ›Meinung‹ übersetzen, doch manchmal hat das Wort auch die Bedeutung ›Schein‹, speziell in vorsokratischen Texten. So sagte z. B. XENOPHANES (vgl. D. K. Frg. 21 B 34), dass kein Mensch »das Genaue« oder »Anschauliche« (τὸ σαφές) wisse über die Götter und die Dinge, über die er spreche, und dass an allem »Schein/Meinung« (δόκος) hafte (s. Art. ›Wahrheit‹). Vielleicht lässt sich diese Behauptung mit Bezug auf ein anderes Fragment interpretieren, wo es heißt, dass das, was die Menschen mit dem Namen der Göttin Iris benennen, in Wirklichkeit ein wolkiges Gebilde ist (B 32). Gemeint ist hier das Phänomen des Regenbogens, in dem die Menschen eine Göttin zu sehen glauben. Xenophanes' ›natürliche‹ Erklärung verdient seiner Meinung nach Glauben (δεδοξάσθω), aber er erhebt keinen Wahrheitsanspruch: seine Erklärung ist bloß »ähnlich dem Wahren« (B 35). Die Behauptung, dass kein Mensch ein genaues oder anschauliches Wissen hat, steht im Einklang mit der althergebrachten Auffassung, dass Wissen Sache der Götter sei, während die Menschen nur Meinungen haben (s. Art. ›Beweis‹). Aber Xenophanes bewegte sich nicht mehr ganz im Rahmen der traditionellen Meinung; denn er vertrat die Ansicht, dass »die Götter den Menschen nicht von Anfang an alles gezeigt haben«, sondern dass »die Menschen mit der Zeit forschend (ζητοῦντες) Besseres finden« (D. K. Frg. 21 B 18). Als Beispiel für die Art von Forschung, die Xenophanes vorgeschwebt haben mochte, kann seine eigene naturphilosophische Erklärung des Regenbogen-Phänomens angesehen werden, welche die der Mythologie verhaftete Betrachtungsweise ablöst. Generell kann man vielleicht sagen, dass mit der Annahme eines Fortschritts im menschlichen Erkenntnisstreben überhaupt erst ein Begriff von Wissen und damit auch von Meinung verfügbar wurde.

Das heißt aber nicht, dass bei der Bedeutung, die Xenophanes der Erforschung der Natur zumaß, nun die alte Entgegensetzung von menschlichem Unwissen und göttlichem Wissen mehr und mehr in den Hintergrund getreten wäre. Diese war vielmehr immer noch wirksam im Selbstverständnis des Menschen, im Begreifen seiner Situation und seines Verhältnisses zur Welt bzw. seines Standpunktes in der Welt. Die Gottheit, bzw. der eine Gott (εἷς θεός), allerdings hat bei Xenophanes nicht mehr die menschenähnlichen Züge der homerischen Götter, sondern ist dem Menschen inkommensurabel, »weder an Gestalt (δέμας) den Sterblichen ähnlich noch an Gedanken (νόημα)« (B 23). Dies ist vielleicht so zu verstehen, dass die unangemessenen menschlichen Vorstellungen vom Göttlichen hinsichtlich Gestalt und Denken auf Gestalt und Denken der Menschen zurückführbar sind bzw. auf die Art und Weise, wie sie die Wirklichkeit wahrnehmen, wobei sich »Gestalt« auf sinnliche Wahrnehmbarkeit bzw. Sinneswahrnehmung beziehen würde. Die mit diesen Ausdrücken angezeigte Unterscheidung zwischen sinnlicher Wahrnehmung und Denken (s. Art. ›Geist‹, ›Seele‹, ›Wahrnehmung‹) hält Xenophanes im Hinblick auf das Wesen der Gottheit für irreführend: Die Gottheit »sieht ganz, denkt ganz und hört ganz« (B 24). Diese Beschreibung des göttlichen Erkennens soll vermutlich auch den Gedanken vermitteln, dass sich das Wesen der Gottheit der Anschauung entzieht und der Mensch deshalb von ihr kein »genaues« Wissen hat. In diesem Sinne ist wohl auch Xenophanes' Behauptung, die Menschen verfügten nur über Meinungen, als These über das menschliche Denken zu verstehen, das an Anschaulichkeit gebunden ist.

Eine mögliche Erklärung von Xenophanes' Konzeption der Gottheit wäre wohl die, dass er die der Tradition der Epen Homers und Hesiods verpflichteten Meinungen der Menschen über die Götter auf ihre Gründe hin untersucht hat und dabei feststellte, dass es keinen guten Grund für die Annahme gibt, die Götter hätten Menschengestalt; denn ebenso gut könnten sie die Gestalt von Ochsen, Pferden oder Löwen haben, wenn diese Tiere in der Lage wären, Bilder zu gestalten (vgl. B 10–16). Die Menschen »wähnen« (δοκέουσιν) also nur, dass die Götter entstanden sind und Menschengestalt haben (B 14). Ein wichtiger Gesichtspunkt der Kritik ist durch die Frage gegeben, was sich für die Gottheit »geziemt« (ἐπιπρέπει) und was nicht. So geziemt es sich für den einen Gott nicht, »hin- und herzugehen, bald hierhin, bald dorthin«, sondern er »verharrt an demselben Ort, sich nicht bewegend« (B 26). Xenophanes hat diese Beschreibung der Gottheit wohl als »dem Wahren ähnlich« angesehen, aber nicht als Ausdruck »genauen Wissens«; auch sie hat daher den Status einer Meinung, weil es offensichtlich nicht möglich ist, dass ein Mensch sozusagen aus eigener Anschauung über derartige Kenntnisse verfügt.

In dieser Hinsicht beurteilte PARMENIDES die Voraussetzungen philosophischer Forschung anders als Xenophanes. Denn er trennte klar zwischen »verlässlicher Rede und Denken über die Wahrheit« einerseits und den »Meinungen der Sterblichen« andererseits (s. Art. ›Eleatik, Eleaten‹ (1)). Denken und Sprechen über die Wahrheit, bzw. über »das Seiende« (τὸ ἐόν), ist nicht Ausdruck einer bloßen Meinung, sondern »verlässlich« (πιστὸς λόγος); den menschlichen Meinungen dagegen fehlt diese Verlässlichkeit. Die Menschen »wissen nichts« und ihre Meinungen sind in sich widersprüchlich: »Sein und Nichtsein gilt ihnen für dasselbe und nicht dasselbe« (D. K. Frg. 28 B 6). Dieser innere Widerspruch rührt offenbar daher, dass sie glauben, dass das Seiende entstanden ist und wieder vergeht und dass es sich verändert; als »Seiendes« betrachten sie dabei die Gegenstände des sichtbaren Kosmos. Wäre diese Meinung wahr und zuverlässig, dann müsste vom Seienden gelten, dass es einst nicht war und einmal nicht mehr sein wird. Aber vom Seienden zu sprechen und zu denken, dass es ist, bedeutet nach Parmenides zwingend die Anerkennung des Satzes, dass das Seiende unmöglich nicht-sein kann; denn anderenfalls – so scheint er zu argumentieren – wäre es nichts, d. h. kein möglicher Gegenstand von Sprechen und Denken. Die Gegenstände der menschlichen Meinung (τὰ δοκοῦντα) sind aus dieser Sicht nichtseiend und insofern scheinhaft.

Für Parmenides ist die Sinneserfahrung der Grund des Irrglaubens der Menschen bezüglich des Seienden (vgl. B 7). Da die sinnliche Erfahrung zu der für das rationale Denken (λόγος) unhaltbaren Folgerung führt, dass das Seiende ist und nicht ist, kann sie nicht zu wirklicher Einsicht führen. Rationales Denken ist der »Weg der Wahrheit«, auf dem aus der These, dass das Seiende ist, die Attribute dieses Seienden (Unentstandenheit, Einheit, Unteilbarkeit, Unbewegtheit usw.) abgeleitet werden (vgl. B 8). Dass das Attribut der Unbewegtheit auch Teil der Beschreibung der Gottheit bei Xenophanes ist, ist vermutlich kein Zufall. Aber für Xenophanes drückt diese Charakterisierung eben kein genaues Wissen aus, weil es für den Menschen keinen Weg gibt, auf dem er zu solchem Wissen gelangen könnte. Für Parmenides hingegen ist dieser Weg durch das argumentativ verfahrende Denken vorgezeichnet, das er der »Erfahrungsgewohnheit« (ἔθος πολύπειρον) entgegenstellt. Damit wird auch ein Problem aufgeworfen, das die nachparmenideischen Philosophen beschäftigen sollte, nämlich die Frage nach dem Status der menschlichen Meinungen (s. Art. ›Kosmos‹).

Denn wenn die Gegenstände der Meinung für das rationale Denken nichtseiend sind, dann stellt sich die Frage, worauf sich die Ausdrücke einer Aussage wie »Seiendes entsteht und vergeht« beziehen. Wenn sie sich auf das beziehen, was für das rationale Denken seiend ist, dann ist die Aussage bzw. die Meinung falsch. Falls sie sich aber auf Nichtseiendes beziehen, beziehen sie sich nach Parmenides auf nichts; dann wäre die Aussage, zumindest aus moderner Sicht, sinnlos. Platon vertrat die Auffassung (*Politeia* V, 476d ff.), dass eine Meinung, die sich auf nichts bezieht, eigentlich gar keine Meinung ist; denn wer meine bzw. urteile, meine bzw. urteile *etwas* (δοξάζει τι). Deshalb kann ein Gegenstand des Meinens (s. Art. ›Sein‹), das »Meinbare« (τὸ δοξαστόν) nicht »gänzlich nichtseiend« (πάντως μὴ ὄν) sein. Er kann aber auch nicht »gänzlich seiend« (παντελῶς ὄν) sein. Denn das Meinen ist irrtumsfähig, das Erkennen (γιγνώσκειν) hingegen ist nicht irrtumsfähig (ἀναμάρτητον); denn entweder erkennt man einen Gegenstand oder man erkennt ihn nicht. Daraus folgt nach Platon, dass das Meinbare vom Erkennbaren verschieden ist. Das Meinbare ist im Gegensatz zum Erkennbaren nicht »gänzlich erkennbar« (παντελῶς γνωστόν), deshalb ist es auch nicht »gänzlich seiend«. Das Meinbare ist nicht erkennbar, weil es nicht »rein seiend« (εἰλικρινῶς ὄν) ist.

Platon legt dies dar, indem er zwischen dem »Schönen selbst« (αὐτὸ τὸ καλόν) und dem am Schönen »Teilhabenden«, d. h. dem Gegenstand, der die Eigenschaft der Schönheit hat, unterscheidet (s. Art. ›Idee‹, ›Schönheit‹); anders als das Schöne selbst ist das schöne Ding nicht »rein« schön, sondern in der einen Hinsicht schön, in anderer Hinsicht wiederum nicht schön. Mit der Unterscheidung zwischen dem Schönen selbst und den vielen schönen Dingen will Platon dem Liebhaber des sinnfällig Schönen (φιλοθεάμων) entgegentreten, der behauptet, ›das Schöne‹ sei Vieles, und den Anspruch erhebt, das viele Schöne *als* Schönes zu erkennen. Diesen Anspruch konfrontiert er mit der Betrachtungsweise des »Liebhabers der Weisheit« (φιλόσοφος), für den ›das Schöne‹ nicht Vieles ist, sondern Eines, das »rein« Schöne, das in keiner Hinsicht nicht-schön und deshalb vollkommen erkennbar ist. Diesem ordnet er als dem »rein« Seienden das Wissen (ἐπιστήμη) zu, dem vielen Schönen hingegen, das in bestimmter Hinsicht schön, in anderer Hinsicht wiederum nicht schön ist und insofern sowohl seiend als auch nichtseiend, ordnet er die Meinung (δόξα) zu.

Die platonische Auffassung der Doxa prägte dann in gewisser Weise auch das Denken der Nachfolger innerhalb der Schule Platons, der sogenannten akademischen Skeptiker, deren letzter großer Repräsentant der römische Staatsmann und Philosoph CICERO war (s. Art. ›Akademiker‹, ›Skepsis‹). Diese SKEPTIKER waren mit den STOIKERN in eine Debatte über »Erkenntnis« (κατάληψις) verwickelt. Die Stoiker vertraten die Theorie, dass Erkenntnis eine Frage des Vorliegens bestimmter »Erscheinungen« bzw. »Eindrücke« (φαντασίαι) sei (s. Art. ›Erscheinung‹), die sie »erkenntnishaft« (καταληπτικαί) nannten; eine erkenntnishafte Erscheinung ist eine wahre Erscheinung, die nicht falsch sein kann bzw. eine »Einprägung« (τύπωσις) eines äußeren Gegenstandes in der Seele, die so genau und deutlich ist, dass sie nicht mit dem Eindruck eines anderen Gegenstandes verwechselt werden kann. Die Skeptiker bestritten die Existenz solcher Erscheinungen und erklärten, es gebe keinerlei Gewähr dafür, dass das, was einem wahr erscheine und deshalb »glaubhaft« (πιθανόν) sei, nicht auch falsch sein könne. Ihre Argumentation (vgl. Sextus Empiricus, *Gegen die Mathematiker* VII 150–157) bezieht sich auf den stoischen Begriff der Zustimmung (συγκατάθεσις). Die Stoiker bestimmten Erkenntnis als »Zustimmung zu einer erkenntnishaften Erscheinung«. Wenn es aber keine Erscheinungen dieser Art gibt, darf Zustimmung auch nicht erteilt werden, vielmehr ist »Enthaltung« (ἐποχή) geboten (s. Art. ›Epoché‹). Die Einwände der Skeptiker gegen die stoische Annahme zustimmungsfähiger Erscheinungen hatten vermutlich tieferliegende Gründe, wie aus der Darstellung der Position des Akademikers Arkesilaos bei Sextus Empiricus (ebd.) hervorzugehen scheint. Die Stoiker unterschieden nämlich zwischen Meinung und Wissen in der Weise, dass nur der »Weise« (ὁ σοφός) über Wissen verfügt, während der »Tor« (ὁ φαῦλος) nur Meinungen hat. Gleichzeitig gestanden sie dem Toren auch »Erkenntnisse« (καταλήψεις) zu. Arkesilaos argumentierte nun gegen die stoische Theorie, indem er behauptete, die ›Erkenntnis‹ der Stoiker sei nur ein leeres Wort; denn im Falle des Toren handle es sich bei diesen sogenannten Erkenntnissen um »Meinungen«, im Falle des Weisen hingegen um »Wissen«. Diese Argumentation scheint insofern gut platonisch zu sein, als Platon im Schlussabschnitt des Dialogs *Menon* die Auffassung vertrat, dass eine »wahre Meinung« (ἀληθὴς δόξα) dann zu Wissen (ἐπιστήμη) werde, wenn sie »befestigt« werde durch eine »rationale Begründung« (αἰτίας λογισμῷ). Eine wahre Meinung ist noch nicht Erkenntnis im platonischen Sinn dieses Wortes. Etwas von dieser Art dürfte Arkesilaos vorgeschwebt haben, wenn er geltend machte, es gebe kein »Zwischending« zwischen (wahrer) Meinung und Wissen von der Art der stoischen ›Erkenntnis‹.

Der platonische Begriff der Meinung im erwähnten Sinn steht gewissen modernen Auffassungen nahe, nach denen

Wissen darin besteht, eine wahre Meinung zu haben, die mit einer angemessenen Rechtfertigung verbunden ist. Der Doxabegriff der Stoiker hingegen kann nicht in dieser Weise mit dem Begriff von Wissen verbunden werden. Dies geht aus den von Sextus Empiricus (ebd.) genannten Bestimmungen hervor: hier wird δόξα als »schwache und falsche Zustimmung« bzw. als »Zustimmung zu nicht Erkanntem« definiert. Was darunter genau zu verstehen ist, ist unklar. Die Frage ist, ob diese Beschreibungen der Zustimmung auch auf die Zustimmungen zu »erkenntnishaften Erscheinungen« anwendbar sind, welche »Erkenntnisse« konstituieren, die nach stoischer Auffassung auch beim Toren anzutreffen sind, der im übrigen nur über Meinungen verfügt. Vielleicht ist dies in bestimmter Hinsicht der Fall. Vielleicht haben die Stoiker gemeint, dass die Zustimmungen des Toren in jedem Fall »schwach« sind. Wenn der Tor dem Eindruck zustimmt, dass der Schnee weiß ist, hat er zwar eine »Erkenntnis«, weil Schnee tatsächlich weiß ist. Aber seine Zustimmung ist »schwach« und nicht »fest«, weil er je nachdem seine Meinung ändern könnte, wenn jemand z. B. argumentierte, Schnee sei tatsächlich schwarz, denn Schnee sei gefrorenes Wasser, Wasser aber sei schwarz. Ein Platoniker würde die Sache anders beurteilen: nach ihm hätte der Tor zwar eine wahre Meinung bezüglich der Farbe von Schnee, aber – als Tor – keine Erkenntnis. Dies ist – mutatis mutandis – auch Ciceros Auffassung, die er im *Lucullus* vertritt. Im Unterschied zu den Stoikern assoziiert er im Einklang mit der platonischen Tradition »Erkenntnis« mit »Wissen« und verleiht damit der Doxa wieder ein philosophisch respektableres Gepräge. Denn unter der Voraussetzung der stoischen Theorie der »erkenntnishaften« Erscheinung ist es seiner Meinung nach so gut wie unmöglich, je zu wirklicher Erkenntnis zu gelangen; als Ersatz bietet sich das »Wahrscheinliche« (*verisimile*) bzw. »Plausible« (*probabile*) an, d. h. die Meinung.

Nachahmung

Das griechische Wort μίμησις hat einen weiteren Anwendungsbereich als unser Wort »Nachahmung«. Es ist als terminus technicus nicht auf die Charakterisierung künstlerischer Präsentation und Repräsentation beschränkt, sondern findet auch in Zusammenhängen metaphysischer Art Verwendung. So sahen die PYTHAGOREER die Wirklichkeit als Nachahmung mathematischer Proportionen und PLATON hat mit seinem Gedanken der Teilhabe (s. Art. ›Idee‹), wie schon Aristoteles meinte (*Metaphysik* I 6; 9), etwas recht Ähnliches vor Augen. An etwas teilhaben heißt, so gesehen, einen bestimmten Charakter manifestieren, der für die Erklärung der in Rede stehenden Sache konstitutiv ist. Hier ist mit dem Gedanken der Nachahmung also nicht ein äußerliches Verhältnis ins Auge gefasst. Vielmehr geht es um den Gedanken, dass Dinge gewissermaßen ihr Wesen ausdrücken bzw. zum Ausdruck bringen. In diesem Sinn gewinnt auch Platons Rede von Zeit als Abbild der Ewigkeit ihren besonderen Sinn (s. Art. ›Ewigkeit‹, ›Zeit‹), sowie die Vorstellung, dass der Kosmos (s. Art. ›Kosmos‹) selber Abbild und Gleichnis eines idealen Gehaltes sei und generell der Gedanke, dass Dinge und Handlungen Nachahmungen normativ maßgeblicher Gehalte seien.

Im Detail mag dieser Gedanke auch beträchtliche Probleme schaffen. Dies gilt zumindest dann, wenn bedacht wird, dass es sich bei dem Fallen unter einen Begriff nicht um eine Ähnlichkeitsbeziehung zwischen dem Gegenstand und seinem Begriff handelt.

Die Auffassung von Dichtung als μίμησις, die über ARISTOTELES' Schrift *Über Dichtkunst* weithin Autorität erlangen sollte, veranlasst Platon übrigens zu einer fundamentalen Kritik an der traditionellen Dichtung. Diese Kritik an Homer, Aischylos, die im 10. Buch der *Politeia* entwickelt wird, besagt u. a., dass sich Dichtung qua Nachahmung an einer Realität zweiter Stufe orientiere und mithin unter erzieherischen Gesichtspunkten unzweifelhaft schädlich sei. Wenn es so ist, dass Dichtung Nachahmungen von menschlichen Handlungen liefert, diese aber ihrerseits Abbilder (und zumal schlechte Abbildungen) ideeller Verhältnisse sind, dann führen uns die Produkte der Dichtung weg von der Wahrheit. Dazu kommt, dass Nachahmungen dieser Art den Menschen emotional falsch beeinflussen und für die falschen Dinge einnehmen. Man mag sich fragen, wie ernst es Platon mit dieser Kritik wirklich war. Wenn die Beschreibung der conditio humana als Gebundensein des Menschen in einer Höhle einen zentralen Punkt seiner Sicht angeht, so muss die Kritik an der Dichtung in seiner Sicht der Dinge einen gültigen Gedanken ausdrücken. Diese Kritik lässt sich vermutlich nur auf dem Umweg über die Frage der Angemessenheit der Betrachtungsweise aus dem Feld räumen.

Natur

Das lateinische Wort *natura*, das eigentlich ›Ort der Geburt‹ bedeutet, ist die Übersetzung des griechischen Wortes φύσις, das etymologisch auf die Vorstellung des Keimens, Gebärens und Wachsens zurückweist. Antiker Überlieferung nach standen die – nur unvollständig erhaltenen – Schriften der Philosophen vor Sokrates unter dem Titel Περὶ φύσεως (»Über [die] Natur [von allem]«). Das Wort »Physis« ist Teil der normalen Sprache und kann hier ›Wuchs‹, ›Beschaffenheit‹ oder ›Wesen einer Sache‹ bedeuten. Im Kontext seiner philosophischen Verwendung bedeutet es den Inbegriff von Realität, d. h. im Begriff der Physis wird ein Begriff von Realität verfügbar, der sich bei den frühen Denkern mit der Vorstellung von Wuchs und Wachstum verband (s. Art. ›Element‹).

Im Sinne der Wachstumssymbolik wird somit Realität als etwas vorgestellt, das in eigenem Wuchs und damit sozusagen in eigenem Recht besteht. Dies bedeutet insofern eine Absetzung vom Mythos, als Realität, insofern sie über eigenen Bestand verfügt, unabhängig ist von der im Mythos vorherrschenden Bindung an hintergründig wirkende Gottheiten. In anschaulicher Weise findet dieser Gedanke etwa bei EMPEDOKLES Ausdruck, der von den vier Grundelementen Feuer, Luft, Wasser und Erde als von »Wurzeln« alles Seienden (D. K. Frg. 31 B 6) spricht und damit die Realität sozusagen in sich selbst verankert. Physis gewinnt so den Status eines machtvollen Leitbildes und eröffnet einen weiten Rahmen verschiedenartiger Fragestellungen. Dies gilt nicht nur für kosmologische Fragen, die im Horizont einer allumfassenden und selbst unvergänglichen Natur gestellt und beantwortet werden. Es gilt ebenso für das Denken der Medizin, die von der Physis als Norm und richtigem Zustand ausgeht. Und es gilt auch für das moralphilosophische Denken im weitesten Sinn; denn hier wird die Frage der Geltung moralischer Konventionen immer wieder am Anspruch der Physis gemessen (s. Art. ›Gut‹). In diesem Sinn fungiert Physis als Inbegriff dessen, was lebensfördernd ist, und sittliche Forderungen müssen – so lehrten es einige Sophisten zur Zeit des Sokrates – in Übereinstimmung mit den Gesetzen der Natur stehen.

Nun bezeichnete bereits ARISTOTELES die frühen Denker als »Naturphilosophen« bzw. »Physiker« (φυσικοί). Aristoteles' Verständnis der Alten als Naturforscher setzt allerdings seine eigene Unterscheidung zwischen Naturphilosophie bzw. »Physik« einerseits und »Metaphysik« andererseits (*Metaphysik* VI 1) voraus. Damit ist die Auffassung verbunden, dass die gemeinten Denker eine metaphysische Fragestellung außer Betracht gelassen hätten. Aristoteles' Unterscheidung impliziert eine Unterscheidung von Natur und Nicht-Natur, die für die weitere Entwicklung des Physis-Begriffs von entscheidender Bedeutung war. Die Physis-Spekulation der frühen Denker war der Versuch, die uns umgebende Welt der Erfahrung als Prozess oder auch als

Resultat einer sich entfaltenden Wirklichkeit zu begreifen. So deutete z. B. ANAXIMENES VON MILET die Vielheit und Verschiedenheit der uns umgebenden Dinge als Modifikationen einer Ursubstanz: Das Element Luft wird im Prozess der Verdichtung zu Wind, Wolke, Wasser, Erde und Stein, im Prozess der Verdünnung zu Feuer (D. K. Frg. 13 A 6–7). Vorstellungen dieser Art, die ihrem Anspruch nach sämtliche Phänomene erklären sollten, wurden bald als kritikwürdig empfunden. Insbesondere schienen sie da zu versagen, wo es um die Klärung der Natur der Seele ging (s. Art. ›Seele‹), die z. B. von den Pythagoreern als körperloses bzw. unkörperliches Gebilde aufgefasst wurde und damit als Wirklichkeit eigener Art gelten musste, die sich nicht auf physische oder physikalische Realitäten zurückführen lässt. In dieselbe Richtung weist ANAXAGORAS' Auffassung, wonach das Vorhandensein von Ordnung und Planmäßigkeit in der Welt einer Intelligenz zuzuschreiben sei, die nicht mit einem der Elemente identifiziert werden könne (D. K. Frg. 59 B 12; s. Art. ›Geist‹).

Diese Einschränkung des Physis-Begriffs war verbunden mit den Anfängen ontologischer Fragen nach der Beschaffenheit des Seienden selbst. Am Anfang stehen hier PARMENIDES' These, dass ein Werden (γένεσις) des Seienden nicht denkbar sei (s. Art. ›Eleatik‹ (1)) und PLATONS Erklärung im *Timaios* (28a), wonach Sein und Werden sich gegenseitig ausschließen (s. Art. ›Sein‹). Platons Unterscheidung lässt sich als Zwei-Welten-Lehre auffassen, die auf die Behauptung hinausläuft, dass zeitlose und selbständige Ideen wie das ›Schöne an sich‹, das ›Gute an sich‹ usw. existieren, die als Urbilder entsprechender Verhältnisse in der Welt fungieren. Die Ideen oder Formen sind in irgendeiner Weise ursächlich für das Sein der Dinge in Raum und Zeit, wie Platon u. a. im Rahmen seiner Weltentstehungslehre im *Timaios* darlegte; danach ist der wahrnehmbare Kosmos das Produkt eines Baumeisters (δημιουργός), welcher die Ideen als Muster der Schöpfung verwendet und die Materie im

Blick auf Ideen ordnet und gestaltet (s. Art. ›Kosmos‹). Platon kommt es hier offenbar darauf an, die Gegenwart der Vernunft in der Welt begreiflich zu machen; damit will er jene früheren Denker korrigieren, die die uns umgebende Physis einzig und allein unter Hinweis auf körperliche Vorgänge zu erklären und zu begründen suchten. Platons Antwort wirft aber ihrerseits die Frage auf, wie denn unkörperliche Wesenheiten wie Ideen Ursachen von körperlichen Dingen sein bzw. wie immaterielle Dinge auf materielle Dinge wirken können. Diese Frage konfrontierte dann die Philosophen der frühen Neuzeit.

Während Platon mit der Figur des Baumeisters seine Auffassung bezüglich der Präsenz ideeller Gehalte in der Natur veranschaulichen wollte, verwarf Aristoteles die Existenz von Ideen bzw. Formen als separat existierenden Gebilden. Eine Form ist Form eines Dinges, wobei das Wort »Form« (εἶδος) als Gegenbegriff zu »Materie« (ὕλη) das bezeichnet, was nicht getrennt vom Stoff vorkommen kann, wie z. B. die Form einer Hermes-Statue nicht ohne das geformte Material existiert (s. Art. ›Form‹, ›Materie‹). Da es nach Aristoteles die Form ist, die einem Gegenstand Existenz und Erkennbarkeit verleiht, versteht er die Formen der Dinge auch als deren Wesens- und Zielursachen (τέλος; vgl. *Metaphysik* V 2; s. Art. ›Ziel‹). Denn wenn ein Ding eine erkennbare Form aufweist, hat es das, was sein Wesen ausmacht, oder anders gesagt: es hat jene Art von Wirklichkeit erreicht, auf die hin es angelegt war. Dies zeigt, wie stark Aristoteles' Auffassungen von der Vorstellung pflanzlichen Wachstums und der Entwicklung und Ausprägung des Lebens bestimmt sind. Er stellte sich diesen Entwicklungsprozess vor in Analogie zur Entstehung eines Kunstwerks: ein Stück Bronze ist »der Möglichkeit (δύναμις) nach« das, was dann die fertige Hermesstatue »der Wirklichkeit (ἐνέργεια) nach« ist. Physis wird so als etwas planvoll Agierendes aufgefasst – hier kündigt sich die spätere Unterscheidung zwischen »schöpferischer Natur«

(*natura naturans*) und »geschaffener Natur« (*natura naturata*) an – und hat insofern eine gewisse Ähnlichkeit mit der platonischen Figur des »Baumeisters«, nur dass sie eben nicht ewige, unwandelbare Formen nachahmt. Denn obwohl auch für Aristoteles Formen, z. B. die Form des Menschen, ewig und unwandelbar sind, müssen sie doch in einem Prozess verwirklicht werden, da die Form des Menschen nicht unabhängig von einer bestimmten Materie existiert. Aristoteles kann so auch den Prozess selbst als Physis bezeichnen.

Die nach-aristotelischen Philosophenschulen weisen ihrer Zielsetzung und Orientierung nach eine neue Richtung. So propagierten sowohl STOIKER (s. Art. ›Stoa‹) als auch EPIKUREER eine materialistische Wirklichkeitssicht. EPIKUR folgt dabei der atomistischen Tradition (s. Art. ›Atomismus‹), welche die Welt als Produkt der Zusammenballung und Entflechtung von kleinsten Körpern im leeren Raum zu erklären versuchte. Neu allerdings ist seine These, dass die Welt als Resultat des Zufalls anzusehen sei (s. Art. ›Epikureismus‹). Weder ist also Platons »Baumeister« im Spiel noch Aristoteles' »Ziel«-Vorstellung. In diesem Sinne versperrt Epikurs Betonung der Rolle des unerklärlichen Zufalls jeden Weg zur Metaphysik. Sie verweist den Menschen auf sich selber und verankert ihn gänzlich im Diesseits. Der römische Dichter Lukrez, dem wir die ausführlichste und exakteste Darstellung des atomistischen Systems verdanken, zeichnet ein Bild der Natur, das Züge der im Osten verwurzelten Vorstellung der Großen Mutter trägt. Die Natur in ihrer Schönheit verweist hier nicht auf unwandelbare Urbilder oder Ideen, die dem Bereich des Natürlichen gegenüber transzendent wären, sondern besteht wiederum sozusagen für sich selbst. Ähnlich dachten wohl auch die Stoiker. Nur waren sie, wie später Spinoza, Pantheisten, d. h., sie vertraten die Auffassung, dass Gott und die Welt substantiell identisch seien. Im Unterschied zu den Atomisten hielten sie die Materie für unbegrenzt teilbar.

Mit dem Ausdruck »Gott« bzw. λόγος bezeichneten sie den strukturierenden bzw. vernunfthaften Aspekt der Wirklichkeit, den Ausdruck »Materie« (ὕλη) verwendeten sie, um den Aspekt der Passivität zu charakterisieren. Die Stoiker artikulierten den Einheits-Gedanken mittels ihrer Theorie der »totalen Mischung« (κρᾶσις), indem sie das alles durchwirkende Pneuma (s. Art. ›Geist‹), eine feuerartige Kraft, als Äußerungsform des strukturierenden Prinzips auffassten. Die Gesamtwirklichkeit stellten sie sich als einen sämtliche Bereiche in »Sympathie« verbindenden Organismus vor, von dem der Mensch ein Teil ist (Diogenes Laertius VII 134 ff.). In diesem Sinne wird Spinoza später vom Menschen als einem finiten Modus der einen Substanz sprechen, d. h. von einem endlichen Moment in bzw. an der einen Substanz.

In äußerstem Kontrast zum materialistischen Monismus der Stoiker kommen in der Spätantike wiederum ausgeprägt dualistische Systeme (s. Art. ›Seele‹) auf, die vor allem in der Denkweise der Gnostiker mit einer Dämonisierung des Materiellen bzw. der raum-zeitlichen Welt verbunden sind. Die Welt wird hier oft als tückische Kreation beschrieben, die lediglich dazu dient, den Menschen von seiner eigentlichen Bestimmung abzuhalten. Der mit Plotin im dritten Jahrhundert n. Chr. beginnende Neuplatonismus setzt sich ausdrücklich von dieser Auffassung ab (s. Art. ›Neuplatonismus‹). Die Neuplatoniker deuten die Welt – und so auch die Gesamtnatur – als Ausfluss (»Emanation«) aus dem absoluten Einen, das die Existenz von etwas erst ermögliche. Dieses Eine, das gelegentlich auch »das Gute« genannt wird, entfaltet sich zunächst zur Welt des Geistes und dann, in einem zweiten Schritt, zur Welt des Seelischen (*Enneaden* V 1 [10]). Während die Ebene des Geistes durch den Zustand des ewigen Jetzt (s. Art. ›Ewigkeit‹) bestimmt ist, wird die Ebene des Seelischen bereits durch Erwartung des Zukünftigen und Erinnerung an das Vergangene bestimmt. Der Bereich des Seelischen entäußert sich dann in einem weiteren Schritt zur Natur, die zwar – platonisch betrachtet – nur ein Abbild idealer Verhältnisse ist, aber insofern auch das Ideale verkörpert und in diesem Sinne als Äußerungsform des Göttlichen verstanden wird. – Plotins Auffassung der Natur als Entäußerung des Einen selbst und damit als Teilaspekt des Absoluten markiert somit den Gegenpol zur vorsokratischen Naturauffassung, wonach Physis als Inbegriff der Realität die sich autonom entfaltende Wirklichkeit selbst bezeichnet.

Neuplatonismus

Dieser Ausdruck wurde im 19. Jahrhundert geprägt, um die Philosophie Platons von jener Wirkungs- und Rezeptionsgeschichte abzugrenzen, die mit dem Denken Plotins (204–270 n. Chr.) einsetzte und mit Proklos (410–485 n. Chr.) ihre systematische Vollendung erfuhr. Die neuplatonischen Systeme – ihre Urheber verstanden sich als Platoniker (πλατωνικοί) und glaubten jene Wahrheit zu rekonstruieren, die allein Platon bislang geschaut habe – sind generell dadurch charakterisiert, dass mit der Theologisierung des Ideellen eine Dämonisierung des Materiellen einhergeht und im Bereich des Ideellen verschiedene Ebenen und Abstufungen angenommen werden. Insbesondere verstanden die Neuplatoniker die gesamte Wirklichkeit als Ausfluss aus *einem* Prinzip (»Das Eine« bzw. »Das Gute«). In diesem Sinn sind die neuplatonischen Systeme monistisch. Dies führt in der Regel zu dem Problem, die Präsenz des Schlechten in der Welt als Teil der einen, fortwährenden Aktivität des Guten erklären zu müssen. Da das Gute als absoluter Seinsgrund selbst alles Seiende noch transzendiert (s. Art. ›Gut‹) und mithin nicht in Begriffen beschrieben werden kann, sind die Neuplatoniker durchwegs intellektuelle Mystiker.

Von hier aus bildete sich auch eine gewisse Affinität zu christlichen Denkern heraus, die bestimmte Elemente des Neuplatonismus übernahmen und ihren eigenen Gedanken so eine philosophische Struktur zu geben verstanden. So wirkte das neuplatonische Denken über Augustin (354–430 n. Chr.) und Boethius (470–524 n. Chr.) auch auf das Denken des lateinischen Mittelalters. Zu Beginn der karolingischen Renaissance verfasste Johannes Scotus Eriugena (810–877) das Buch *De divisione naturae*, in welchem die christliche Schöpfungslehre in neuplatonischen Begriffen und Kategorien beschrieben wird. Als besonders einflussreich erwies sich, zumindest vorübergehend, der Traktat *Liber de causis*. Dieses Buch wurde in der zweiten Hälfte des 12. Jahrhunderts aus dem Arabischen ins Lateinische übersetzt und galt zuerst als Werk des Aristoteles. Neuplatonisches Gedankengut bestimmte dann auch die Denker im Umkreis der florentinischen Akademie, monistische oder gar pantheistische Philosophen wie Giordano Bruno (1548–1600) und Baruch Spinoza (1632–1677), sowie die Vertreter der Romantik in Deutschland und England.

Peripatos

Das Wort περίπατος bedeutet ›Umgang, Spaziergang, Wandelhalle‹ u. ä. und bezeichnete später die auf dem Boden des Lykeion befindliche Schule, die Aristoteles nach 335/334 v. Chr. gegründet hatte. Anders als die alte Stoa (s. Art. ›Stoa‹) und vor allem anders als der Garten Epikurs (s. Art. ›Epikureismus‹) war diese Schule lange nicht etwa Hort einer philosophischen Doktrin, sondern Stätte der Begegnung von Denkern, die verschiedene Interessen verfolgten und vor allem auch unterschiedliche Meinungen entwickelten. Mehr noch als die Akademie Platons (s. Art. ›Akademiker‹) scheint der Peripatos einer lockeren Gemeinschaft von Gelehrten und in diesem Sinne einer Universität vergleichbar. Warum dies so war, ist schwer zu sagen. Ein Grund ist vielleicht, dass Aristoteles selber gar nicht der Dogmatiker war, als der er in Zeiten späterer Rezeption erscheint, sondern eher Wissenschaftler mit offenen Positionen. Ein anderer Grund war vielleicht, dass damals im Wesentlichen nur jene heute verschollenen Dialoge und Essays bekannt waren, mit denen Aristoteles ein breiteres Publikum zu erreichen suchte, während die eigentlichen Lehrschriften – hier handelte es sich um Unterrichtsmaterialien – bald verloren gingen. Dieser Punkt könnte auch dafür sprechen, dass Aristoteles selber durchaus keine einheitliche Doktrin vertrat, sondern auf diversen Gebieten unterschiedliche Ansätze und Antworten zur Diskussion stellte. In diesem Sinn wäre auch die Vorstellung einer Orthodoxie ziemlich fehl am Platz.

Diese Situation scheint sich erst im 1. Jahrhundert v. Chr. geändert zu haben, als die Lehrschriften des Aristoteles wieder verfügbar wurden und eine Phase der Orthodoxie einsetzte, in der man die Traktate des Schulgründers kommentierte und philosophisch von anderen Richtungen abzusetzen versuchte. Im Altertum wurden die Aristoteliker der römischen Kaiserzeit nicht mehr als Peripatetiker bezeichnet.

Unter den Peripatetikern ragte THEOPHRAST VON ERESOS (322–287 v. Chr.) hervor, Aristoteles' unmittelbarer Nachfolger und einstiger Kommilitone in der Akademie. Kaum ein antiker Denker war so vielseitig und universalistisch orientiert. Dieses Interesse brachte es auch mit sich, dass Theophrast ein wichtiges Werk, *Über die Auffassungen der Naturphilosophen*, verfasste, das späteren Denkern als Quelle und Anregung diente. Aus heutiger Sicht interessieren vielleicht die Texte zur Logik und Sprachlehre am meisten, sodann die Schrift *Über das Feuer*, die wenig von dem hat, was Aristoteles interessierte und einen empirischen Geist atmet. Von besonderem Interesse ist jedoch das sogenannte *Metaphysik*-Fragment. Dieser Text zeigt das Bemühen, Dualismen alter Prägung zu problematisieren, eine Verbindung (συναφή) zwischen Bereichen nahezulegen und zugleich wichtige Annahmen, wie das Teleologie-Prinzip (s. Art. ›Ziel‹), zu unterminieren. Des Weiteren hat Theophrast relativ viele Traktate über moralphilosophische Belange verfasst. Diese Schriften dürften populärphilosophischer Natur gewesen sein; und die einschlägigen Berichte vermitteln das Bild eines Denkers, der mehr noch als Aristoteles auch außerphilosophische Momente zur Geltung brachte und sich im übrigen für individuelle Züge interessierte. In gewissem Sinn ist hier auch charakteristisch, dass Theophrast im Blick auf die Bedingungen der Lebenswirklichkeit der Vorstellung des richtigen Augenblicks (καιρός) großes Gewicht beimaß. Dies hinderte ihn nicht, dem Ideal des kontemplativen Lebens (s. Art. ›Glück‹) den höchsten Rang zu geben.

Eine andere auffällige Gestalt war STRATON VON LAMPSAKOS (um 340 – 269 v. Chr.). Dieser Denker galt als Naturphilosoph (φυσικός), und dies spricht für die Annahme, dass er keine enzyklopädischen Ambitionen hatte, sondern Spezialist war. Straton scheint – dies gilt zumindest im Blick auf das Bild des traditionellen Aristoteles-Verständnisses – materialistische Ansätze verfolgt zu haben. Offensichtlich hat er die Annahme eines sogenannten 5. Elementes (Äther, die sogenannte *quinta natura*) aufgegeben, damit auch auf die Teilung der Welt in einen supralunaren und einen irdischen Bereich verzichtet, und gegen die Annahme der Teleologie (und damit gegen die Thesen bezüglich der Form als Entelechie usw.; s. Art. ›Form‹) opponiert. Dazu passt auch die Orientierung an atomistischen Annahmen (s. Art. ›Atomismus‹ (6)). Die Lehre von den Hohlräumen dürfte Straton, zumindest nach dem Bericht späterer Quellen, im Blick auf empirische Beobachtungen und einzelne Experimente formuliert haben. Dazu passt ferner, dass Straton im Bereich der eigentlichen Seelen-Lehre von der Annahme eines Stoffes, dem »Pneuma«, ausgeht, der als Grundlage aller psychischen bzw. mentalen Vorgänge fungiert. Dies hatte u. a. zur Folge, dass Straton auch jeden Gedanken an die Unsterblichkeit eines Geist-Elementes beiseite schob (s. Art. ›Seele‹).

Einen Einschnitt bedeutete das 1. Jahrhundert v. Chr. Wenn Cicero berichtet, dass er bei seinem Studienaufenthalt in Athen (78 v. Chr.) keinem bedeutenden peripatetischen Philosophen begegnet sei, so spricht dies dafür, dass die Schule dort zum Erliegen gekommen war. Tatsächlich wird als Aufenthalt peripatetischer Denker nun vielfach Rom genannt. Doch kommt hinzu, dass zu jener Zeit die Lehrschriften des Aristoteles von Andronikos v. Rhodos in Rom nach Sachgruppen geordnet und in einer Form publiziert wurden, die im Wesentlichen unverändert bleiben sollte. Diese Edition war u. a. auch deshalb folgenreich, weil sie eine bestimmte Vorstellung bezüglich systematisch aufgebauter Kurse zugrunde legt und von einer Kommentierung begleitet wurde, die späteren Generationen so etwas wie *den* Verständnisrahmen zur Verfügung stellte. Fortan erleben wir einen neuen Typus von Aristotelikern. Es handelt sich um Leute, die am Text arbeiten und Probleme herausstellen. Einer der wichtigen und vermutlich gerade zur aristotelischen *Kategorienschrift* häufig zitierten Denker in diesem Metier war Boethos von Sidon, ein Schüler des Andronikos und wie dieser in Rom ansässig.

Ein anderer, freilich etwas jüngerer Denker aus jener Zeit, der u. a. auch viel für die Verbreitung des Aristoteles im Orient leistete, war Nikolaus von Damaskus. Sein Buch *Über die Philosophie des Aristoteles* wurde ins Syrische und Arabische übersetzt und wird im 9. Jahrhundert erwähnt. Wichtige Impulse erlangte der Aristotelismus in der Philosophie allerdings erst wieder mit Alexander von Aphrodisias im 3. Jahrhundert n. Chr. Die meisten Kommentatoren der Spätantike waren freilich Neuplatoniker (s. Art. ›Neuplatonismus‹), die die metaphysischen Probleme im Lichte ihrer eigenen Voraussetzungen betrachteten.

Platonismus

Der Ausdruck »Platonismus« ist Mitte des 16. Jahrhunderts gebildet worden und bezeichnete zuerst ein unangemessenes Hinneigen zu PLATON, das einem Christen nicht gestattet war. In dieser Hinsicht spiegelt die Verwendung des Terminus die entsprechende antike Bildung, und der Gebrauch von Worten wie »platonisieren« (πλατωνίζειν) sollte kritische Distanz jenen gegenüber signalisieren, die ihr eigenes Wesen gewissermaßen verleugnen. Heute hat die Verwendung von »Platonismus« in der Regel keine wertende Konnotation. Vielmehr findet der Ausdruck da Verwendung, wo entweder historische oder systematische Züge verdeutlicht werden sollen. In historischer Absicht geschieht das, wenn bestimmte Thesen oder Auffassungen, wie z. B. die existentiell prägende Kraft des Schönen, die Annahme der Präexistenz der Seele oder die Vorrangigkeit des Geistigen bzw. Unkörperlichen gegenüber dem Sinnlichen bzw. Körperlichen, explizit als Lehrstücke (s. Art. ›Idee‹, ›Seele‹) der Philosophie Platons (428–347 v. Chr.) und ihrer Wirkungsgeschichte kenntlich gemacht werden sollen. In systematischer Hinsicht ist von Platonismus die Rede, wenn z. B. die Annahme der Existenz abstrakter Gebilde wie Bedeutungen, Eigenschaften, Relationen, Klassen und Zahlen als Ausdruck und Reflex einer philosophischen Grundhaltung bestimmter Art von anderen, konkurrierenden Ansätzen, wie z. B. dem Nominalismus abgegrenzt werden soll. Dabei ist die Frage, ob Platon selbst eine derartige These vertrat, nur von sekundärem Interesse. Im Prinzip genügt die Annahme, dass ein Philosoph wie Platon auf dem Boden jener Auffassungen, die er vertrat, hinsichtlich etwa der Frage nach der Seinsweise von Bedeutungen (s. Art. ›Bedeutung‹, ›Sein‹), sinngemäß für diese oder jene These plädieren müsste.

Pyrrhonismus

Die Denkhaltung des Pyrrhonismus wurde von dem Arzt und Philosophen SEXTUS EMPIRICUS in zahlreichen Büchern, vor allem dem Werk *Grundzüge der pyrrhonischen Skepsis*, propagiert und den dogmatischen Philosophenschulen (insbesondere den STOIKERN und den EPIKUREERN) entgegengesetzt. Sextus, der vielleicht im 2. Jahrhundert n. Chr. lebte, führte die von ihm präsentierte Haltung ohne besondere Gewähr auf PYRRHON von Elis (um 365/360 – 275/270 v. Chr.) zurück, über den er selbst wenig weiß (*Grundzüge der pyrrhonischen Skepsis* I 7). Vorbildhaft für das von der antiken Skepsis verfochtene Ideal eines Lebens ohne Meinungen (s. Art. ›Meinung‹), gab er der ›pyrrhonischen‹ Skepsis den Namen, nachdem ÄNESIDEM VON KNOSSOS unter Berufung auf ihn im 1. Jahrhundert v. Chr. im Gegenzug zum negativen Dogmatismus der Akademiker (s. Art. ›Akademiker‹) eine Erneuerung der Skepsis anstrebte (siehe ›Skepsis‹). Pyrrhon hat selbst nichts geschrieben, weshalb man für eine Rekonstruktion seiner Denkweise auf Darstellungen späterer Autoren angewiesen ist, von denen besonders sein unmittelbarer Schüler TIMON VON PHLIUS zu nennen ist, dessen Gedichte eine hohe Wertschätzung der Lebensführung seines Lehrers zum Ausdruck bringen (Diogenes Laertius IX 109–116).

Charakteristisch für das Denken Pyrrhons scheint seine moralische Ausrichtung gewesen zu sein, d. h. sein offenbar vorwiegendes Interesse für Fragen der Lebensführung. Die Zeugnisse gestatten aber kein einheitliches Bild (vgl. Diogenes Laertius IX 61–108). Danach hat Pyrrhon die Auffassung vertreten, dass nichts von Natur aus schön oder hässlich, gerecht oder ungerecht sei (s. Art. ›Natur‹), nichts eher dieses als jenes, und die Menschen daher alles aufgrund von Übereinkunft tun. Eine solche Behauptung erscheint im Lichte des späteren Pyrrhonismus, wie er von Sextus Empiricus vertreten wird, als dogmatisch; denn der Pyrrhonist argumentiert zwar für die These, dass es kein Gut von Natur aus gebe, er will aber nur erreichen, dass sie hinsichtlich ihrer Glaubwürdigkeit oder Unglaubwürdigkeit mit der entgegengesetzten These im Gleichgewicht steht (s. Art. ›Epoché‹). Auf der anderen Seite gibt es Zeugnisse, nach denen Pyrrhon das Gute selbst bzw. die Tugend vom Verdikt über die ›Güter‹ zweiter Ordnung ausgenommen habe. Schwierig zu deuten sind besonders jene Verse Timons, in denen sich Pyrrhon über den Grund seiner überlegenen Lebensführung, die mit der eines Gottes verglichen wird, äußert und von einer »Natur des Göttlichen und des Guten« spricht: Die einen Interpreten verstehen den griechischen Text so, dass das ewige Sein des Göttlichen und des Guten der Grund für die Ausgeglichenheit des menschlichen Lebens ist; die anderen verstehen ihn so, dass die Natur des Göttlichen und des Guten jeweils in dem besteht, was das Leben des Menschen am ausgeglichensten macht. Zumindest aus der Sicht des späteren Pyrrhonismus, der auch der Überzeugung Ausdruck gibt, dass die Skepsis der einzige Weg zum menschlichen Glück – der »Ataraxie« (›Seelenruhe‹; s. Art. ›Glück‹) – ist (s. Art. ›Epoché‹), wäre die zweite Deutung die akzeptablere.

Ein wichtiger Text ist ferner der Auszug des Eusebius aus einem Werk des Peripatetikers Aristokles, in dem sich dieser auf eine Darstellung der Lehre Pyrrhons durch dessen Schüler Timon bezieht. Danach muss, wer zum Glück gelangen wolle, dreierlei beachten, nämlich 1. wie die Dinge ihrer Natur nach beschaffen seien, 2. wie man sich zu ihnen verhalten solle, 3. was sich aus diesem Verhalten ergebe. Die Dinge seien nun ihrer Natur nach unterschiedslos (ἀδιάφορα), unwägbar und unbeurteilbar; deshalb seien weder unsere Wahrnehmungen noch unsere Meinungen wahr oder falsch, weshalb man ihnen nicht glauben dürfe, sondern ohne Meinungen (ἀδόξαστος) sein müsse, ohne Neigungen und unerschütterlich, indem man von jedem Einzelnen sage, dass es nicht eher sei als nicht sei, oder sowohl sei als auch nicht sei, oder weder sei noch nicht sei. Daraus ergebe sich die Behauptungslosigkeit (ἀφασία), schließlich die Ataraxie. – Die Interpretation dieses Textes ist sehr schwierig. So ist nicht klar, welches der ursprüngliche pyrrhonische Kern des Argumentes ist – wenn es sich dabei überhaupt um ein Argument handelt. Wie soll man den Schluss aus der Beschaffenheit der Dinge auf Wahrnehmungen und Meinungen verstehen? Was bedeuten die drei Adjektive »unterschiedslos«, »unwägbar« und »unbeurteilbar«? Das erste könnte so viel bedeuten wie ›gleichgültig‹; entsprechend könnte man sich Pyrrhon als Philosophen vorstellen, der primär moralisch motiviert war, für den Tugend in der Gleichgültigkeit (ἀδιαφορία) den Dingen gegenüber bestand. Die beiden anderen Adjektive haben vielleicht eher erkenntniskritische Bedeutung. Doch lässt sich, zumindest was Pyrrhon selbst betrifft, wohl kaum streng zwischen moralischer und erkenntniskritischer Motivation unterscheiden; denn was ihn vor allem berühmt machte, ist die ihm zugeschriebene Sorglosigkeit seines Verhaltens im täglichen Leben, sowohl hinsichtlich seiner eigenen Person als auch gegenüber anderen, was damit erklärt zu werden pflegt, dass er seinen Wahrnehmungen nicht glaubte.

Der Pyrrhonismus hat im Vorfeld der Aufklärung der neuzeitlichen Philosophie eine wichtige Rolle gespielt. Hier, wo im Zusammenhang der Reformation die Frage nach der Autorität der Bibelauslegung brisant wurde, wurden skeptische Strategien geltend gemacht, auf beiden Seiten. David Hume (s. Art. ›Skepsis‹) bezeichnete die pyrrhonische Skepsis als die harte Skepsis, deren lähmenden Schlingen wir nur dank der Natur entgehen. In der Tat stellt sich die Frage, ob wir als Pyrrhonisten dauerhaft seelisch intakt leben können. Arne Naess (*Scepticism*) hat diese Frage aufgeworfen und positiv beantwortet.

Qualität

Das abstrakte Substantiv »Qualität«, das in unserer Alltagssprache zur Bezeichnung guter Qualität, z. B. einer Ware, verwendet wird, wurde von PLATON im Dialog *Theaetet* (182a) als philosophisches Kunstwort (ποιότης, lat. *qualitas*) geprägt, und zwar im Zusammenhang seiner Analyse des Begriffs der Bewegung (κίνησις). Die Möglichkeit qualitativer Veränderung (ἀλλοίωσις) als Form der Bewegung bedingt die Unterscheidung zwischen dem qualitativ bestimmten Gegenstand, der sich verändert, und den Qualitäten (z. B. Farbe), bezüglich derer er sich verändert. Diese Unterscheidung war wegweisend für ARISTOTELES' Konzeption qualitativer Veränderung, derzufolge der sich verändernde Gegenstand (d. h. die Substanz) im Prozess der Veränderung derselbe bleibt, während seine akzidentellen, d.h. ihm nicht notwendig zukommenden Eigenschaften bzw. Qualitäten wechseln (s. Art. ›Substanz‹).

Die platonisch-aristotelische Darstellung war jedoch nicht der erste Versuch der Analyse des Phänomens qualitativer Veränderung. Vorsokratische Philosophen haben noch nicht unterschieden zwischen z. B. dem warmen Gegenstand und seiner Qualität (s. Art. ›Materie‹), Wärme; vielmehr scheinen sie »das Warme«, »das Kalte«, »das Feuchte«, »das Trockene«, »das Helle«, »das Dunkle« als »Kräfte« (δυνάμεις) aufgefasst zu haben, die unsere Sinnesorgane affizieren. HERAKLIT VON EPHESOS z. B. wird die Aussage zugeschrieben: »Kaltes erwärmt sich, Warmes kühlt sich ab, Feuchtes vertrocknet, Trockenes wird feucht« (D. K. Frg. 22 B 126), und er scheint generell vom »Umschlagen« der Gegensätze ineinander gesprochen zu haben (Lebendes in Totes, Schlafendes in Wachendes und umgekehrt: B 88). In diesem Fall gibt es nichts, das im Prozess der Veränderung als Identisches verharrt, was Heraklit dadurch zum Ausdruck bringt, dass er sagt, diese Gegensätze seien »dasselbe«. Auf der anderen Seite hat PARMENIDES die

›Realität‹ von Veränderung bestritten, da das, was »ist« (»das Seiende«), unveränderlich sei (D. K. Frg. 28 B 8,36–41); denn Veränderung des Seienden würde nach ihm bedeuten, dass das Seiende zu Nichtseiendem würde, was nicht denkbar sei (s. Art. ›Eleatik‹ (1)).

Diese Analyse des Phänomens der Veränderung, die Parmenides dazu führte, die Veränderlichkeit des Seienden als bloße Meinung bzw. Schein (δόξα) darzustellen (s. Art. ›Meinung‹), ist auch für die philosophiegeschichtlich wichtige Unterscheidung der Atomisten zwischen primären und sekundären Qualitäten nicht belanglos (s. Art. ›Atomismus‹). So glaubte Demokrit, sinnlich wahrnehmbare Qualitäten der Dinge wie Farbe oder Geschmack existierten nur der gebräuchlichen Redeweise nach, in Wahrheit gäbe es nur Atome und den leeren Raum, in dem sich diese bewegen (D. K. Frg. 68 B 125). Epikur ging später zwar nicht so weit, die sinnlichen Qualitäten für nicht wirklich existierend zu erklären, hält aber im *Brief an Herodot* (Diogenes Laertius X 54) fest, dass die Atome nicht über die Qualitäten der Sinnesdinge verfügten, sondern nur über Gestalt, Schwere und Größe; denn Qualitäten veränderten sich, die Atome jedoch nicht.

Nun ist es eine Sache, die Konstituierung der wahrnehmbaren Dinge mit ihren sekundären Qualitäten auf die primären Qualitäten der Atome zurückzuführen, eine andere Sache, auf dieser Basis die beobachtbaren Regelmäßigkeiten der Veränderung der Dinge und die Kontinuität ihrer Arten zu erklären. Wenn die Atome und der leere Raum die einzigen grundlegenden Realitäten sind, die die Welt konstituieren, dann wird die Erklärung stabiler Strukturen der Dinge ohne die zusätzliche Annahme eines Ordnungs- oder Formprinzips zu einem Problem. Nimmt man dagegen die Existenz eines Formprinzips an, dann lässt sich die Identität eines Gegenstandes im Prozess der Veränderung mit Bezug auf seine Form erklären (s. Art. ›Form‹). Für Aristoteles ist Veränderbarkeit – d. h. die Fähigkeit, entgegengesetzte Bestimmungen annehmen zu können – ein Kennzeichen der Substanzen (*Kategorienschrift* 5). Seine Konzeption der qualitativen Veränderung ist also mit der Unterscheidung zwischen Substanzen und Akzidentien verknüpft. Unter Akzidentien sind Eigenschaften zu verstehen, die »in« den Substanzen sind, deren Existenz also von der Existenz der Substanzen, deren Eigenschaften sie sind, abhängt (s. Art. ›Substanz‹, ›Eigenschaft(en)‹). Umgekehrt sind Substanzen – genauer die »ersten Substanzen« der *Kategorienschrift*, d. h. Einzeldinge wie Menschen oder Pferde – dadurch charakterisiert, dass sie nicht in etwas anderem sind, von dem sie ihrer Existenz nach abhängen würden.

Eigenschaften, die den Substanzen inhärent sind, sind z. B. Qualitäten wie Farbe, Temperatur, Geschmack usw. Es sind dies keine notwendigen Eigenschaften der Substanzen, d. h. Eigenschaften, die ein Gegenstand aufgrund seiner Definition hat. Eine Definition besteht nach Aristoteles in der Angabe der nächsthöheren Gattung und der artbildenden Differenz (s. Art. ›Definition‹); ein Mensch z. B. ist ein rationales (Differenz) Lebewesen (Gattung). Rationalität ist also eine notwendige Eigenschaft des Menschen, Musikalität z. B. jedoch nicht. Mit der Angabe einer Qualität antwortet man demnach nicht auf die Frage, was ein Gegenstand seiner Definition nach ist (τί ἐστιν), sondern wie beschaffen (ποῖον) er ist, z. B. musikalisch. Gemäß dieser Unterscheidung zwischen Substanz und Qualität in der *Kategorienschrift* ist die Differenz keine Qualität.

Aber an anderen Stellen sagt Aristoteles, Differenzen seien Qualitäten. In der *Metaphysik* (V 14) unterscheidet er im Wesentlichen zwei Bedeutungen von »Qualität«, nämlich 1) die »Differenz der Substanz« und 2) die »Eigenschaften der bewegten Substanzen«, z. B. Wärme und Kälte, Weiße und Schwärze, Schwere und Leichtigkeit. Die zweite Bedeutung passt zum Qualitätsbegriff der *Kategorienschrift*, wonach Qualitäten nicht-notwendige Eigenschaften veränderbarer Dinge sind. Als Beispiele für die erste Bedeutung von »Qualität« nennt Aristoteles die Differenz »zweifüßig« bzw. »vierfüßig«: der Mensch (bzw. das Pferd) ist ein zweifüßiges (bzw. vierfüßiges) – also qualitativ bestimmtes (ποιόν τι) – Lebewesen. An einer anderen Stelle wiederum (*Metaphysik* VII 12) heißt es, die »letzte« (d. h. die artbildende) Differenz sei die Substanz eines Dinges. Zweifüßigkeit ist danach keine Qualität von Menschen, insofern sie Menschen sind, d. h. veränderliche und sich von anderen Substanzen der gleichen Art unterscheidende Substanzen, sondern eine Qualität von Lebewesen. Dem modernen Sprachgebrauch gemäß würde man in diesem Fall allerdings nicht von einer Qualität von Lebewesen, sondern von einem Merkmal des Begriffs »Lebewesen« sprechen. Aristoteles allerdings spricht in *Metaphysik* V 14 vermutlich deshalb von den Differenzen als von Qualitäten, weil er Lebewesen noch im Sinne der *Kategorienschrift* als Substanzen auffasst (s. Art. ›Bedeutung‹). Denn nach der (realistischen) Ontologie der *Kategorienschrift* – die er in den dem Substanzbegriff gewidmeten zentralen Büchern der *Metaphysik* aufgegeben hat – sind die Arten und Gattungen erster Substanzen (z. B. individueller Menschen) »zweite« Substanzen. Es könnte also sein, dass Aristoteles die Differenzen in der *Kategorienschrift* deshalb nicht als Qualitäten begreift, weil er hier von Qualitäten erster Substanzen handelt, die Differenzen aber Qualitäten zweiter Substanzen sind.

Relativität

Der griechische Ausdruck, der üblicherweise mit ›relativ‹ oder ›bezüglich‹ übersetzt wird, besteht nicht in einem einzelnen Wort, sondern in der Verbindung einer Präposition mit einem unbestimmten Pronomen: πρός τι. Πρός τι ist der Name einer der zehn aristotelischen »Kategorien« (s. Art. ›Kategorie‹). In diesem Sinne sind solche Dinge »relativ«, die das, was sie sind, in Relation zu etwas anderem sind; z. B. ist das Doppelte das Doppelte von etwas, Wahrnehmung oder Wissen sind Wahrnehmung oder Wissen von etwas usw. (vgl. *Kategorien* 7). Für die »Relation«, d. h. die Beziehung zwischen den relativen Dingen, hatte ARISTOTELES kein abstraktes Substantiv zur Verfügung, was insofern bemerkenswert ist, als er in Bezug auf quantitativ (τὸ ποσόν) bzw. qualitativ Seiendes (τὸ ποιόν) die abstrakten Bildungen »Quantität« (ποσότης) bzw. »Qualität« (ποιότης) verwendete. Der Begriff des Relativen entstammt der platonischen Akademie, die nach vorliegenden Berichten das Seiende (τὰ ὄντα) in zwei Klassen eingeteilt habe, nämlich »an sich« (καθ' ἑαυτά) Seiendes und »relativ« (πρός τι) Seiendes (vgl. Diogenes Laertius III 108–109; s. Art. ›Kategorie‹). Dabei wird das »an sich Seiende« durch solche Begriffe bezeichnet, die zu ihrer Erklärung keiner näheren Bestimmung bedürfen, z. B. »Mensch«, »Pferd«; zur Klasse des »Relativen« hingegen gehören solche Dinge, die einer näheren Bestimmung bedürfen, wie z. B. »das Größere«, »das Schnellere« usw.

Die Unterscheidung zwischen relativ und an sich Seiendem ist grundlegend für Aristoteles' Erörterung des sogenannten Satzes vom verbotenen Widerspruch im 4. Buch der *Metaphysik*. Dieser gilt Aristoteles als das »sicherste Prinzip«, über das jeder verfügen muss, der irgendetwas erkennen will; er besagt, dass es »unmöglich ist, dass dasselbe demselben in derselben Hinsicht zugleich zukommen und nicht zukommen kann« (*Metaphysik* IV 3). Mit Bezug auf dieses Prinzip erweist sich die sogenannte Flusslehre HERAKLITS als ebenso unreflektiert wie der »Homo-mensura«-Satz des PROTAGORAS. Was Heraklit betrifft, stellt Aristoteles in Frage, dass er wirklich glaubte, was angeblich eine Konsequenz seiner Lehre vom »Fluss aller Dinge« sei, nämlich dass dasselbe sowohl sei als auch nicht sei; denn dies würde bedeuten, dass er widersprechende Meinungen bezüglich desselben Gegenstandes hegte. In Hinsicht auf Protagoras steht der Satz zur Debatte, der als »Satz des Protagoras« in der Geschichte der Philosophie unterschiedlich aufgenommen wurde. Dieser Satz, dessen Interpretation noch immer strittig ist, lautet: »Aller Dinge Maß ist der Mensch, der seienden, dass [oder: wie] sie sind, der nicht seienden, dass [wie] sie nicht sind« (D. K. Frg. 80 B 1). Aristoteles interpretiert die Aussage dahingehend, dass »alles Erscheinende (φαινόμενον) wahr« sei. Hätte sich nämlich Protagoras genauer ausgedrückt, so hätte er sagen müssen, das »Maß« (μέτρον) sei das, was »einem jeden Menschen erscheine«, bzw. das, was einem jeden scheine (τὸ δοκοῦν), dies sei auch wirklich (εἶναι παγίως; vgl. D. K. Frg. 80 A 19). Da nun das Erscheinende etwas Relatives ist, nämlich relativ zu jemandem, dem es erscheint, und da das, was niemandem erscheint bzw. scheint, auch nicht wirklich ist, so würde nach Protagoras gelten, dass alles Seiende relativ (πρός τι) ist. Wenn aber umgekehrt einiges Seiende »an sich« (καθ' αὑτά) ist, so folgt daraus, dass nicht alles Erscheinende wahr ist (*Metaphysik* IV 6). Die Annahme der Relativität alles Seienden stellt insofern einen Verstoß gegen den Satz vom verbotenen Widerspruch dar, als nach dieser Theorie bezüglich ein und desselben Gegenstandes sich widersprechende Meinungen wahr wären; X wäre z. B. ein Mensch und wäre nicht ein Mensch.

Aristoteles' Deutung des »Homo-mensura«-Satzes wird manchmal »subjektivistisch« genannt, um sie von der »relativistischen« Interpretation zu unterscheiden, die in Platons *Theaetet* entwickelt wird. Danach wird mit diesem Satz nicht einfach behauptet, dass das, was einem jeden erscheint, wahr ist, sondern vielmehr, dass es wahr ist für den, dem es erscheint. Wenn Wahrheit in dieser Weise relativ ist, verstößt Protagoras' These nicht von vornherein gegen den Satz vom Widerspruch; denn zu sagen, X sei ein Mensch für die Person A, nicht aber für die Person B, bedeutet nicht, X sei einfachhin ein Mensch und nicht ein Mensch. Nun hat der Satz des Protagoras in seiner relativistischen Form nicht nur Platon beschäftigt, sondern auch spätere Philosophen beeindruckt. So hat Georg Wilhelm Friedrich Hegel in seinen *Vorlesungen über die Geschichte der Philosophie* Protagoras als Vorläufer des Deutschen Idealismus gelobt, demzufolge das objektiv Seiende nur ist in Beziehung auf das Subjekt bzw. das Bewusstsein. Platon aber ging davon aus, dass Protagoras' These eine Theorie der Wahrheit vermittle, die er widerlegen musste; denn wenn die Wahrheit relativ ist, ist die philosophische Diskussion fruchtlos, weil jeder mit seiner Meinung recht hat. Platon versuchte deshalb zu zeigen, dass Protagoras seine These nicht erfolgreich verteidigen könnte. Wenn nämlich jede Meinung wahr ist, dann ist auch die Meinung wahr, dass nicht jede Meinung wahr ist. Protagoras kann sich aber nicht darauf berufen, dass die Meinung seines Opponenten nur für diesen wahr ist; denn wenn sie wahr ist, ist Wahrheit nicht relativ, d. h. der Satz des Protagoras ist falsch, und zwar nicht nur für den Opponenten, sondern auch für Protagoras selbst (vgl. *Theaetet* 171a–c). Bei dieser Form der Argumentation, die später unter der Bezeichnug περιτροπή (›Umdrehung‹) bekannt war, wird die These eines Gegners gegen diesen selbst gekehrt.

Platons relativistische Interpretation des »Homo-mensura«-Satzes wird in einem Bericht des Sextus Empiricus erwähnt, in dem Protagoras zu denjenigen Philosophen gerechnet wird, die die »Erscheinung« bzw. den »Eindruck« (φαντασία; s. Art. ›Erscheinung‹) als »Kriterium der Wahrheit« betrachtet hätten, d. h. als ein Mittel, die Wahrheit einer Aussage festzustellen (vgl. *Gegen die Mathematiker* VII 388–390). An einer anderen Stelle (VII 60–64) jedoch referiert Sextus die Meinung, dass Protagoras mit der These, alle Erscheinungen bzw. Meinungen seien wahr, kein »Kriterium der Wahrheit« anerkannt habe. Sextus' Erklärung entspricht der aristotelischen Interpretation des Satzes des Protagoras: wenn alle Erscheinungen wahr sind, ist alles Seiende relativ; wenn aber alles Seiende relativ ist, gibt es keinen Anhaltspunkt für die Unterscheidung zwischen wahren und falschen Erscheinungen. Aber nach der von Sextus referierten Meinung ist im Gegensatz zur Meinung des Aristoteles die Position des Protagoras in dieser Form nicht unhaltbar, im Gegenteil: der Satz des Protagoras scheine durch die »entgegengesetzte Aussage« bestätigt zu werden. Diese Auffassung unterscheidet sich offenbar nicht nur von der aristotelischen, sondern auch von der platonischen, insofern Platons Widerlegung des Satzes darauf beruht, dass die Meinung des Opponenten wahr ist. Nach der Ansicht, auf die sich Sextus bezieht, ist die Meinung des Opponenten zwar wie alle Meinungen bzw. Erscheinungen wahr, aber sie ist kein »Kriterium der Wahrheit«. Der entscheidende Punkt scheint dabei der zu sein, dass aus der Wahrheit der Meinung des Opponenten des Protagoras nicht folgt, dass der »Homo-mensura«-Satz schlechthin falsch ist, sondern nur, dass er für den Opponenten falsch ist. In diesem Sinne ist die Meinung des Opponenten eine Bestätigung des Satzes. Dies aber ist der Ausweg, den Platon mit seiner Argumentation im *Theaetet* verbaut hatte.

Bei der Auffassung, von der Sextus an der erwähnten Stelle seiner Schrift *Gegen die Mathematiker* berichtet, scheint es sich um eine skeptische Verteidigung des protagoreischen »Relativismus« gegen Aristoteles und gegen Platon zu handeln. Grundlage der Argumentation ist offenbar das Prinzip der »Isosthenie«, d. h. die Auffassung, dass sich bezüglich irgendeiner zur Debatte stehenden Frage »gleich starke« oder »gleich gewichtige« Argumente bzw. Aussagen (λόγοι) finden lassen, die einander entgegengesetzt sind (ἀντικείμενοι; vgl. *Grundzüge der pyrrhonischen Skepsis* I 8; 202 ff.; s. Art. ›Epoché‹); im vorliegenden Fall wären der Satz des Protagoras und die entgegengesetzte These als zwei gleich starke λόγοι anzusehen. So betrachtet steht die Position des Protagoras der Position der pyrrhonischen Skeptiker nahe (vgl. I 216–219; s. Art. ›Pyrrhonismus‹). Die skeptische Position ist jedoch nicht relativistisch; denn der Skeptiker hält sein Urteil darüber zurück (ἐπέχει), ob eine gegebene Erscheinung bzw. ein Eindruck wahr sei oder nicht, d. h. ob der zugrunde liegende Gegenstand so sei, wie er erscheine, oder nicht. Für den Relativisten besteht hingegen kein Grund, sein Urteil zurückzuhalten, weil das, was ihm erscheint, für ihn wahr ist. Deshalb ist nach Sextus' Darstellung die Erscheinung für Protagoras auch kein Kriterium der Wahrheit, d. h. kein Mittel zur Feststellung, was unabhängig vom wahrnehmenden oder erkennenden Subjekt wahr oder falsch ist. Dieses nicht-relative, unabhängige Seiende ist das »an sich« Seiende, dessen Existenz Protagoras bestritten habe. Hegels Wertschätzung des Satzes vom Menschen als Maß aller Dinge beruht zu einem guten Teil auf dieser Darstellung des Sextus Empiricus. Es ist jedoch fraglich, ob Protagoras in dem für Hegel interessanten Sinne als Relativist bezeichnet werden kann.

Zur Beurteilung von Sextus' Version des protagoreischen »Relativismus« ist zweierlei zu bedenken. Erstens ist »Relativität« ein Kernthema der pyrrhonischen Skepsis, und zweitens ist Sextus daran interessiert, die Position des Protagoras von der Position des Skeptikers zu unterscheiden. Was den ersten Punkt betrifft, so ist »Relativität« die Hauptstütze der skeptischen Argumentationen, der sogenannten »Tropen«, die Sextus im 1. Buch der *Grundzüge der pyrrhonischen Skepsis* präsentiert (s. Art. ›Skepsis‹). Diese Tropen zielen darauf ab, Urteilsenthaltung (ἐποχή) bezüglich der Frage zu erreichen, ob ein Gegenstand seiner Natur nach (πρὸς τὴν φύσιν) so sei, wie er erscheine, d. h. unabhängig davon, wie er wahrgenommen wird. Sämtliche Erscheinungen (φαινόμενα) sind »relativ«, d. h. bezogen z. B. auf einen bestimmten Menschen, dem etwas erscheint, auf eine bestimmte Verfassung des Wahrnehmenden, den Wahrnehmungsapparat, die Umstände der Wahrnehmung usw. Darüber, wie die Dinge innerhalb bestimmter Relationen erscheinen, kann der Skeptiker Aussagen machen, nicht aber darüber, wie sie ihrer Natur nach bzw. »absolut« (ἀπολύτως) sind. – Was den zweiten Punkt betrifft, stellt

Sextus fest, dass Protagoras, weil er »die Relativität« (τὸ πρός τι) eingeführt habe, eine Gemeinsamkeit mit den Skeptikern zu haben scheine (vgl. *Grundzüge der pyrrhonischen Skepsis* I 216 ff.). Die Begründung seiner Position sei jedoch mit dem Standpunkt der Skepsis nicht vereinbar; die Gründe (λόγοι) für die Erscheinungen lägen nämlich in der im »Fluss« befindlichen Materie, die, soweit es an ihr liege, alles sein könne, was allen jeweils erscheine. Deshalb wird Protagoras auch die Auffassung zugeschrieben, dass alles Seiende »relativ« sei, und nichts »an sich« dieses oder jenes, so oder so beschaffen sei.

Sextus' Begründung des »Homo-mensura«-Satzes scheint letztlich auf den Dialog *Theaetet* (152a ff.) zurückzugehen, in dem Platon von einer »Geheimlehre« des Protagoras spricht und diesen zu den Anhängern Heraklits zählt, die er in Anspielung auf Heraklits »Flusslehre« die »Fließenden« nennt. Den Herakliteern, für die »alles in Bewegung« sei und »nichts feststehe«, stellt er die Anhänger des Parmenides gegenüber, die er in Anspielung auf dessen Lehre von dem einen, unbeweglichen Seienden die »Stehenden« nennt, weil sich für sie nichts bewegt. Platons Darstellung ist also stark stilisierend, und da passt Protagoras' angebliche Flusstheorie gut ins Bild, das gleichsam die Kulisse bildet, vor der die Frage erörtert wird, was Wissen (ἐπιστήμη) sei. Die erste These, die Platon im Hinblick auf diese Frage untersucht, besagt, Wissen sei Wahrnehmung (αἴσθησις). Wenn Wahrnehmung Wissen sein soll, muss sie untrüglich (ἀψευδής) sein. In diesem Zusammenhang kommt der Satz des Protagoras ins Spiel, den Platon auf das Beispiel anwendet, dass derselbe Wind den einen frösteln lässt, den anderen nicht. Protagoras habe nun nicht gemeint, dass der Wind »an sich« kalt oder nicht kalt sei, sondern kalt für den Frierenden, für den Nichtfrierenden aber nicht kalt; insofern wäre es unsinnig, dem Frierenden klar zu machen, dass der Wind »an sich« nicht kalt sei. Allgemein ausgedrückt besagt nach Platons Interpretation der Satz des Protagoras:

Wie (οἷα) der Person A, B, C usw. ein jegliches Ding erscheint, so beschaffen ist es für die Person A, B, C usw. Vom Sprachlichen her gesehen scheint jedoch Platons Interpretation nicht ohne weiteres durch Protagoras' Formulierung gerechtfertigt, welche sprachlich korrekt wohl so zu übersetzen wäre: »Der Mensch ist das Maß aller Dinge, der seienden, *dass* (ὡς) sie sind, der nichtseienden, *dass* sie nicht sind.«

Wie Protagoras selbst diesen Satz verstanden hat, ist schwer zu sagen. Vielleicht ist er die Antwort auf die Theorien eines Parmenides oder Heraklit. Für beide Denker ist es charakteristisch, dass sie den Meinungen der Menschen, bzw. der »Vielen« (οἱ πολλοί), eine allgemeingültige Wahrheit entgegensetzen. So hat Heraklit moniert, dass »die Vielen« so lebten, als hätten sie eine »private Einsicht«, obwohl doch das ›vernünftige Prinzip‹, der Logos, allen »gemeinsam« sei (vgl. D. K. Frg. 22 B 2). Und Parmenides stellte den »Meinungen der Sterblichen« den »verlässlichen Logos« über die Wahrheit gegenüber, die eine Göttin dem wissbegierigen Menschen enthüllt (s. Art. ›Eleatik‹ (1)). Nach Parmenides setzt die Erkenntnis der Wahrheit bzw. des »Seienden« durch den Menschen eine Distanzierung von der sinnlichen Erfahrung voraus, die dazu verleite, »Nichtseiendes« als »seiend« zu begreifen, d. h. die veränderlichen und vergänglichen Gegenstände der sinnlich erfahrbaren Welt als das Seiende schlechthin. Der entscheidende Schritt zur Erkenntnis des wirklich Seienden wird durch das rationale Denken (λόγος) vollzogen, wobei aus der Grundeinsicht, *dass* das Seiende *ist* (ὡς ἔστιν), alle übrigen Attribute des Seienden (Unentstandenheit, Unvergänglichkeit, Homogenität usw.) abgeleitet werden (vgl. D. K. Frg. 28 B 7–8). Es ist denkbar, dass Protagoras hier einhakte. Wenn es das rationale Denken ist, durch das man vom Seienden urteilt, dass es ist, und vom Nichtseienden, dass es nicht ist, so ist es doch der Mensch, der urteilt, und nicht eine übermenschliche Vernunft, die in Gestalt einer

Göttin von Parmenides ins Spiel gebracht wird. Die menschliche Vernunft ist das »Maß« der Dinge, nicht weil es keine ›höhere‹ Vernunft geben könnte, sondern weil eine solche dem Menschen, selbst wenn es sie gäbe, nicht zugänglich ist. Wenn man also Protagoras in dem Sinne als »Relativisten« bezeichnet, als der Mensch – sei es der Mensch *als* Mensch oder der individuelle Mensch – für ihn die schlechthin einzige Urteilsinstanz ist, so war er vermutlich kein Relativist. Wäre nämlich die menschliche Vernunft in dieser Weise autonom, dann gäbe es nichts, was sich ihrer Beurteilung entziehen könnte. Diese Konsequenz wäre jedenfalls nicht kompatibel mit Protagoras' Agnostizismus; denn er erklärt, dass er bezüglich der Existenz und dem Wesen der Götter aufgrund ihrer Verborgenheit und wegen der Kürze des menschlichen Lebens kein Wissen habe (D. K. Frg. 80 B 4).

Schönheit

Der griechische Ausdruck τὸ καλόν (›das Schöne‹) bezieht sich auf verschiedenartige Dinge, nämlich die Schönheit natürlicher Gegenstände, z. B. von Körpern oder der Gestirne und die Schönheit von Kunstwerken im Bereich des sinnlich Wahrnehmbaren, die Schönheit sittlicher Handlungen bzw. der Tugend im Bereich des Seelischen, die Schönheit der Wissenschaften im Bereich des Geistigen und schließlich auf das »Schöne selbst«. Während man aus heutiger Sicht geneigt ist, den Bereich des Seelischen bzw. des ethisch Schönen klar vom Bereich des sinnlich Wahrnehmbaren bzw. des ästhetisch Schönen abzugrenzen, besteht aus der Sicht der platonischen und neuplatonischen Philosophie, die sich in der Antike am eingehendsten mit dem Problem des Schönen befasst hat, zwischen diesen Bereichen eine enge Verbindung. So beschreibt PLATON im *Symposium* einen Aufstieg, der von der Betrachtung schöner Körper zur Betrachtung körperlicher Schönheit als solcher führt, und von da aus zur Betrachtung der Schönheit von Handlungen und der Wissenschaften, deren höchste, die Dialektik (s. Art. ›Dialektik›), die Idee des Schönen selbst (s. Art. ›Idee›) zum Gegenstand hat. Da durch Teilhabe an dieser Idee alles Schöne schön ist, ist es möglich, die verschiedenen Bereiche des Schönen unter einen einheitlichen Aspekt zu bringen. Die motivierende Kraft des Aufstiegs, für Platon ebenso wie für Plotin, ist der Ἔρως (›Liebe‹).

Für Platon wie für die meisten antiken Philosophen scheint kein Zweifel daran bestanden zu haben, dass sich die Schönheit eines Dinges definieren lässt. So war etwa die Auffassung verbreitet, dass Schönheit in der »Symmetrie« der Teile eines Ganzen bestehe, sodass z. B. ein Körper insofern schön ist, als er wohlproportioniert ist. Der Gedanke der Symmetrie bzw. des Maßes wurde von Plotin jedoch ausdrücklich verworfen, und zwar mit Überlegungen, die es zweifelhaft erscheinen lassen, ob er Schönheit für definierbar hielt. In der einflussreichen Schrift *Über das Schöne* (*Enneaden* I 6 [1]) behauptet Plotin, Symmetrie sei weder hinreichende noch notwendige Bedingung für die Schönheit eines Dinges, da es symmetrische Dinge gebe, die nicht schön, und schöne Dinge, die nicht symmetrisch seien. Der Hauptgrund, weswegen er diese Definition verwirft, scheint allerdings der zu sein, dass sie nicht gestattet, dass die Teile selbst, deren Verhältnis zueinander und zum Ganzen als Grund für die Schönheit eines Dinges gilt, schön seien. Nach Auffassung Plotins müssen jedoch, damit das Ganze schön sei, auch die Teile schön sein.

Indem Plotin den Gedanken der Symmetrie verwirft, scheint er auch Abstand zu nehmen von einer Definition körperlicher Schönheit in Begriffen einer Eigenschaft von Körpern und vielmehr von der Erfahrung von Schönheit durch die Seele auszugehen. Diese Erfahrung wird von Plotin vor dem Hintergrund einerseits der platonischen Urbild-Abbild-Theorie (s. Art. ›Nachahmung‹), andererseits der aristotelischen Form-Materie-Antithese (s. Art. ›Form‹) interpretiert. So findet der Baumeister ein Haus schön, weil es die Form repräsentiert, die er in sich trägt, bzw. weil es an der Form teilhat. Mit Teilhabe an der Form scheint Plotin zu meinen, dass das Haus als räumliches, materielles Gebilde durch die Form strukturiert wird. Da das Haus physische Teile hat, repräsentiert es die teillose Einheit der Form in der Seele des Baumeisters nur unvollkommen, nämlich in dem Maße, als die durch die Materie bedingte Vielheit durch die Form zur Einheit gebracht werden kann. Da für Plotin die Materie das Hässliche darstellte (s. Art. ›Materie‹, ›Neuplatonismus‹), ist das körperlich Schöne stets irgendwie mit dem Hässlichen verbunden. Doch da er die Teile des durch die Form strukturierten Gebildes als Teile der Form versteht, die durch die Materie geteilt werde, erklärt dies wohl, weshalb Plotin die Auffassung vertrat, die Teile eines schönen Ganzen müssten selbst schön sein.

Wirkungsgeschichtlich wichtig vor allem für die Kunsttheorie der Renaissance war Plotins Auffassung der Tätigkeit des Künstlers, die er nicht wie Platon als Nachahmung (s. Art. ›Nachahmung‹) verstand, sondern als Hervorbringen der Form, die der Künstler in sich trägt, so, dass die Schönheit eines Kunstwerkes die Schönheit eines natürlichen Gegenstandes gegebenenfalls zu übertreffen vermag.

Seele

Das griechische Wort für »Seele«, ψυχή, bedeutet ursprünglich ›Hauch‹ und bezeichnet dann auch das, was man im Sterben aushaucht, bzw. das, was beim Tode den Leib verlässt. In der christlich-abendländischen Tradition steht das Wort für das eigentliche Selbst, von dem angenommen wird, dass es Träger der Persönlichkeit sei und über den leiblichen Tod hinaus dauere. Diese Vorstellung geht wohl auf Platon zurück, der im Dialog *Phaidon* Sokrates kurz vor dessen Tod die Auffassung vertreten lässt, dass die Seele Teil einer höheren Welt sei (s. Art. ›Natur‹), den unkörperlichen Ideen (s. Art. ›Idee‹) jenseits von Raum und Zeit verwandt und insofern auch Widersacher des Leibes (σῶμα). Platon wirbt für die These, dass der Mensch seinem Wesen nach mit der Seele identisch sei und folglich gut daran tue, den Verstrickungen, welche die körperliche Existenz mit sich bringt, so weit als möglich zu entgehen. Was letztlich zählt, ist die »Angleichung an das Göttliche« (ὁμοίωσις ϑεῷ), d. h. die Ausrichtung des Lebens im Hinblick auf das unkörperliche Sein der Ideen. Diese Auffassung Platons wurde von den spätantiken und mittelalterlichen Philosophen auf die Erfordernisse des christlichen Glaubens zugeschnitten und beeinflusste auch die neuzeitliche Philosophie. Platons Position ist aber nicht schlechthin repräsentativ für das antike Denken über die Seele. Bereits sein Schüler Aristoteles distanzierte sich in wesentlichen Punkten von ihm. Und sowohl die Stoiker wie auch die Epikureer hielten dem platonischen Leib-Seele-Dualismus die Annahme entgegen, dass auch die Seele körperlicher Natur sei (s. Art. ›Natur‹).

Nun ist Platons Denken seinerseits eingebettet in eine bereits bestehende philosophische Tradition, welche die Seele als Prinzip des Lebens und der Bewegung auffasst. Die philosophische Auffassung von der Seele steht in auffälligem Kontrast zu den im Mythos und im Volksglauben verwurzelten Vorstellungen, wie sie in den homerischen Epen Ausdruck finden. Homer zeichnet ein Bild des Menschen, das sehr verschieden ist von dem Bild, das uns heute vorschweben mag, wenn wir von »Leib« und »Seele« sprechen. Dies zeigt sich besonders deutlich in solchen Zusammenhängen, in denen die gemüthaften Züge, die vitalen oder mentalen Funktionen des Menschen beschrieben werden; denn hier scheint keinerlei Hinweis auf das durch, was wir heute unter »Seele« verstehen. In den Dichtungen Homers erscheint ψυχή als schattenhafter Doppelgänger des Menschen und wird bisweilen auch »Abbild« (εἴδωλον) genannt. Sie wird als Lebenshauch beschrieben, der den Menschen im Falle einer Ohnmacht oder auch im Traum verlässt und sich dabei gewissermaßen verselbständigt. Das Wort »Leib« (σῶμα) bezeichnet den Leichnam, den die Seele verlassen hat. Nach der Bestattung des Leibes begibt sich die Seele in die Unterwelt. Was dabei mit der eigentlichen Denkkraft oder dem Gemüthaften geschieht, ist unklar; die Existenz solcher Faktoren wie Sinn (νόος), Mut (ϑυμός) und Kraft (μένος) scheint buchstäblich an die Existenz des belebten Körpers gebunden zu sein und mit der leiblichen Destruktion zu vergehen. Eines wird jedoch klar: Wenn Homer das Sterben eines Menschen beschreibt, so heißt es etwa, dass seine Seele in den Hades ging, während »er selbst« auf dem Schlachtfeld blieb. Dies impliziert offenbar, dass der wirkliche Mensch mit dem raum-zeitlich identifizierbaren Gebilde identisch ist. Seine Seele dagegen fristet in der Unterwelt nur eine schattenhafte, bemitleidenswerte Quasi-Existenz. Diese Beschreibung kontrastiert nicht nur mit der christlich bestimmten oder der platonischen Vorstellung von der Seele, sondern auch mit der Auffassung der Seele als Prinzip des Lebens und der Bewegung.

So wird für den Begründer der griechischen Naturphilosophie, Thales von Milet (6. Jh. v. Chr.) die Behauptung überliefert, alles habe eine Seele, d. h. auch diejenigen Dinge, die nach landläufiger Auffassung als unbelebt gelten. Zu dieser Auffassung scheint er durch die Beobachtung des Magnetismus gelangt zu sein (vgl. D. K. Frg. 11 A 1); das heißt wohl, dass er auf Formen von Prozesshaftigkeit aufmerksam wurde, die sich nicht auf dem Boden mechanistischer Annahmen erklären lassen. Die These der »Allbeseeltheit«, die später unter dem Titel »Panpsychismus« eine Rolle spielte, besagt demnach, dass nicht nur die sogenannten belebten Dinge von Kräften durchwirkt sind, sondern die gesamte Natur. Sie fügt sich gut zu der Thales ebenfalls zugeschriebenen Behauptung, der Ursprung (ἀρχή) aller Dinge sei Wasser (vgl. D. K. Frg. 11 A 12), insofern damit gemeint ist, dass alles in der Welt als Phänomen dieser Verursachung zu begreifen sei. Anaximenes von Milet ging dann einen Schritt weiter und nahm Luft (ἀήρ, ›Dunst‹) als ἀρχή alles Seienden an, da aus dieser alles entstehe und in sie sich alles wieder auflöse (vgl. D. K. Frg. 13 B 2). Als Begründung für diese These ist überliefert, dass Luft alles umfasse, so wie die Seele, die der Luft entspricht, uns umfasse und »zusammenhalte« (συγκρατεῖν), d. h. die Teile des Organismus zu einer Einheit verbinde (s. Art. ›Geist‹). Hier ist noch die alte Vorstellung von der Seele als Lebenshauch wirksam; doch tendiert Anaximenes bereits auf die Konzeption einer Weltseele hin, wie man sie dann ausdrücklich bei Platon im Dialog *Timaios* finden wird. Im Unterschied zur platonischen Theorie ist jedoch die Seele bei Anaximenes körperlicher Natur, sodass man sein Denken in dem Sinne als monistisch bezeichnen kann, dass alles Seiende, mit Einschluss der ἀρχή, körperlich ist.

Diese Beschreibung der Theorie des Anaximenes ist vielleicht unhistorisch. Denn es ist wohl so, dass Anaximenes Luft oder Dunst deswegen als ἀρχή begriff, weil sie sich von dem, was wir als »Körper« zu bezeichnen gewohnt sind, signifikant unterscheidet. Er behauptete nämlich, dass Luft in einem Prozess der »Verdünnung« zu Feuer, in einem Prozess der »Verdichtung« hingegen zu Wasser und Erde werde (D. K. Frg. 13 A 6–7). Luft ist also nicht der feinste »Körper«. Sie ist ihrer eigenen Natur nach weder warm noch kalt noch feucht noch trocken; das Warme, Kalte, Feuchte und Trockene sind vielmehr Manifestationen der Luft, die in ständiger Bewegung ist. Feuer, Wasser und Erde sind also gewissermaßen Verkörperungen der Luft, die ihrerseits nicht die Verkörperung von etwas anderem darstellt, insofern sie ihrer eigenen Natur nach »unsichtbar« ist. Gleichwohl scheint es korrekt, Anaximenes als materialistischen Monisten zu bezeichnen, obwohl er noch gar nicht über den Begriff der Materie verfügte; denn vom Standpunkt einer »dualistischen« Konzeption der Seele aus gesehen ist sein Denken »monistisch«. Der Ursprung des Dualismus ist wohl bei den Pythagoreern zu suchen: Hier beginnt jene Auffassung an Boden zu gewinnen, die noch heute vielfach unser Denken bestimmt, wonach die Seele vom Körper substantiell verschieden ist.

Pythagoras von Samos (6. Jh. v. Chr.) war wohl eine Art religiöser Lehrer, der seine Schüler, die sich in Bünden zusammenschlossen, auf eine bestimmte Weltanschauung und Lebensform (βίος) einschwor. Zu den wichtigsten Elementen seiner Lehre gehörte die Vorstellung, dass die Seele wandere und im Laufe verschiedener Einkörperungen den Lebenskreis der Wiedergeburt durchbrechen könne. Die Auffassung der Seele als eigentliches Selbst, das ganz unabhängig von der Einkörperung in diesem oder jenem Leib als eigenständige Größe existiert, dürfte im Vergleich zu dem, was der an Homer geschulte Mensch der damaligen Zeit zu glauben bereit war, revolutionär gewesen sein. Denn sie bedeutet eine Übertragung der Attribute der Unsterblichkeit, die den Göttern vorbehalten ist, auf den inneren Kern des Menschen. Darin liegt eine Tendenz zur Selbstvergottung, die auch moralphilosophische Implikationen hat. Wenn es nämlich so ist, dass der Mensch seinem Wesen nach der Region des Göttlichen zugehört, dann geht es darum, diesen Status wiederherzustellen. Dies bedingt, dass der irdische Mensch sein Leben so einrichtet, dass sich seine Chancen verbessern, dem Kreislauf der Geburt endgültig zu entrinnen. Dazu ist eine asketische Lebensweise ebenso erforderlich wie die Beschäftigung mit den Wissenschaften, die ewige Wahrheiten eröffnen und so den Kontakt mit dem Göttlichen schaffen. Diese Betrachtungsweise hatte eine große Ausstrahlungskraft. Denn wenn die »Angleichung an das Göttliche« Aufgabe des Menschen ist, dann muss sich die Philosophie um die »Pflege der Seele« (θεράπεια τῆς ψυχῆς) kümmern. Dieses Selbstverständnis der Philosophie sollte nicht nur die hellenistischen Philosophenschulen, in erster Linie die Stoiker und Epikureer, bestimmen, sondern auch die Tradition des Platonismus.

Im Denken Platons wird die Seele unter durchaus verschiedenen Gesichtspunkten thematisch, und seine Auffassungen passen sich den Fragestellungen an, die ihn jeweils philosophisch interessieren. Ein wichtiger Ausgangspunkt seines Denkens ist die sokratische Frage nach der moralischen Instanz im Menschen. Sokrates war zur Auffassung gelangt, dass Moralität sowohl Sache faktischen Wissens als auch Sache seelischer Disposition sei (s. Art. ›Tugend‹). Er scheint die Seele gleichermaßen als Träger charakterlicher Dispositionen, als Hort moralischer Verantwortung wie auch als Träger jeder genuinen Erkenntnis verstanden zu haben. Damit stellt sich auch die Frage nach der Beziehung der Seele zum Körper, und zwar im Hinblick auf die Existenz moralischer Konflikte, d. h. Konflikte zwischen den Überlegungen der Vernunft und z. B. den Regungen körperlicher Lust. Platon hat in dieser Hinsicht entgegengesetzte Ansichten entwickelt. Generell wird der Eindruck vermittelt, dass den Ausdrücken »Seele« und »Körper« jeweils substantiell verschiedene Teile eines Ganzen gegenüberstehen. Aber im frühen Dialog *Charmides* ist gerade nicht die Teil-Ganzes-Betrachtung maßgeblich. Vielmehr verlangt die Logik der Argumentation, dass sich die Begriffe »Seele« und »ganzer Mensch« decken und dass beide Ausdrücke, wie man heute sagen würde, die gleiche Referenz haben, dass sie also das zugrunde liegende Ganze nur unter verschiedenem Aspekt hervortreten lassen. Platon entwickelt diese Konzeption ausgehend von dem Gedanken, dass die Heilung des kranken Körpers bedingt, dass man sich in erster Linie um die Seele kümmert. Damit scheint er auch jene neuplatonisch-christliche These zu antizipieren, wonach die Seele nicht etwa im Körper, sondern dieser in der Seele ist. Dies bedeutet, dass sich Seele und

Körper nicht wie Teile verhalten, die zu einem Ganzen addiert werden; vielmehr handelt es sich um eine Beziehung des Enthaltenseins des einen im anderen.

Diese Auffassung ist auch deshalb interessant, weil sich aus ihr eine Prämisse für Sokrates' Überzeugung gewinnen lässt, dass Tugend Wissen sei und niemand freiwillig unrecht tue, es sei denn in Unkenntnis dessen, was moralisch richtig ist. Wenn Tugend nämlich eine Art von Wissen darstellt, das in der Seele lokalisiert ist, und wenn Moralität ihrerseits Sache eben dieser Seele ist, welche über das entsprechende Wissen moralischer Fakten verfügt, so kann der paradoxe Anspruch, dass bei Konflikten zwischen Vernunft und Nicht-Vernunft die gut disponierte Seele stets der Sache der Vernunft zum Durchbruch verhilft, sinnvollerweise nur dann vertreten werden, wenn der Körper als Widersacher der Seele bzw. der Vernunft nicht im Sinne eines naiven Dualismus als bloßer Fremdkörper betrachtet wird. Diese Fremdkörpertheorie wird im Rahmen einer dualistischen Betrachtungsweise tatsächlich nur durch eine Theorie jener Art ausgeschlossen, wie sie im *Charmides* angedeutet wird.

Platon selbst scheint jedoch die damit angedeutete Möglichkeit nicht wahrnehmen zu wollen und an der Position des naiven Dualismus festzuhalten, die er bei den Pythagoreern in Süditalien kennen gelernt hatte. Danach zerfällt der Mensch als Lebewesen sozusagen in Seele und Körper, wobei die Seele den »inneren Menschen« darstellt und der Leib den »äußeren Menschen«. Diese pythagoreisierende Theorie, derzufolge die als okkultes »Ich« begriffene Seele einen Zyklus von Wiedergeburten erlebt, wird im *Phaidon* ausgebreitet. Sie erweist sich aber als denkbar ungeeignet, der Existenz von seelischen Konflikten Rechnung zu tragen. Denn solche Konflikte wären unter dieser Voraussetzung nichts als gleichsam schattenhafte Händel zwischen der reinen, abtrennbaren Denkseele einerseits und dem fremdkörperartigen, lustvollen Leib andererseits, der im *Phaidon* als

Gefängnis und Fessel der Seele betrachtet wird. Platon hat dieses Problem ernst genommen, ohne jedoch die Annahme einer dualistischen Seelenverfassung zugunsten eher pragmatisch orientierter Erwägungen aufzugeben. Vielmehr versuchte er der Tatsache seelischer Konflikte dadurch beizukommen, dass er einen eigenen irrationalen Seelenteil postulierte, der sozusagen mit dem Leib und dessen Bedürfnissen paktiert.

In dem späteren Dialog *Politeia* entwirft dann Platon ein Modell, nach dem die Seele drei Teile hat, nämlich Vernunft (νοῦς), Gemüt (θυμοειδές) und Begierde (ἐπιθυμητικόν). Über die genaue Natur dieser Dreiteilung besteht in der Forschung heute keine Einigkeit. Doch scheint Platon jeden dieser Seelenteile mit einer je verschiedenen Form von Erkenntnis auszustatten und auch jedem spezifische Formen der Lust und Begierde zuzuschreiben. In diesem Sinn hätte auch das reine Denken (s. Art. ›Geist‹), das sich der Betrachtung etwa mathematischer Wahrheiten zuwendet, sozusagen reine Lüste und Begierde nach weiteren Erkenntnissen. Ebenso hätte die gemüthafte Instanz in uns, die gegebenenfalls kriegslüstern ist, Meinungen von der Art, dass Konflikte gut und erstrebenswert seien; und der begehrliche Seelenteil sagt uns vielleicht, dass es gut wäre, jetzt zu rauchen, selbst wenn die Vernunft sagt, dass eben dies nicht in unserem wohlverstandenen Interesse liege. Dieses Modell hat aus Platons Sicht den Vorteil, dass es ermöglicht, der Seele Erlebnisfähigkeit und damit personale Identität zuzuschreiben. Denn wenn die abgeschiedene Seele nur reiner Geist wäre, dann wäre die für Platon so wichtige Vorstellung jenseitiger Vergeltung und Wiedergeburt gar nicht denkbar. Personale Züge scheinen aber nur auf dem Hintergrund einer komplexen Verhängung der Seelenteile annehmbar.

Platons Schüler Aristoteles, der die Spekulation um Präexistenz und Wiedergeburt ablehnte, hat damit auch Platons Seelenauffassung abgelehnt. Im 2. und 3. Buch seiner Schrift *Über die Seele* entwickelt er eine Theorie, wonach die Seele die Form und Struktur des lebendigen Körpers sei, die mit dessen Zerfall im Tod zunichte werde. Doch sagt er auch, dass der Geist (νοῦς) in uns den leiblichen Tod überdauere. Dieser unsterbliche Geist scheint keine personalen Züge zu haben; doch war die Interpretation seiner Theorie in der Folgezeit sehr umstritten. So wurde im Mittelalter eine heftige Kontroverse darüber geführt, ob der unsterbliche Teil der Seele bzw. des Geistes ein einziger sei, d. h. in allen Menschen ein und derselbe, oder ob er individuell sei, d. h. individueller Geist des individuellen Menschen. Die erste Auffassung wurde von dem arabischen Philosophen und einflussreichen Aristoteles-Kommentator Averroës vertreten. Die entgegengesetzte Ansicht wurde u. a. von Thomas von Aquin propagiert, der die aristotelische Doktrin mit der christlichen Lehre zu vereinbaren versuchte. Wenn nämlich der unsterbliche Geist nicht individueller Geist ist, dann lässt sich die christliche Lehre von der Vergeltung im Jenseits auch nicht philosophisch untermauern. – Im Unterschied zur aristotelischen Theorie ließen sich die Auffassungen der Epikureer und Stoiker dieser Gedankenwelt nicht anpassen; sie wurden in der Spätantike von Christen, Neuplatonikern und Gnostikern bekämpft. Sowohl die Epikureer wie auch die Stoiker rechneten mit der Existenz nur materieller Dinge; doch jene gingen von der atomaren Struktur der Materie aus und meinten, dass sich die Seele in der Materie verflüchtige, während diese glaubten, dass die Vernunft in uns in der Allvernunft aufgehe und so gewissermaßen als Stück dieser Vernunft überdauere.

Sein

Das Hilfsverb »sein« (griech. εἶναι, lat. *esse*) und die Partizipialform »seiend« (griech. ὄν, lat. *ens*) sowie deren Substantivierungen »das Sein« (τὸ εἶναι) bzw. »das Seiende« (τὸ ὄν) wurden in der griechischen Philosophie zunächst mit Bezug auf das verwendet, was Gegenstand des Denkens oder Erkennens bzw. Gegenstand einer Aussage sein kann: Wer etwas erkennt, erkennt Seiendes oder »was ist«, wer eine (wahre) Aussage macht, sagt Seiendes oder »was ist«. Zur näheren Bestimmung dessen, was ist, musste erstens danach gefragt werden, welchen Bedingungen ein solcher Gegenstand genügen muss, zweitens danach, welche Gegenstände gegebenenfalls diese Bedingungen erfüllen. Die zweite Frage könnte aus der Sicht des modernen Lesers als Frage nach dem verstanden werden, was existiert; doch dieser Zugang, der eine klare Unterscheidung zwischen dem »ist« als Zeichen der Existenz und dem kopulativen »ist« als Zeichen der Prädikation voraussetzt, stößt auf die Schwierigkeit, dass eine derartige Unterscheidung bei den griechischen Autoren nur schwer oder gar nicht festzumachen ist. Dies gilt in besonderem Maße für PARMENIDES, dessen fragmentarisch erhaltenes Lehrgedicht *Über das Seiende* am Anfang der Geschichte des Seinsbegriffs steht (s. Art. ›Eleatik‹ (1)).

Nach Parmenides ist das, was ist (τὸ ἐόν), unentstanden, unvergänglich, ganz, zusammenhängend, unteilbar, unbeweglich, begrenzt und mangellos (D. K. Frg. 28 B 8). Die Herleitung dieser Attribute des Seienden besteht zur Hauptsache in der Anwendung des Satzes vom verbotenen Widerspruch: so steht z. B. die Annahme, dass Seiendes aus Nichtseiendem entstanden ist, im Widerspruch zu bereits Festgelegtem, nämlich dass Nichtseiendes nicht denkbar oder aussagbar ist. Denn für das Denken gebe es nur zwei mögliche »Wege der Forschung« (B 2): Entweder nimmt man an, dass der Gegenstand der Forschung ist, und dann ist es unmöglich, dass er nicht ist (Satz vom verbotenen Widerspruch); oder man nimmt an, dass er nicht ist, dann ist es unmöglich, dass er ist. Die zweite Möglichkeit wird mit Hinweis darauf ausgeschlossen, dass Nichtseiendes weder erkennbar noch aussagbar ist. Somit bleibt nur der erste Weg, der »Weg der Wahrheit«. Dieser wird dann unterschieden vom »Weg der Sterblichen« (B 6–7), die sich durch ihre Sinneseindrücke überzeugen lassen, dass das, was ist, vergänglich und veränderlich ist. Damit verstoßen sie gegen den Grundgedanken des Parmenides, dass das, was nicht ist, nicht gedacht und ausgesagt werden kann. Vielleicht lässt sich dieser Gedanke so erklären, dass Parmenides davon ausging, dass etwas, um ein Gegenstand des Denkens zu sein, etwas sein, d. h. eine Bestimmtheit haben muss, und dass er daraus die Konsequenz zog, dass, was »nicht ist«, nicht etwas, d. h. nichts ist.

Wenn »Nichtseiendes« genau genommen »nichts« ist, dann sind natürliche Phänomene wie Bewegung, Veränderung, Vielheit u.ä., von deren Wirklichkeit die »Sterblichen« überzeugt sind, bloßer Schein. Parmenides' Auffassung ist monistisch in dem Sinne, dass das, was ist – das Seiende, das er mit einer Kugel vergleicht – Eines ist und nichts außerhalb dieser Sphäre ist. Ob und wie diese Sphäre des Seins in Beziehung steht mit der Welt unserer Erfahrung, ist schwer zu sagen.

Trotz der Paradoxie seines Monismus wirkte Parmenides' Lehre nach in PLATONS Auffassung des Seienden als dem, was nur durch das Denken erfasst wird und im Unterschied zum sinnlich Wahrnehmbaren, das nicht im vollgültigen Sinne »ist«, nicht entstanden ist (vgl. *Timaios* 27d–28a), speziell in seiner Konzeption der Idee (s. Art. ›Idee‹) als etwas »Eingestaltigem«, das an sich und immer das ist, was es ist (vgl. *Symposium* 211a–b). Platons Kritik am parmenideischen Monismus kommt u. a. darin zum Ausdruck, dass er bestreitet, dass Nichtseiendes einfach nichts ist, und geltend macht, dass es folglich in gewissem Sinne ist. Dadurch werden die Gegenstände der menschlichen »Meinungen«, die Welt unserer Erfahrung (s. Art. ›Meinung‹), die Parmenides zum bloßen Schein erklärt hatte, gewissermaßen rehabilitiert. Wichtig ist die Einsicht, dass Nichtseiendes nicht einfach nichts ist, vor allem auch für die Analyse von Aussagen; denn wenn es nicht möglich ist, Nichtseiendes zu sagen und zu denken, kann man auch keine falschen Aussagen machen und verstehen. Diese Kritik verbindet Platon im *Sophistes* mit einer Analyse der Subjekt-Prädikat-Struktur von Aussagen, die von Aristoteles in der *Lehre vom Satz* ausgebaut wird. Kennzeichnend für die Bedeutung, die der Sprachanalyse in der Geschichte des Seinsbegriffs zukommt, ist ARISTOTELES' Bemerkung im 3. Kapitel der erwähnten Schrift, dass der Ausdruck »das Seiende« für sich genommen nichts bezeichne, sondern »sein« vielmehr nur eine Verbindung zwischen dem Subjekt und dem Prädikat des Satzes anzeige. Damit gibt er indirekt zu verstehen, dass Denker wie Parmenides »sein« als Name verstanden, der einen Gegenstand bezeichnet oder benennt (s. Art. ›Bedeutung‹, ›Eigenschaft‹).

In ontologischer Hinsicht wird das Seiende bei Platon durch die Ideen repräsentiert, die gegenüber den Dingen in Raum und Zeit, die an ihnen teilhaben, transzendent sind: z. B. sind alle schönen Dinge schön durch Teilhabe an der Idee der Schönheit, wobei der Idee, als dem Allgemeinen, ontologische Priorität zukommt (vgl. z. B. *Phaidon*, *Politeia* V). Aristoteles hingegen, der den Transzendenzgedanken Platons ablehnte, hielt das »bestimmte Einzelne« (τόδε τι) für ontologisch fundamental (s. Art. ›Allgemeines‹, ›Substanz‹). Zur Bezeichnung dessen, was in diesem Sinne primär ist, verwendete er den Terminus οὐσία (lat. *substantia*); in der *Kategorienschrift* bezieht sich dieser Begriff der »Substanz« in erster Linie auf konkrete Individuen (s. Art. ›Individuum‹, ›Kategorie‹), z. B. einen bestimmten Menschen. Das Sein von Eigenschaften, für die Platon wie im Falle der Schönheit Ideen angesetzt hatte, ist nach Aristoteles abhängig vom Sein der Dinge, deren Eigenschaften sie sind. Gemäß seiner Lehre von der mehrfachen Bedeutung von »sein« (vgl. *Metaphysik* V 7) unterscheidet Aristoteles zwischen wesentlichen und unwesentlichen Eigenschaften bzw. zwischen »essentieller« und »akzidenteller« Prädikation, z. B.: im Satz »Der Mensch ist ein Lebewesen« kommt das Prädikat »Lebewesen« dem Menschen essentiell oder »an sich« zu, da ein Mensch seinem Wesen nach ein Lebewesen ist; hingegen im Satz »Sokrates ist weiß« kommt das Prädikat »weiß« Sokrates akzidentell zu, da die Eigenschaft weiß zu sein nicht zu seinem Wesen gehört. Eine andere Bedeutung von »sein« liegt nach Aristoteles vor in der Unterscheidung zwischen »sein der Möglichkeit (δύναμις) nach« und »sein der Wirklichkeit (ἐνέργεια) nach«. Diese Unterscheidung ist wichtig für die Analyse des Substanzbegriffs in der *Metaphysik*, nach der οὐσία die Form ist, die ein Ding zu dem konkreten Einzelding »aktualisiert«, das es ist (*Metaphysik* VII). Da jedoch konkrete Wesen in unserer Welt veränderlich sind, ist ihr Sein nicht vollkommen aktualisiert oder verwirklicht, nämlich im Sinn des Seins des »unbewegten Bewegers«, des ausschließlich sich selbst denkenden Geistes, der reine Aktualität bzw. Aktivität (ἐνέργεια) ist (*Metaphysik* XII). Der Begriff des Seins als zeitloser Aktivität, der Aristoteles' Antwort auf die Frage darstellt, was primär »ist«, hat mit Platons Seinsbegriff den Gedanken gemeinsam, dass es eine Bedeutung von »sein« geben muss, dergemäß das, was ist, dem Werden bzw. der Prozesshaftigkeit enthoben ist. Dies kann vielleicht als Erbe des parmenideischen Monismus betrachtet werden.

Die Stoiker haben in gewissem Sinn mit dieser Tradition gebrochen. Sie gingen davon aus, dass »sein« so viel bedeutet wie »fähig, zu bewirken und zu erleiden«; da nur Körper über diese Fähigkeit verfügen, ist alles Seiende körperlich (s. Art. ›Stoa‹). Als solches ist es auf zwei Prinzipien zurückführbar, ein aktives, Gott, und ein passives, Materie (Diogenes Laertius VII 134 ff.). Das aktive, der Welt immanente Prinzip gestaltet die passive Materie zu konkreten Gestalten. Ausgedrückt in der Begrifflichkeit der vier Elemente Feuer, Luft, Wasser und Erde heißt dies am Beispiel der Natur des Menschen, dass die Seele als »Hauch«, der selbst körperhaft ist, gemischt aus den Elementen Feuer und Luft, die beiden passiven Elemente Wasser und Erde durchdringt und so dem Ganzen Leben und Sein gibt. Die Stoiker waren Monisten in dem Sinn, dass das gestaltende Prinzip die Materie vollkommen durchdringt, so dass sich der Kosmos als materielles Kontinuum darstellt, das umgeben ist von unbegrenzter Leere. Diese Konzeption hat eine gewisse Ähnlichkeit mit Parmenides' Vorstellung der Kugelgestaltigkeit des Seienden, außer dem nichts ist. Aber der stoische Monismus impliziert nicht die Unterscheidung einer Welt des reinen Seins und einer sinnlich erfahrbaren Welt, wie sie sich Platon und in gewisser Weise auch Aristoteles dachten. Dies hängt u. a. wohl auch damit zusammen, dass die Stoiker die Voraussetzung nicht akzeptierten, dass etwas, um überhaupt »etwas« zu sein, d. h. Gegenstand des Sagens und Denkens zu sein, sein bzw. existieren muss – eine Voraussetzung, die auf Parmenides zurückgeht und in der platonisch-aristotelischen Tradition für die Frage nach dem, was ist, bestimmend war. Nach Seneca, *Epistulae morales* 58,15, unterschieden die Stoiker zwischen »etwas« (τὶ) und »Seiendem« (ὄν) folgendermaßen: »In der Natur existieren gewisse Dinge, gewisse Dinge existieren nicht, doch auch das, was nicht existiert, umfasst die Natur, was der Seele erscheint, wie Kentauren, Giganten, und was sonst noch durch falsches Denken gebildet Erscheinungscharakter bekommt, obwohl es kein wirkliches Sein hat«. Unter den Begriff des »etwas« fällt alles, was gedacht oder worüber gesprochen werden kann, aber nicht alle diese Gegenstände »existieren«: Kentauren, das Leere, Raum, Zeit und »gemeinte Sachverhalte« (λεκτά bzw. πράγματα) sind unkörperliche Gegenstände und existieren daher nicht (s. Art. ›Zeit‹); trotzdem sind es Gegenstände, die gedacht und über die Aussagen gemacht werden können. Zur Kennzeichnung der Seinsweise solcher Gegenstände verwendeten die Stoiker den Terminus »Subsistenz« (ὑπόστασις), wobei der Begriff der Subsistenz gegenüber dem der Existenz umfassender zu sein scheint.

Der Begriff der Subsistenz wurde in der modernen Philosophie von Alexius Meinong wieder ins Spiel gebracht: Gegenstände wie Pegasus subsistieren oder – wie Meinong sich ausdrückt – »bestehen«, und mit Dingen, die (wirklich) existieren, haben sie gemeinsam, dass sie einen bestimmten Charakter (»Sosein«) aufweisen. Der Begriff ist insofern von wissenschaftstheoretischem Interesse, als er wissenschaftlich sinnvolle Aussagen auch über nicht existierende Gegenstände erlaubt.

Skepsis

Das griechische Substantiv σκέψις bedeutet so viel wie ›Untersuchung, Prüfung‹, und mit dem Begriff »Skepsis« bzw. »Skeptizismus« wird eine philosophische Strömung, Denkrichtung oder Schule bezeichnet, deren Vertreter ihrem eigenen Anspruch nach die Lehren anderer Philosophen zum Gegenstand ihrer Untersuchungen machten, ohne selbst eigene Auffassungen zu vertreten. Unter der antiken Skepsis versteht man einerseits jene in Ciceros *Lucullus* dargestellte Strömung, deren Vertreter sich als Nachfolger innerhalb der von PLATON gegründeten Akademie »Akademiker« nannten; die namhaftesten von ihnen sind ARKESILAOS und KARNEADES (s. Art. ›Akademiker‹). Andererseits versteht man darunter die mit dieser konkurrierende, von Sextus Empiricus (*Grundzüge der pyrrhonischen Skepsis*) dargestellte Strömung, deren Vertreter sich unter Berufung auf PYRRHON VON ELIS »Pyrrhoneer« nannten (s. Art. ›Pyrrhonismus)‹. Diese Richtung bildetete sich unter dem Einfluss ÄNESIDEMS aus, der die Akademiker wegen dogmatischer Tendenzen kritisierte, die sie von den Positionen ihres Hauptgegners, den STOIKERN, nicht mehr unterschieden.

Der Hauptunterschied zwischen den beiden skeptischen Schulen wird von SEXTUS EMPIRICUS darin gesehen, dass die AKADEMIKER die Frage, ob gesicherte Erkenntnis möglich sei, verneinen, während die PYRRHONEER sie offen lassen. Die Position der Akademiker, der gemäß Wahrheit unerreichbar ist, wird deshalb im Unterschied zum Standpunkt der Pyrrhoneer oft ›negativ dogmatisch‹ genannt. Sextus schreibt dem Karneades die Auffassung zu, dass »nichts schlechthin Kriterium der Wahrheit« sei (*Gegen die Mathematiker* VII 159), dass einem also hinsichtlich der Erscheinungen, die man von einem Gegenstand hat, kein Mittel zur Verfügung steht, das es erlauben würde, von einer gesicherten Erkenntnis des Gegenstandes zu sprechen. Entsprechend scheint Karneades die Frage nach der Evidenz einer Erscheinung von der Frage nach ihrer Wahrheit abgekoppelt zu haben (vgl. VII 167; s. Art. ›Evidenz‹).

Gemäß Ciceros *Lucullus* vertraten die Akademiker die Auffassung, dass zu jeder wahren Erscheinung eine von dieser ununterscheidbare falsche Erscheinung existiert, was Zustimmung zu einer Erscheinung, d. h. nach stoischer Lehre Erfassen bzw. Erkennen eines Gegenstandes, unmöglich mache. Für die Urteilsenthaltung (s. Art. ›Epoché‹) der Akademiker spielt also der stoische Begriff der Zustimmung (s. Art. ›Stoa‹) eine wichtige Rolle. Stimmt der Akademiker einer Erscheinung zu, dann heißt dies nur, dass er etwas als glaubhaft (*probabile*, griech. πιϑανόν) billigt. Obwohl die Form der Zustimmung, die sich der Akademiker zugesteht, eine Form des Für-wahr-Haltens ist, kann der Akademiker nicht glauben, dass das, was ihm wahr erscheint, wahr ist, weil es ebenso gut falsch sein könnte. Diese Position ist aus der Sicht der Pyrrhoneer inkonsequent (vgl. Sextus Empiricus, *Grundzüge der pyrrhonischen*

Skepsis I 220 ff.), und sie involviert die Anerkennung der Wahrheit der These der Unerkennbarkeit der Dinge. Wenn die Pyrrhoneer ihrerseits diese These ins Spiel bringen, dann nur im Sinne einer undogmatischen »Äußerung« (φωνή), d. h. als »Kundgabe« (ἀπαγγελία) eines »Widerfahrnisses« (πάθος) bzw. einer bestimmten Erscheinung (φαινόμενον) zu einem bestimmten Zeitpunkt (I 200). Im Leben und im Streit mit den Dogmatikern »folgen« die pyrrhonischen Skeptiker »undogmatisch« den Erscheinungen bzw. fügen sich, ohne Wertungen zu vollziehen, den Sitten und Bräuchen der Gemeinschaft, in der sie leben; um diese Einstellung zu erläutern, verwendet Sextus Begriffe wie »Leben« und »Natur« (I 21 ff.). Ob seine Ausführungen die Deutung zulassen, dass der pyrrhonische Skeptiker Meinungen haben kann, d. h. glauben kann, dass die Dinge so sind, wie sie ihm erscheinen – wenn auch nicht, dass sie so sind, wie die Theorien der Dogmatiker es wahrhaben wollen – ist kontrovers.

Das Kernstück der pyrrhonischen Skepsis bilden die »Tropen«, d. h. Weisen der Argumentation, die zur Urteilsenthaltung führen sollen. Die umfassendste Sammlung solcher Argumente liegt vor in Gestalt der Änesidem zugeschriebenen »Zehn Tropen« (I 36–163). Das Prinzip der Argumentation ist die ›Relativität‹ der Erscheinungen (s. Art. ›Erscheinung‹), einerseits hinsichtlich des wahrnehmenden Subjekts, andererseits hinsichtlich der Verhältnisse, in denen die erscheinenden Dinge stehen (s. Art. ›Subjekt‹): Alles, was erscheint, erscheint bezogen u. a. auf die spezifische und individuelle Verschiedenheit der wahrnehmenden bzw. urteilenden Subjekte, auf die Verschiedenheit ihrer Wahrnehmungsapparate, auf unterschiedliche Wahrnehmungsbedingungen und bezogen auf Größe, Entfernung, Lage usw. der erscheinenden Dinge selbst. Infolge dieser Relativität könne man nicht sagen, wie die Dinge ihrer Natur nach sind, sondern nur, wie sie in einer der näher bestimmten Beziehungen erscheinen. Die Relativität der Erscheinungen ist das Prinzip aller zehn Tropen, zugleich aber ist die Relativität selbst einer der Tropen, der Urteilsenthaltung dadurch herbeiführen soll, dass gezeigt wird, dass alles relativ ist. Dies rückt die Skepsis in eine gewisse Nähe zur Position des Relativismus (siehe ›Relativität‹), für die sich allerdings im Unterschied zur Skepsis die Frage nach der Wahrheit einer Erscheinung nicht stellt, denn für den Relativisten ist eine Erscheinung für den wahr, dem sie erscheint. Ein Ansatz zur Klärung dieses Problems für die skeptische Position liegt vermutlich in der Erläuterung, dass der Skeptiker die These »Alles ist relativ« im Sinne von »Alles erscheint relativ« versteht, womit gemeint sein könnte, dass die These selbst nur eine Erscheinung des Skeptikers ist, mit der er operiert, um Urteilsenthaltung herbeizuführen.

Die Selbstauffassung des pyrrhonischen Skeptikers, dergemäß er ohne dogmatische Meinungen den Erscheinungen folgt, wurde von David Hume als unrealistisch, naturwidrig und durch das Leben selbst widerlegt dargestellt (s. Art. ›Pyrrhonismus‹), während er seinerseits eine gemäßigte Skepsis im Sinne der akademischen Auffassung (s. Art. ›Akademiker‹) befürwortete. Heute werden skeptische Positionen vorwiegend in erkenntnistheoretischen Zusammenhängen diskutiert, während das Ideal der antiken Skepsis, ein Leben ohne bloße Meinungen zu führen, kaum mehr eine ernsthafte Option zu sein scheint.

Stoa

»Stoa« ist die Bezeichnung einer der bedeutenden Philosophenschulen Athens, die als Schule bis etwa 260 n. Chr. Bestand hatte und ihren Namen nach der Säulenhalle erhielt, bei der man sich traf. Wie andere Schulen wurde die Stoa untergliedert, und zwar in eine ›alte‹ Stoa (Zenon, Kleanthes, Chrysipp), eine ›mittlere‹ Stoa (Panaitios und Poseidonios) und eine ›neuere‹ Stoa (Epiktet u. a.).

Gründer dieser Schule war ZENON VON KITION (um 332 – um 265 v. Chr.; Diogenes Laertius VII 1–160). Er kam um 311 nach Athen und studierte bei dem kynischen Philosophen Krates, bei den Megarikern Stilpon und Diodoros Kronos, die als die führenden Dialektiker bzw. Logiker ihrer Zeit galten, und bei dem Platoniker Polemon, der damals der Akademie vorstand. Um 300 begann Zenon, selbst Unterricht zu erteilen. Wie andere hellenistische Philosophen sah Zenon die Aufgabe der Philosophie wesentlich darin, Wege zum Wohlergehen und Glück (εὐδαιμονία) aufzuzeigen (s. Art. ›Glück‹). Maßgebend war hier die Vorstellung eines vernunftbestimmten und emotionsfreien Lebens. Anders als PYRRHON (360–270 v. Chr.), der mit der Strategie der Urteilsenthaltung Seelenruhe zu gewinnen suchte (s. Art. ›Epoché‹, ›Pyrrhonismus‹), und anders auch als EPIKUR, der an eine Welt des blinden Zufalls glaubte und so keinen Grund sah, sich über den Lauf der Dinge zu sorgen (s. Art. ›Epikureismus‹), verstand Zenon die Wirklichkeit als Produkt einer vernünftigen Struktur (λόγος); und philosophische Untersuchungen sind auf eine unumstößliche Kenntnis der Wirklichkeit in ihrer Vernunftstruktur angewiesen. Doch ist die Wirklichkeit durch und durch materiell. Und von daher scheint es richtig, Zenons Sicht der Dinge als materialistischen Monismus zu charakterisieren. Denn auch der λόγος, das aktive Prinzip, ist materieller Natur; und die Stoiker waren offenbar von Anfang an der Meinung, dass dieses Prinzip die passive Materie (ὕλη) vollständig bestimme bzw. die Materie vom aktiven Prinzip vollständig durchdrungen werde (Diogenes Laertius VII 134). Die Annahme des materialistischen Monismus birgt allerdings ein Problem. Dieses besteht darin, dass Zenon und seine Nachfolger auch mit unkörperlichen Gebilden rechneten, nämlich mit Bedeutungen (λεκτά, lat. *dicibile*, d. h. was gesagt oder gemeint wird bzw. sagbar ist; vgl. Sextus Empiricus, *Gegen die Mathematiker* VIII 11–12).

Zenon und seine Nachfolger untergliederten die Philosophie in drei Teilgebiete, nämlich Logik, Physik und Ethik. Dabei umfasst die Logik Erkenntnistheorie, Rhetorik und Dialektik, wobei diese auch die formale Logik enthält.

Die Erkenntnistheorie Zenons war empiristisch ausgerichtet und gründet in der Annahme, dass wir über die Sinnesreizungen zuverlässige Eindrücke (τύπωσις) gewinnen (Diogenes Laertius VII 45 ff.). Bei diesen Eindrücken handelt es sich um Vorstellungen bzw. Erscheinungen (φαντασίαι) dessen, was wir erfassen (s. Art. ›Erscheinung‹). Doch gelten diese Vorstellungen nur dann als zuverlässig bzw. »erkenntnishaft« (καταληπτικαί), wenn sie von etwas Existierendem ausgehen und dieses so exakt abbilden, dass kein Zweifel besteht, dass sie von diesem und keinem anderen Gegenstand ausgehen. In diesen Fällen ist das erkennende Subjekt berechtigt, der Vorstellung, dass *p*, zuzustimmen (συγκατατίθεσθαι; s. Art. ›Akademiker‹). Damit, dass der Vorstellung die Zustimmung (συγκατάθεσις) erteilt wird, gewinnt die in Rede stehende Vorstellung den Status einer Erkenntnis. Da die Erkenntnisse in systematische Form gebracht wurden (σύστημα καταλήψεων; s. Art. ›Kunst‹) und so die Grundlage philosophischer Wissensansprüche abgaben, benötigten die Stoiker eine Beweistheorie (s. Art. ›Beweis‹), deren Regeln sich für die Ausarbeitung von Argument-Formen verwenden ließen. Hier konnten sich die Stoiker an den megarischen Philosophen orientieren, die bereits eine Aussagenlogik erarbeitet hatten. Allerdings scheint Zenon hier keinen wesentlichen Beitrag geliefert zu haben. Die eigentliche Ausarbeitung blieb wohl Chrysipp vorbehalten, der auch zwischen Bedeutungen von Namen und Prädikaten (d. h. unvollständigen λεκτά – s. Art. ›Bedeutung‹) einerseits und Bedeutungen von Sätzen (d. h. vollständigen λεκτά bzw. ἀξιώματα) andererseits unterschied (Diogenes Laertius VII 65 ff.).

Im Bereich der Physik und Naturphilosophie ging Zenon von der Annahme aus, dass alles, was existiert, fähig sei, zu wirken und bewirkt zu werden (Diogenes Laertius VII 134; s. Art. ›Sein‹). Diese Annahme führte zur Unterscheidung zwischen einem aktiven und einem passiven Prinzip (ἀρχαί), wobei die Rede von λόγος (›Vernunft‹) und ὕλη (›Materie‹) in der Sache an Aristoteles anknüpfte. Doch liegt die Pointe der stoischen Verwendung dieser und anderer vertrauter Termini darin, dass hier auf ein und dieselbe Wirklichkeit (οὐσία) verwiesen wird, die sozusagen nur jeweils unter verschiedener Beschreibung steht. Des weiteren unterschied Zenon zwischen Prinzipien und Elementen (στοιχεῖα). Doch vertrat er die Auffassung, dass in der Realität nichts von der Art einer qualitätslosen Materie vorkomme, sondern nur Körper, die sich in einer bestimmten Form befinden. Unter den Elementen kam dem Feuer eine besondere Rolle zu. Dieses fungierte als formende Kraft – ein Gedanke, der von Heraklit her inspiriert ist und auch in Platons Dialog *Timaios* eine gewisse Bedeutung hat –, wobei sein warmer Hauch (πνεῦμα) alle Dinge durchdringt und sie kraft seiner kohäsionsstiftenden Eigenschaften (τόνος ›Spannung‹) zusammenhält. In diesem Zusammenhang gewinnt auch die These von der unbegrenzten Teilbarkeit der Materie ihre Bedeutung. Sie liefert die theoretische Annahme dafür, dass das Universum insgesamt von Vernunft und göttlicher Providenz durchdrungen sei (s. Art. ›Geist‹, ›Materie‹). Doch scheint diese Auffassung ein Problem besonderer Art zu bergen. Wenn nämlich alles kausal bestimmt ist und als Teil einer universalen Kette angesehen werden muss, stellt sich die Frage, wie innerhalb eines solchen philosophischen Systems noch von menschlicher Freiheit und Verantwortung gesprochen werden kann. Diese Frage stellte Zenon und seine Nachfolger vor beträchtliche Probleme. Die Lösung erblickten die Stoiker in der Annahme, dass der Mensch als Teil der Wirklichkeit zwar äußeren Umständen ausgesetzt ist, an denen er nichts ändern könne. Doch sei es an ihm, auf die Umstände auf *seine* Weise zu reagieren. Dies sei insofern gewährleistet, als der Mensch in der Lage sei, Vorstellungen seine Zustimmung (συγκατάθεσις) zu geben oder vorzuenthalten; und damit sei im Prinzip auch jene Freiheit gewährleistet, Handlungen zu gestalten (vgl. Cicero, *De fato*).

Was den Bereich der Ethik (Diogenes Laertius VII 84 ff.) angeht, so war Zenon überzeugt, dass Handlungen daraus resultierten, dass wir Vorstellungen (φαντασίαι) haben, die einen Impuls (ὁρμή) zum Handeln bergen, d. h. einen Impuls, das zu tun, was sich uns als erstrebenswert präsentiert. Doch meinte er, dass dieser Impuls erst dann in einer Handlung resultiere, wenn eine entsprechende Zustimmung gegeben worden sei. Im Falle moralisch falscher Handlungen scheint die Zustimmung nur schwach und zögerlich (s. Art. ›Meinung‹); auf jeden Fall ist sie von falschen Auffassungen bezüglich der Natur des Gegenstandes bestimmt. Diese Auffassungen leiden u. a. auch daran, dass sie exzessive emotionale Zustände produzieren und so unseren Blick für die wahre Natur der Dinge leicht verdunkeln. In diesem Zusammenhang vertrat Zenon auch die Meinung, dass Affekte (πάθη) durch falsche Urteile (δόξαι) hervorgebracht werden; Chrysipp korrigierte diese Auffassung dahingehend, dass die Affekte ihrerseits Urteile seien (VII 111). Dies wiederum bedeutet, dass die emotionalen Zustände vom Geist kontrolliert werden können und im Leben selbst eine Funktion des Geistes seien. Insofern ist klar, dass sich die Aneignung von Tugend (ἀρετή) in der Sicht des Stoikers ganz auf der Linie des sokratischen Ideals der Bewältigung von Affekten (ἀπάθεια) vollzieht. Tugend wiederum galt als das einzige Gut und zugleich als das, was Wohlergehen und Glück vollende (s. Art. ›Glück‹, ›Gut‹, ›Tugend‹).

Kleanthes von Assos (263–232 v. Chr.), Zenons Mitstreiter und späterer Nachfolger, hat wohl keine massiv abweichenden Meinungen vertreten und wird vergleichsweise wenig zitiert. Doch ist er als Verfasser einer *Hymne an Zeus* hervorgetreten, die bruchstückhaft erhalten ist und den Gedanken universaler Determination auch aus der gemüthaften Sicht kommentiert.

Chrysipp von Soloi (282–206 v. Chr.; vgl. Diogenes Laertius VII 179 ff.) galt schon im Altertum als der große Systematiker der Stoa. Er hat die Lehren seiner Vorgänger in einen klaren Verband gebracht, sie im Detail gegen Kritiken feindseliger Denker wie Arkesilaos (s. Art. ›Akademiker‹) wirkungsvoll verteidigt und damit später den Widerspruch des Karneades provoziert. Seine bedeutendste Leistung liegt vermutlich auf den Gebieten der Logik und Sprachphilosophie. Zwar wäre es wohl übertrieben, die Aussagenlogik gänzlich als seine Schöpfung anzusehen, doch gilt sie weitgehend als sein Werk.

Die sogenannte Mittlere Stoa ist generell durch dogmatische Aufweichungen früherer Positionen charakterisiert. Dies betrifft z. B. die oben erwähnte Vorstellung eines psychologischen Monismus, verbunden mit dem speziellen Intellektualismus Chrysipps. Diese Meinungen gab man auf. Man plädierte nicht nur für eine dichotomische Seelenbetrachtung, in der die Annahme irrationaler Quellen wieder Gewicht erlangte. Auch sonst näherte man sich wieder den Auffassungen anderer Schulen an. Im Falle des Panaitios war dies, im Bereich der Ethik, der Peripatos, im Falle des Poseidonios, im Bereich der Physik, die Philosophie Platons (im *Timaios*). Poseidonios gilt in der heutigen Forschung z. T. als jener Stoiker, der den Gedanken der universalen Sympathie der Dinge wenn nicht begründet, so doch maßgeblich artikuliert und gewichtet hat. Panaitios lässt sich vor dem Hintergrund seiner fragmentarisch erhaltenen Aussagen wohl am ehesten als Humanist ansehen, der die Belange und Bedürfnisse der Menschen ernst nimmt und im Lichte des vernünftigen Menschenverstandes zu beurteilen sucht. Poseidonios war im Ganzen wohl eher ein Gelehrter, der sich für Kultur und zivilisatorische Phänomene und deren Erklärung interessierte.

Die sogenannte Neuere Stoa, der auch Marc Aurel (121–180 n. Chr.) und der Ritter Musonius Rufus (1. Jh. n. Chr.) zugerechnet werden können, gestattet kein einheitliches Bild. Offenbar haben sich im Laufe der Jahrhunderte zahlreiche neue Perspektiven ergeben. Dazu gehört u. a. auch die veränderte Einschätzung der Ehe und das Bekenntnis zur ehelichen Liebe. Generell ist unübersehbar, dass sich eine Verengung auf moralische bzw. ethische Fragen abzeichnet. Dies passt auch zur Tatsache, dass Autoren wie Epiktet und Marc Aurel neben Plutarch und Diogenes Laertius zum Beginn der Renaissance vor allem zum Zwecke moralischer Erbauung gelesen wurden und als Ergänzung zur christlichen Unterweisung wirkten.

Subjekt

Das lateinische Wort *subiectum* ist die Übersetzung des griechischen ὑποκείμενον (›Zugrundeliegendes‹). Der Begriff des Zugrundeliegenden, bzw. des Subjekts, zeichnet sich schon bei Platon ab; systematische Bedeutung erhält er aber erst in den logischen und metaphysischen Schriften des Aristoteles. Bei Aristoteles hat das Wort im wesentlichen drei verschiedene Bedeutungen: Es bezeichnet a) das logische Subjekt einer Aussage, dasjenige, von dem etwas ausgesagt wird; b) den Träger von Eigenschaften und c) das materielle Substrat eines Gegenstandes. Aristoteles hat das Wort »Subjekt« nicht in dem Sinne verwendet, in dem wir heute den Begriff »Subjekt« dem Begriff »Objekt« gegenüberstellen, wenn wir vom »erkennenden Subjekt« sprechen und den »Gegenstand« seiner Erkenntnis als »Objekt« bezeichnen. Was wir »Objekt« nennen, wurde generell in der Antike und noch im Mittelalter als »Subjekt« bezeichnet. Obwohl die Unterscheidung zwischen dem Erkennenden (Subjekt) und dem Erkannten (Objekt) der Sache nach natürlich geläufig war, existierte kein den Begriffen »Subjekt«/»Objekt« analoges Begriffspaar. Die neuzeitliche Auffassung ist entsprechend verschieden von der des Altertums.

Der Unterschied der beiden Auffassungen lässt sich vielleicht folgendermaßen anschaulich machen. Die Annahme der Existenz von Objekten in der Welt setzt die Existenz mindestens eines Subjekts voraus, dessen »Gegenstände« als »Objekte« bezeichnet werden. In diesem Sinne könnte man sagen, dass das Subjekt im Verhältnis zum Objekt logisch das Primäre ist. Für Aristoteles ist das Subjekt ebenfalls das logisch Frühere; aber das Primäre ist in diesem Fall das, was wir neuzeitlich als »Objekt« bezeichnen. Der Gedanke der »Priorität« ist in mehrfacher Hinsicht kennzeichnend für den Subjektbegriff des Aristoteles. Er ist leitender Gesichtspunkt seiner Frage nach dem, was primär existiert, d. h. der Frage nach der οὐσία (›Substanz‹); er ist aber auch zentral für seine Theorie der Wahrnehmung (αἴσθησις). Das, was die Wahrnehmung bewirkt (τὸ ποιητικόν), nämlich z. B. das Sichtbare (τὸ ὁρατόν) oder Hörbare (τὸ ἀκουστόν), wirkt »von außen« bzw. befindet sich »außerhalb« (ἔξωθεν; vgl. *Über die Seele* II 5). Genauer gesagt setzt die Wahrnehmung ein von ihr verschiedenes Objekt voraus, das unabhängig von der Wahrnehmung existiert. Aristoteles begründet dies damit, dass man nicht argumentieren könne, die Existenz wahrnehmbarer Gegenstände hänge von ihrer Wahrnehmung ab. Er unterstellt diese Auffassung dem Sophisten PROTAGORAS, der die Behauptung aufgestellt hatte, der Mensch sei das »Maß aller Dinge, von den seienden, dass sie sind, und von den nichtseienden, dass sie nicht sind« (D. K. Frg. 80 B 1; s. Art. ›Relativität‹). Aristoteles argumentiert so: Es ist unmöglich, dass die Gegenstände bzw. Subjekte (τὰ ὑποκείμενα), welche die Wahrnehmung bewirken, nicht existieren, selbst wenn es keine Wahrnehmung gäbe; denn die Wahrnehmung ist nicht Wahrnehmung ihrer selbst (αὐτὴ ἑαυτῆς), sondern es gibt neben der Wahrnehmung etwas von ihr Verschiedenes, das notwendigerweise der Natur nach früher ist, so wie das Bewegende früher ist als das Bewegte (vgl. *Metaphysik* IV 5). Danach setzt also Wahrnehmung ein Subjekt voraus, das »der Natur nach früher« ist als die Wahrnehmung. Wenn wir heute das, was Aristoteles »Subjekt« nennt, als »Objekt« bezeichnen, ist der Gedanke der Priorität für unsere Verwendung des Begriffs »Objekt« keineswegs bestimmend.

Wir sprechen von »Objekten« auch dann, wenn es sich dabei nicht um »äußere« Gegenstände handelt, z. B. im Falle von nicht existierenden Dingen; solche »Gegenstände« sind aber nicht Subjekte im aristotelischen Sinne. Die Unterscheidung zwischen »Gegenstand« im weiten Sinn und »Subjekt« im aristotelischen Sinn wurde von den pyrrhonischen SKEPTIKERN systematisch ausgenutzt. Diese skeptische Schule unterscheidet zwischen dem »Erscheinenden« (τὸ φαινόμενον, »Phänomen«) und dem »äußeren Subjekt«, das der Erscheinung »zugrunde liegt« (τὸ ἐκτὸς ὑποκείμενον). SEXTUS EMPIRICUS erläutert die skeptische Position (s. Art. ›Skepsis‹) dahingehend, dass der Skeptiker in Frage stelle, ob das der Erscheinung »Zugrundeliegende« wirklich so beschaffen sei, wie es uns erscheine, ob z. B. der Honig, der uns süß erscheint, wirklich süß ist; das »Phänomen« hingegen, bzw. die Wahrnehmung der Süße, stelle er nicht in Frage (vgl. *Grundzüge der pyrrhonischen Skepsis* I 19–20). Für moderne Begriffe liegt in Sextus' Erklärung eine Einschränkung des skeptischen Zweifels in zweierlei Hinsicht: Erstens bezweifelt der Skeptiker nicht, dass der Honig als Gegenstand in der Außenwelt wirklich existiert; und zweitens bezweifelt er nicht, dass der Honig seine »Wahrnehmung süß affiziert« (αἰσθητικῶς γλυκάζειν). Die Einschätzung, dass der Zweifel der antiken Skeptiker der genannten Einschränkung unterworfen ist, drängt sich deshalb auf, weil die neuzeitliche Auffassung von Skepsis historisch auf Descartes' »systematischen« oder »hyperbolischen« Zweifel zurückgeht. Dieser bezieht sich nicht nur auf die Existenz von Gegenständen in der Außenwelt, sondern auch auf die subjektive Erfahrung: Wie kann ich wissen, dass meine Wahrnehmung süß affiziert wird, wenn es doch möglich ist, dass ich dies nur träume?

Unter dem Eindruck von Descartes' Philosophie, die das neuzeitliche Denken bezüglich des Verhältnisses von »Subjekt« und »Objekt« inaugurierte, könnte man die pyrrhonistische Position leicht dahingehend missverstehen, dass man meint, der Pyrrhoneer akzeptiere bestimmte Wahrheiten, die seine subjektive Erfahrung betreffen. Wenn nämlich Sextus die Phänomene als »fraglos« (ἀζήτητος) bezeichnet, könnte man dies als Anerkennung einer objektiven Wahrheit seitens des Skeptikers missdeuten: der Skeptiker legt sich darauf fest, dass es wahr ist, dass seine Wahrnehmung süß affiziert wird, d. h. dass er dies nicht nur träumt. Dies ist jedoch nach allem, was wir wissen, nicht der Fall. Die Wahrheit, um die es in Sextus' Darstellung geht, betrifft nicht die Frage, ob der Skeptiker tatsächlich oder nur vermeintlich süß affiziert werde, sondern die Frage, ob das Phänomen mit dem »äußeren Zugrundeliegenden« übereinstimme (συμφωνεῖ). Umgekehrt scheint die Ausdehnung dieses Wahrheitsbegriffs auf die subjektive Erfahrung zu erfordern, dass das wahrnehmende Subjekt selbst als Zugrundeliegendes betrachtet wird: Ich weiß, dass meine Wahrnehmung süß affiziert wird, weil ich selbst das Zugrundeliegende dieser Sinneserfahrung bin. So gesehen weist die neuzeitliche bzw. nach-kartesische Auffassung vom Subjekt auf den alten Gedanken des Zugrundeliegenden zurück.

Die antike Skepsis spielte also eine wichtige Rolle bei der Herausbildung des neuzeitlichen Subjekt-Begriffs. Kurz vor der Zeit Descartes' waren die Schriften des Sextus Empiricus ins Lateinische übertragen worden; und Descartes' Radikalisierung des skeptischen Zweifels führten ihn zur Einsicht in die Unbezweifelbarkeit der Existenz des erkennenden Subjekts und zur Unterscheidung der »denkenden Substanz« (*res cogitans*) von der »ausgedehnten Substanz«

(*res extensa*). Der Gegensatz zur antiken Auffassung wird deutlich, wenn man Descartes' dualistische Konzeption mit Aristoteles' Unterscheidung zwischen Form und Materie vergleicht: Nach Descartes lässt sich ein menschliches Wesen in eine geistige und eine körperliche Substanz analysieren, die im Prinzip voneinander getrennt existieren. Nach Aristoteles hingegen ist der Mensch ein Ganzes aus Form und Materie bzw. Seele und Körper. Materie und Form sind Prinzipien (ἀρχαί) der Substanz, nicht selbst Substanzen, denn die Form eines Menschen kann nicht ohne Materie existieren und die Materie nicht ohne eine Form (s. Art. ›Form‹, ›Materie‹, ›Substanz‹). Der Unterschied beider Positionen lässt sich aus der Verschiedenheit der Problemstellungen heraus erklären. Descartes' Problem war die grundsätzliche Bezweifelbarkeit aller Wahrheiten; mit dem Auffinden einer unbezweifelbaren Wahrheit, der eigenen Existenz, war es gelöst, denn daran lässt sich die Erkenntnis weiterer Wahrheiten knüpfen. Aristoteles' Problem aber war letztlich ein metaphysisches Paradox, das mit der These des Parmenides aufgegeben war, wonach die Entstehung (γένεσις) des Seienden (τὸ ἐόν) nicht denkbar sei (s. Art. ›Eleatik‹ (1)). Denn Seiendes entsteht entweder aus Seiendem: dann aber *ist* das Seiende schon, *entsteht* also nicht erst; oder es entsteht aus Nichtseiendem: dann aber müsste das Nichtseiende schon *sein*, was undenkbar ist. Die Lösung dieses Problems, die Aristoteles im 1. Buch der *Physik* entwickelt, ist in der These gegeben, dass alles, was entsteht, »aus dem Zugrundeliegenden und der Form« (ἔκ τε τοῦ ὑποκειμένου καὶ τῆς μορφῆς) entsteht (I 7). Genauer gesagt besteht sie darin, dass Aristoteles das Nichtseiende nicht wie Parmenides als schlechthin nichtseiend auffasst, sondern als »der Möglichkeit (δύναμις) nach« seiend. Demgemäß unterscheidet er zwischen dem Entstehenden oder Werdenden (τὸ γιγνόμενον) und dem, wozu das Werdende wird, bzw. dem, was ein Gegenstand »der Wirklichkeit (ἐνέργεια) nach« ist.

Das »Werdende« ist das Subjekt (ὑποκείμενον) des Entstehungsprozesses. Es verhält sich zu dem, wozu es wird, wie die Materie zur Form. Der Ausdruck »Materie« bezeichnet dabei nicht eine isolierbare Entität dieses Namens, sondern das, was eine Form aufnehmen kann; in diesem Sinn wurde das Subjekt später auch als »Substrat« des Prozesses bezeichnet. Der Begriff des Subjekts bzw. Substrats macht die von Parmenides ausgeschlossene Entstehung des Seienden insofern denkbar, als diese als Veränderung eines Zugrundeliegenden erklärbar wird. Das Zugrundeliegende verändert sich, indem es eine neue Form annimmt: Wenn z. B. aus einem musisch ungebildeten Menschen ein musisch gebildeter Mensch wird, hat sich der Mensch verändert, aber er ist immer noch Mensch. Der Mensch verhält sich zum musisch gebildeten Menschen wie Möglichkeit (oder Potentialität) zu Wirklichkeit (oder Aktualität) bzw. wie Materie zu Form (s. Art. ›Sein‹). Das Subjekt ist aber in diesem Zusammenhang selbst ein Ganzes aus Materie und Form, das Aristoteles auch »Substanz« (οὐσία) nennt (vgl. *Metaphysik* VII 3; s. Art. ›Substanz‹). Nur Substanzen können Subjekte eines Veränderungsprozesses sein, nicht-substantielle Bestimmungen wie »musisch gebildet« hingegen nicht; denn solche Bestimmungen bezeichnen nicht das Bleibende im Prozess, sondern das, was wechselt.

In Anwendung auf das Subjekt eines Veränderungsprozesses bezeichnet der Begriff »Materie« dessen Veränderbarkeit bzw. Potentialität. Materie (ὕλη) ist in einem anderen Sinne Subjekt, wenn sie als konstitutiver Teil des Ganzen aus Form und Materie thematisiert wird. In diesem Sinne ist die Materie das »letzte Subjekt« oder der Träger von Bestimmungen, der als solcher über keinerlei Bestimmungen verfügt, die unter eine der zehn Kategorien (s. Art. ›Kategorie‹) fallen; diese bestimmen das Seiende in dem, was es ist, nämlich eine Substanz, ein Quantitatives, Qualitatives usw. Im Hinblick auf Descartes' Begriff der »ausgedehnten Substanz« liegt für das neuzeitliche Denken die

Annahme nahe, dass die Materie zumindest in quantitativer Hinsicht nicht bestimmungslos ist; dass Aristoteles dies anders sieht, geht aus *Metaphysik* VII 3 hervor (s. Art. ›Materie‹). Eine quantitative Bestimmtheit kann von einem Gegenstand nur ausgesagt werden, insofern er als etwas identifizierbar ist, das diese Bestimmtheit hat, d. h. als Substanz. Denkt man sich bei einem materiellen Körper sämtliche Bestimmungen weg, bleibt nichts Bestimmtes übrig. Dieses Unbestimmte versteht Aristoteles unter der Materie als dem Zugrundeliegenden der substantiellen Form (s. Art. ›Substanz‹), die ihrerseits einen Gegenstand zu dem macht, was er ist, z. B. ein Stein. Eigenschaften, einschließlich Ausdehnung, hätte nach Aristoteles die Materie nur mit Bezug auf eine substantielle Form; dann aber wäre diese ›Materie‹ z. B. Holz oder Stein, also ein substantielles Ding.

Substanz

Mit dem lateinischen Wort *substantia* übersetzte Boethius in seinem Kommentar zur *Kategorienschrift* des Aristoteles das griechische Wort οὐσία, das im normalen Sprachgebrauch etwa so viel wie ›Hab und Gut‹ bedeutete. Οὐσία ist eine Substantivbildung von εἶναι (›sein‹); *substantia* jedoch ist das Substantiv zum Verb *substare* (›darunter stehen‹) und hat eine genaue Entsprechung im griechischen ὑπόστασις. In der Schrift *Contra Eutychen et Nestorium* übersetzt Boethius denn auch dieses Wort mit *substantia*, während er für οὐσία das Wort *essentia* verwendet. Die Begriffe »Essenz« und »Substanz« werden in diesem Traktat im Hinblick auf das Problem der Trinität unterschieden: Bei den drei göttlichen Personen handelt es sich um drei »Substanzen«, während die dreieinige Gottheit als ein einziger Gott bzw. eine einzige »Essenz« aufgefasst wird. Boethius' Erläuterungen dieser Unterscheidung lassen sich etwa folgendermaßen wiedergeben: Nur Substanzen, d. h. Individuen, existieren real, während Essenzen bloß »subsistieren«; z. B. existiert die Spezies Mensch real nur in Gestalt individueller Menschen. Die Spezies Mensch existiert nicht real als Individuum, weil ihr keine Eigenschaften (»Akzidenzien«) zukommen, durch die sich Individuen einer Art voneinander unterscheiden. Individuen dagegen sind Träger solcher Eigenschaften, d. h. »Substanzen« im wörtlichen Sinn (s. Art. ›Individuum‹). »Substanz« ist also das, was »darunter steht« (*substat*, nämlich »unter« den Akzidenzien), das konkrete Individuum. Das Wort konnotiert somit reale Existenz, im Gegensatz zu »Subsistenz«; als »Subsistenz« scheint Boethius das zu bezeichnen, was reale Existenz bzw. Substanz erwirbt (*substantiam capit*), also das, was er auch als »Essenz« bezeichnet.

Das Wort *essentia* ist eine Substantivbildung zu *esse* (›sein‹) und entspricht von der Wortbildung her dem griechischen οὐσία. Es wird im Deutschen vielfach mit ›Wesen‹ übersetzt, z. B. wenn vom »Wesen einer Sache« die Rede ist. Boethius scheint jedoch im erwähnten Traktat mit dem Gebrauch des Wortes »Essenz« an die Grundbedeutung »sein« anzuknüpfen; so spricht er von der »Essenz« des Menschen im Hinblick auf dessen »Sein«, d. h. im Hinblick darauf, dass Menschen existieren. Insofern Menschen existieren, hat ›der Mensch‹ ein Sein im Allgemeinen; »Sein im Allgemeinen« ist jedoch nicht reale Existenz (*substantia*). Denn reale Existenz ist an ein »Subjekt« (*subiectum* ›Zugrundegelegtes‹) gebunden, und dieses ist »Substanz« im wörtlichen Sinn. Deshalb übersetzt Boethius im Kommentar zu den *Kategorien* das Wort οὐσία nicht mit ›Essenz‹, sondern mit ›Substanz‹. Denn in dieser Schrift ist für Aristoteles das »Zugrundeliegen« (ὑποκεῖσθαι) ein Merkmal desjenigen Seienden, das er als οὐσία bezeichnet; alles übrige Seiende, d. h. alles, was ist, mit Ausnahme der οὐσία, ist nur, insofern es in einer Beziehung zum »Zugrundeliegenden« (ὑποκείμενον) steht (s. Art. ›Kategorie‹). Boethius' Substanz-Begriff ist also offensichtlich von Aristoteles beeinflusst; aber er deckt sich nicht mit dem aristotelischen Ousia-Begriff. Denn die Klasse derjenigen Dinge, die Aristoteles in der *Kategorienschrift* als οὐσίαι, bzw. »Substanzen«, bezeichnet, umfasst auch Dinge, die Boethius in der Schrift *Contra Eutychen et Nestorium* nicht als Substanzen bezeichnet, nämlich Arten und Gattungen von Substanzen. Aristoteles nennt diese »zweite Substanzen«, die Individuen dagegen, deren Arten und Gattungen sie sind, »erste Substanzen«. Diese Unterscheidung ist so zu verstehen, dass die konkreten Einzeldinge (Menschen, Tiere, Bäume usw.) das primär Seiende sind (s. Art. ›Sein‹), während ihre Arten und Gattungen insofern sekundär Seiendes sind, als deren Sein vom Sein der unter sie fallenden Individuen abhängt. Nach der Auffassung des Boethius dagegen ist es keineswegs so, dass etwa die Essenz des Menschen von der Existenz konkreter Individuen oder »Substanzen« abhängig wäre. Der Begriff der Essenz steht bei ihm vielmehr für das, was die Existenz individueller Substanzen fundiert. Dies kommt in der Bezeichnung des dreieinigen Gottes als »Essenz« zum Ausdruck: »Gott ist [...] Essenz, denn er ist und es ist am meisten er selbst, von dem das Sein aller Dinge ausgeht.«

Der ursprüngliche Begriff der Substanz, wie er von Boethius erklärt wird, entspricht also nicht dem aristotelischen Begriff der οὐσία, denn *substantia* bezeichnet nicht wie οὐσία das ontologisch Primäre. Aristoteles' Auffassung in der *Kategorienschrift* ist tendenziell antiplatonisch, indem er dem Allgemeinen, den Arten und Gattungen, nur ein sekundäres Sein zuerkennt. Boethius dagegen steht in der Tradition des Neuplatonismus, der dem Allgemeinen gegenüber dem Einzelnen, Individuellen ontologischen Vorrang einräumt. Seine Unterscheidung zwischen *essentia* und *substantia* weist wohl auch auf Plotins Unterscheidung zwischen »intelligibler« oder »denkbarer ›Substanz‹« (νοητὴ οὐσία) und »wahrnehmbarer ›Substanz‹« (αἰσθητὴ οὐσία) zurück, wobei die erstere »der Natur nach früher«,

d. h. ontologisch primär, ist (vgl. *Enneaden* VI 1 [42]). Plotins Auffassung kommt im Kommentar seines Schülers Porphyrios zur aristotelischen *Kategorienschrift* zur Geltung, die Boethius ins Lateinische übertragen hat. Porphyrios erklärt nämlich Aristoteles' Unterscheidung zwischen ersten und zweiten Substanzen dahingehend, dass es sich bei den »ersten Substanzen« nur in dem Sinne um primär Seiendes handle, als sich Aristoteles' Einteilung des Seienden in substantiell Seiendes und nicht-substantiell Seiendes nur auf sinnlich erfahrbare Gegenstände beziehe, nicht aber auf »intelligible« Gegenstände (νοητά). Konkrete Individuen, bzw. die »wahrnehmbaren Substanzen«, sind »für uns« das primär Seiende, weil wir die Welt mit unseren Sinnen erfahren und uns über diese Welt verständigen müssen; sie sind aber nicht »der Natur nach« das primär Seiende. Porphyrios' Interpretation steht im Einklang mit der Betrachtungsweise Plotins, nach der den wahrnehmbaren Substanzen die Bezeichnung »Substanz« eigentlich gar nicht zukommt. Obwohl aber Aristoteles später in der *Metaphysik* den Substanzbegriff der *Kategorien* revidiert und nicht mehr das konkrete Individuum als solches für das primär Seiende hält, ist seine Theorie hier noch deutlicher antiplatonisch ausgerichtet als in der früheren Schrift.

Der Begriff von οὐσία (im Folgenden mit ›Substanz‹ übersetzt), von dem Aristoteles in der *Metaphysik* (VII 3) ausgeht, ist der folgende: Substanz ist »das Zugrundeliegende« (τὸ ὑποκείμενον; s. Art. ›Subjekt‹), »von dem alles andere ausgesagt wird, es selbst aber nicht mehr von einem anderen«. Unter diese Bestimmung fallen diejenigen Dinge, die Aristoteles in der *Kategorienschrift* »erste Substanzen« nennt. Individuelle Dinge – ein bestimmter Mensch (ὁ τὶς ἄνθρωπος), ein bestimmtes Pferd usw. – werden nicht »von einem Zugrundeliegenden« ausgesagt; umgekehrt ist das von diesen Dingen als dem Zugrundeliegenden Ausgesagte – »Mensch«, »Pferd«, »Lebewesen« – nichts Individuelles, sondern Allgemeines (s. Art. ›Allgemeines‹). Im begrifflichen Rahmen der *Kategorienschrift* gilt jedoch die erwähnte Bestimmung nicht für alle Substanzen; denn Arten und Gattungen erster Substanzen werden von diesen als dem Zugrundeliegenden ausgesagt. Arten und Gattungen erster Substanzen nennt Aristoteles »zweite Substanzen«. Sie sind *zweite* Substanzen, weil ihre Existenz von der Existenz der Individuen abhängt, deren Arten und Gattungen sie sind. Sie sind zweite *Substanzen*, weil nach Aristoteles alles, was von einem konkreten Individuum aussagbar ist, auch von seiner Art und Gattung aussagbar ist. Wenn man z. B. von Sokrates aussagt, er sei der Grammatik fähig, sagt man dies auch vom Menschen (der Art) und vom Lebewesen (der Gattung) aus, denn Sokrates ist ein Mensch und ein Mensch ist ein Lebewesen. Allen Substanzen gemeinsam ist hingegen eine andere Bestimmung, dass sie nämlich »nicht in einem Zugrundeliegenden« sind. Der einzelne Mensch ist nicht in einem Zugrundeliegenden, sondern ist selbst Zugrundeliegendes. In einem Zugrundeliegenden sind Dinge, die Aristoteles später »Akzidenzien« nennt, d. h. Eigenschaften, die einem Gegenstand nicht notwendig zukommen; weiße Farbe z. B. ist in einem konkreten Körper als dem Zugrundeliegenden, da Farbe nur an Körpern vorkommt (s. Art. ›Eigenschaft‹, ›Kategorie‹). Aber auch zweite Substanzen sind nicht in einem Zugrundeliegenden; denn anderenfalls würde z. B. die Existenz der Art Mensch von der Existenz eines einzelnen Individuums abhängen.

Von den beiden genannten Bestimmungen ist die erste die stärkere, denn sie trifft nur auf die ersten Substanzen zu; sie sind das primär Seiende, insofern alle anderen Arten des Seienden, die in den *Kategorien* unterschieden werden, also Quantitatives, Qualitatives usw., vom Sein der Dinge von der Art der ersten Substanzen abhängen. Diese Bestimmung erweist sich aber als unzureichend. Denn wenn man unter dem »Zugrundeliegenden« das konkrete Individuum versteht, von dem alles andere ausgesagt wird, das aber seinerseits nicht von etwas anderem ausgesagt wird, stellt sich die

Frage, worauf sich der Ausdruck »Zugrundeliegendes« denn bezieht, wenn man sagt, alles Nichtsubstantielle sei »in einem Zugrundeliegenden«. Die Begrifflichkeit der *Kategorienschrift* erlaubt keine Antwort auf diese Frage, was denn das ›Substantielle‹ an den ersten Substanzen sei. Selbst wenn man also, wie Aristoteles dies in der *Metaphysik* tut, die stärkere Bestimmung von »Substanz« zum Ausgangspunkt der Untersuchung nimmt, ist ein neuer Ansatz notwendig.

In *Metaphysik* V 8 unterscheidet Aristoteles im Wesentlichen zwei Verwendungsweisen des Wortes »Substanz«: einerseits nenne man körperliche Dinge »Substanzen«, weil sie nicht von einem Zugrundeliegenden ausgesagt werden, sondern alles andere von diesen; andererseits bezeichne man auch das als »Substanz«, was für diese Dinge, die Aristoteles auch »wahrnehmbare Substanzen« nennt, »Ursache ihres Seins« (αἴτιον τοῦ εἶναι) sei, so wie die Seele Ursache des Seins der Lebewesen sei. Unter »Substanz« in dieser zweiten Bedeutung versteht er die »Gestalt« (μορφή) und die »Form« (εἶδος) der wahrnehmbaren Substanzen (s. Art. ›Form‹), auf die er seine Untersuchungen in den Büchern VII–IX der *Metaphysik* bezieht. Die Form oder Gestalt der Dinge nennt Aristoteles »ein Dieses« (τόδε τι) und »abtrennbar« (χωριστόν). Der Begriff der Form gestattet nun eine Differenzierung des Begriffs der Substanz als dem Zugrundeliegenden (vgl. *Metaphysik* VII 3). Denn unter »Zugrundeliegendem« kann man a) die Materie (ὕλη; s. Art. ›Materie‹) eines Dinges, b) seine Form und c) das »Konkrete« oder »Ganze« (σύνολον) aus Materie und Form verstehen. Aristoteles veranschaulicht diese Begriffe am Beispiel einer Statue, die das Ganze aus Materie und Form repräsentiert: die Materie ist die Bronze, aus der die Statue gemacht ist, die Form z. B. die Gestalt des Gottes Hermes. Materie, Form und das Konkrete sind Substanz im weiten Sinn des Wortes. Im engeren Sinn kann jedoch die Materie nicht Substanz sein; denn die Materie ist für sich genommen ohne jede Bestimmtheit und tritt nur als so und so geformt überhaupt in Erscheinung. Materie kann nicht losgelöst von jeglicher Form, d. h. ohne Beziehung auf etwas anderes als sie selbst, als ein Etwas betrachtet werden und ist insofern nicht »ein Dieses« und nicht »abtrennbar«. Auf die Form hingegen trifft beides zu. Die Form wird im Vergleich zur Materie »früher und mehr seiend« genannt, denn durch sie wird aus der Materie ein bestimmtes »Ganzes«. Insofern ist die Form auch gegenüber dem Konkreten das Primäre.

Im Unterschied zur Materie ist die Form ein Etwas, aber als konstituierender Teil des Ganzen oder Konkreten ist sie selbst nicht konkret; trotzdem wird sie als τόδε τι bezeichnet. Aristoteles braucht das Pronomen τόδε (›dieses hier‹) sehr häufig in festen Wendungen wie z. B. »dieser Mensch«, »diese Kugeln«, und er meint damit nicht irgendeinen bestimmten Menschen oder irgendwelche bestimmten Kugeln, sondern den Menschen aus Fleisch und Blut im Gegensatz zum Menschen an sich, Kugeln (z. B. aus Erz) im Gegensatz zur Kugel an sich usw. Anders als für die Platoniker hat für Aristoteles »der Mensch« oder »die Kugel« kein substantielles Sein »neben« den einzelnen Menschen oder Kugeln (vgl. *Metaphysik* VII 8). Aber auch er betrachtet die Form als das ontologisch Primäre. Zwar kann die Form der Kugel oder die Form einer Substanz, z. B. eines Lebewesens, nicht ohne Materie existieren, doch ist sie das grundlegende Element des »Ganzen«; denn es ist die Form, die einen Gegenstand als diesen oder jenen erkennbar macht. Sie ist das, worauf man sich bezieht, wenn man z. B. von Menschen spricht oder von Kugeln. Sie ist für einen Gegenstand »Ursache des Seins« und wird auch als »Wirklichkeit« bzw. »Aktualität« (ἐνέργεια) bezeichnet, d. h. als das, was die Materie »der Möglichkeit (δύναμις) nach« ist. Da die Form das ist, was ein Gegenstand seinem Wesen nach ist, bezeichnet sie Aristoteles als τόδε τι.

Der ontologische Vorrang der Form zeigt sich darin, dass das Ganze aus Materie und Form entsteht und vergeht, während die Form und ebenso die Materie weder entsteht noch vergeht (vgl. *Metaphysik* VII 8, VIII 1). Alle wahrnehmbaren Gegenstände haben Materie. Die Materie liegt der Form zugrunde, die Form ist Strukturprinzip des Ganzen. Dass sie als solches nicht entsteht und vergeht, lässt sich am Beispiel der Herstellung einer Statue anschaulich machen. Wie alle wahrnehmbaren Gegenstände hat auch die »Materie« einer Hermesstatue (z. B. Bronze) eine bestimmte Struktur oder Form, die der Bildhauer als Material verwendet, indem er es zur Statue formt. Das Hergestellte ist die Statue, nicht die Materie und nicht die Form. Das im Prozess der Herstellung Entstehende ist zu jedem Zeitpunkt ein Ganzes aus Materie und Form. Die Form oder Gestalt z. B. des Gottes Hermes entsteht nicht schlechthin, d. h. der Künstler stellt sie allenfalls insofern her, als das Hergestellte diese bestimmte Gestalt hat. In diesem Sinne ist die Form nicht dem Prozess des Entstehens und Vergehens unterworfen. So gewinnt Aristoteles aus der Analyse der Herstellung von Kunstprodukten den Begriff der Form für die Analyse »natürlicher« Dinge, d. h. in diesem Fall materieller Substanzen.

Unter »Substanz« als dem ontologisch Primären versteht Aristoteles in der *Metaphysik* die Form einer wahrnehmbaren, d. h. materiellen Substanz. Der Ausdruck »Form« bezeichnet aber nicht einfach die Erscheinungsform eines konkreten Individuums, sondern dessen »substantielle« Form. Wenn man z. B. mit Bezug auf ein konkretes Individuum sagt »X ist ein Mensch«, so entspricht dem Prädikat »Mensch« eine substantielle Form. Sagt man hingegen »X ist ein weißer Mensch«, so kann dem Prädikat »weißer Mensch« deshalb keine substantielle Form entsprechen, weil sonst weiße Menschen von Menschen verschiedene Dinge wären, ebenso wie Menschen, Pferde und Bäume verschiedene Dinge sind. Mit anderen Worten: nur Substanz-Prädikaten entspricht eine substantielle Form, den Prädikaten der übrigen Kategorien jedoch nicht. Aristoteles verwendet in diesem Zusammenhang häufig auch die Formulierung τὸ τὶ ἦν εἶναι (wörtlich vielleicht: ›das Was-war-sein‹, oft in Verbindung mit einer Dativform, z. B. »für den Menschen«), wobei die substantivierte Frage das Erfragte selbst bezeichnet. Die Interpretation dieser Formel ist umstritten. Offenbar bezieht sich das Wort »sein« (εἶναι) auf die substantielle Form, sodass man das »Was-war-sein-für-dieses«, z. B. für den Menschen, als dasjenige Sein zu verstehen hätte, das einem Menschen zukommt, insofern er ein Mensch ist, und nicht, insofern er z. B. weiß oder groß ist. Die substantielle Form ist für Aristoteles das, was ein konkretes Individuum letztlich ist, sie ist das primär Seiende oder die Substanz (vgl. *Metaphysik* VII 4–6).

Aristoteles drückt diese Auffassung auch so aus: »Ein jegliches Ding scheint nichts anderes zu sein als seine Substanz« (VII 6). Umgekehrt ist »die Substanz eines jeglichen Dinges etwas, das ihm eigentümlich ist und nicht auch irgendetwas anderem zukommt« (VII 13); das Allgemeine aber ist mehreren Dingen gemeinsam, kann also nicht Substanz sein. Damit widerspricht Aristoteles seiner Auffassung in der *Kategorienschrift*, wonach Arten und Gattungen erster Substanzen ebenfalls Substanzen sind; und er scheint nun in der *Metaphysik* die Meinung zu vertreten, dass die substantielle Form etwas Individuelles ist. Dies würde bedeuten, dass zwei konkrete Individuen, Sokrates und Kallias, sich aufgrund ihrer Form unterscheiden. In *Metaphysik* VII 8 heißt es jedoch, dass Sokrates und Kallias »durch die Materie« (διὰ τὴν ὕλην) verschieden sind, »der Form nach« (τῷ εἴδει) aber dasselbe, insofern nämlich beide Menschen sind. Diese Stelle wurde in der Tradition vielfach so verstanden, dass die Form (z. B. des Menschen) als etwas Allgemeines durch die Materie individuiert (s. Art. ›Individuum‹) wird, d. h. dadurch, dass sich die Form »in diesem Fleisch und in diesen Knochen« realisiert. Aristoteles sagt aber, dass allgemeine Termini wie »Mensch« nicht τόδε τι (›ein Dieses‹) bezeichnen, sondern τοιόνδε (›ein solches‹), und er versteht die substantielle Form als τόδε τι; deshalb kann er im Unterschied zu den Platonikern das Allgemeine auch nicht als Substanz betrachten. »Mensch« bezeichnet insofern »ein solches«, als die Menschen als zur Spezies Mensch gehörige Individuen von einer bestimmten Beschaffenheit sind, wie der Hinweis auf Fleisch und Knochen deutlich macht. Von daher wird auch der Begriff des Konkreten oder »Ganzen« aus Form und Materie erklärbar und damit die Bezeichnung der substantiellen Form als τόδε τι. Und es wird verständlich, dass Aristoteles vor dem Hintergrund seiner Auseinandersetzung mit den Platonikern bezüglich des Status des Allgemeinen kaum sagen konnte, dass sich Kallias und Sokrates »durch die Form« unterscheiden. Denn die substantielle Form des Kallias und des Sokrates ist zwar etwas je Verschiedenes, aber das aus Form und Materie bestehende jeweilige Ganze ist kraft der Form auch von einer bestimmten Beschaffenheit; d. h. die substantielle Form (εἶδος) des Sokrates ist zwar diesem eigentümlich und kommt als konstitutiver Teil des »Ganzen« dem Kallias nicht zu, beide Individuen sind aber »der Form nach« dasselbe, nämlich Mensch.

Betrachtet man nun Aristoteles' Substanzbegriff der *Metaphysik* im Hinblick auf Boethius' Unterscheidung zwischen *essentia* und *substantia*, so könnte man sagen, dass Aristoteles' Begriff der substantiellen Form keinem der beiden von Boethius' unterschiedenen Begriffen entspricht. Die substantielle Form ist nicht *substantia*, da sie Ursache des Seins des Individuums ist, was bei Boethius der *essentia* zukommt. Sie ist aber auch nicht *essentia,* da sie dem Individuum eigentümlich ist, während die *essentia* dem Allgemeinen entspricht, das in der *Metaphysik* nicht mehr als οὐσία angesehen werden kann.

Tugend

Das Wort »Tugend«, mit dem üblicherweise das griechische ἀρετή und das lateinische *virtus* übersetzt werden, bezeichnet im heutigen Sprachgebrauch vor allem lobenswerte Charaktereigenschaften von Menschen, z. B. die Tugend der Toleranz usw. Demgegenüber ist der antike Begriff der Tugend umfassender, denn die Zuschreibung von ἀρετή ist nicht auf Personen beschränkt: so besteht die Tugend eines Messers darin, gut zu schneiden, die Tugend der Füße darin, schnell zu laufen. Nach antikem Verständnis ist Tugend eine der Natur eines Gegenstandes gemäße Vollkommenheit oder eine Art von Qualität, deren Realisierung einen Gegenstand zu dem macht, was er seiner Natur nach sein kann. So nannte z. B. PLATON in der *Politeia* Gerechtigkeit die Tugend der Seele. Da aber nach Platon die Seele Teile hat (s. Art. ›Seele‹), nämlich einen »begehrenden« (ἐπιθυμητικόν), einen »muthaften« (θυμοειδές) und als besten Teil einen »vernünftigen« (λογιστικόν), die alle ihre spezifischen Funktionen erfüllen, rechnete er mit einer Mehrzahl von Tugenden, deren Leistung letztlich darin besteht, die Eintracht der Seelenteile und damit die Einheit der Seele zu gewährleisten. Diese Tugenden – die später so genannten Kardinaltugenden – sind nach Platon Klugheit bzw. Weisheit (φρόνησις, σοφία), Gerechtigkeit (δικαιοσύνη), Tapferkeit (ἀνδρεία) und Besonnenheit (σωφροσύνη).

Die Rede von der Tugend der Seele einerseits und den spezifischen Tugenden andererseits scheint darauf hinzuweisen, dass bestimmte Tugenden, z. B. Gerechtigkeit, stärker gewichtet werden als andere; damit stellt sich die Frage, in welcher Beziehung die Tugenden zueinander stehen. Die STOIKER beantworteten diese Frage später mit der Behauptung der Einheit der Tugenden, wonach Tugend in dem Sinne unteilbar ist, als nur derjenige wirklich über eine Tugend verfügt, der auch über alle anderen verfügt. Dies bedeutet, dass nur der »Weise« (σοφός) Tugend hat und insofern »gut« (ἀγαθός) ist, während die »Nichtweisen« (φαῦλοι) – d. h. die allermeisten Menschen – »schlecht« (κακοί) sind und insofern auch keine Tugenden haben. Dabei wurde Tugend (ἀρετή) mit Wissen (ἐπιστήμη) gleichgesetzt, Schlechtigkeit (κακία) mit Nichtwissen (ἄγνοια).

Die Identifikation von Tugend mit Wissen hat ihren Ursprung im sokratischen und platonischen Philosophieren. In der Zeit vor Sokrates und Platon vertrat der Elegiendichter Theognis von Megara (6. Jh. v. Chr.) die Meinung, Tugend sei nicht lehrbar, sondern nur durch Gewöhnung zu erlangen, d. h. durch Umgang mit denjenigen, die sie haben, nämlich den »Edlen« (ἐσθλοί). Danach wäre Tugend eine nicht näher definierbare Qualität. Der Tugendhafte hat zwar bestimmte Eigenschaften, die ihn zum Edlen machen und damit seine Tugend betreffen; man kann diese benennen, z. B. Zuverlässigkeit, Standhaftigkeit, Mäßigkeit, benennt damit aber nicht das, was seine Tugend ausmacht. Auf der anderen Seite sagte Theognis aber auch, Tugend bestehe in Gerechtigkeit. Damit scheint er jedoch der Behauptung zu widersprechen, Tugend sei nicht lehrbar; denn wenn man weiß, was Tugend ist, dann scheint sie auch lehrbar zu sein. Sokrates und Platon – z. B. im Dialog *Menon* – sind noch weiter gegangen und haben argumentiert, dass Tugend, insofern sie lehrbar ist, Wissen sei.

Die Frage, was Tugend sei, ist die zentrale Frage, mit der sich Platon in seinen frühen und mittleren Dialogen beschäftigte, so z. B. im *Laches*, *Protagoras*, *Euthyphron* und in der *Politeia*. Dass diese Frage zu einem philosophischen Anliegen besonderer Art wurde, hängt damit zusammen, dass sich die Philosophie der Problematik des menschlichen Lebens annahm und Tugend im Sinne einer »Kunst« (τέχνη) als Ermöglichung des guten oder richtigen Lebens verstanden wurde. Platons Insistieren auf der Frage nach der Tugend wird im Allgemeinen auf den Einfluss und das Wirken seines Lehrers Sokrates zurückgeführt, der auch in gewissem Sinne als Inaugurator der philosophischen Ethik angesehen wird. Sokrates' Auffassungen bezüglich der Tugend und des guten Lebens fanden u. a. in dem Grundsatz Ausdruck, dass es besser sei, Unrecht zu erleiden als Unrecht zu tun, weil Unrechttun die eigene Seele und damit die Tugend schädige. Dass Sokrates Platons Darstellung zufolge dieser Maxime nachlebte, geht daraus hervor, dass er sein Todesurteil bereitwillig annahm, obwohl ihm dadurch Unrecht zugefügt wurde; denn Flucht aus dem Gefängnis erschien ihm als Unrecht seinerseits. Platons eindrückliche Schilderung vom Tode des Sokrates (399 v. Chr.) im *Phaidon* und im *Kriton* macht vielleicht auch verständlich, dass die Auffassung, nur der Tugendhafte führe ein gutes Leben, in späterer Zeit zur These radikalisiert werden konnte, dass Tugend nicht nur das gute Leben ermöglicht, sondern der Besitz der Tugend allein das gute Leben oder das Glück (εὐδαιμονία) garantiert (s. Art. ›Glück‹, ›Gut‹). Diese These ist speziell in der stoischen Ethik verankert (s. Art. ›Stoa‹), nach der die Tugend das einzige »Gut« ist, das im Leben wirklich zählt, während »äußere« Güter wie Reichtum, Gesundheit, ja selbst das eigene Leben im Hinblick auf das tugendhafte Leben als »indifferent« gelten. Dieser paradox anmutende Gedanke wurde von Cicero in den *Tusculanae disputationes* und in den Büchern II und IV der Abhandlung *De finibus bonorum et malorum* pro und contra diskutiert; historisch gesehen ist er zurückführbar auf das sokratische Verständnis von Tugend als Wissen.

Eine Konsequenz von Sokrates' Überzeugung, Tugend sei Wissen, ist die paradox scheinende Behauptung, dass, wer das Gute kennt, entsprechend handelt. Wer z. B. weiß, was gerecht ist, handelt gerecht, und wer ungerecht handelt, tut dies aus Unwissen. Diese Auffassung hat eine Parallele in der stoischen Theorie bezüglich moralischen Fehlverhaltens, dergemäß moralisch schlechte Handlungen auf Fehlurteilen bzw. falschen Meinungen beruhen (s. Art. ›Stoa‹). Das von Platon aufgenommene und besonders im *Protagoras* diskutierte sogenannte »intellektualistische« Tugendverständnis des Sokrates wurde von ARISTOTELES in seinen ethischen Schriften scharf kritisiert. Im 7. Buch der *Nikomachischen Ethik* stellte er fest, dass Sokrates' Meinung, moralisches Fehlverhalten beruhe auf Unwissenheit, durch das Phänomen der »Willensschwäche« (ἀκρασία) widerlegt werde. Damit ist gesagt, dass jemand sehr wohl wider besseres Wissen moralisch schlecht handeln kann; die Tragödien des Euripides lieferten Beispiele dafür, etwa in der Figur der Medea. Obwohl sich die Analyse des Phänomens der Willensschwäche als schwierig und komplex erwiesen hat und auch für moderne Autoren ein vorrangiges handlungstheoretisches bzw. moralphilosophisches Problem darstellt, scheinen wir es gemeinhin als Tatsache zu betrachten, dass man in vielen Fällen wider besseres Wissen handelt; deshalb ist es auch nicht leicht zu verstehen, weshalb Platon im *Protagoras* die Handlung des »Willensschwachen« nicht als Handlung »wider besseres Wissen« verstanden wissen will, sondern als Handlung aus Unwissenheit.

Wenn jemand »wider besseres Wissen« handelt, könnte man seine Handlung in folgendem Sinn als irrational bezeichnen: Angenommen, jemand hat Lust zu rauchen und es bietet sich ihm eine Gelegenheit dazu; er beschließt, nicht zu rauchen, weil er weiß oder glaubt, dass Rauchen der Gesundheit schadet; trotzdem raucht er, entgegen seinem Vorsatz. Er hat einen Grund, zu rauchen, nämlich seine Lust; ebenso hat er einen Grund, nicht zu rauchen, nämlich sein Wissen oder seine Meinung. Weil er sich aber entschlossen hat, nicht zu rauchen, hat er nicht die Wahl, zu rauchen oder nicht zu rauchen; insofern hat er für sein Handeln auch keinen Grund, handelt also irrational. Wenn man nun mit Platon die Auffassung teilte, dass diese irrationale Handlung mit Bezug auf einen bestimmten Zustand der Seele zu erklären wäre, dann könnte man sagen, dass sie die Handlung von jemandem ist, dessen Seele nicht in der richtigen Weise geordnet ist. Wessen Seele in der richtigen Weise geordnet ist, handelt auch entsprechend. Was die Seele in die richtige Ordnung bringt, ist Wissen (ἐπιστήμη), irrationale Handlungen dagegen lassen auf Unordnung und damit Unwissenheit schließen.

Im 4. Buch der *Politeia* unterscheidet Platon zwischen der »inneren Handlung« des »Ordnens« der Seele, die darin besteht, die Seele bzw. ihre Teile in eine harmonische Einheit zu bringen, von äußeren Handlungen, z. B. Akten der Gerechtigkeit. Äußere Handlungen sind gerecht in dem Maße, als sie die Harmonie der Seele bewahren oder fördern; Unrechttun dagegen schädigt die Einheit oder Tugend der Seele. Platon beantwortet damit die Frage, was Tugend sei, in Begriffen seiner Abbildtheorie (s. Art. ›Nachahmung‹): Die gerechte Handlung eines Menschen ist Abbild der inneren Handlung der Seele und diese ist ihrerseits Abbild der Idee der Gerechtigkeit. Die Idee der Gerechtigkeit ist dasjenige, durch dessen Anwesenheit alle gerechten Dinge gerecht sind (s. Art. ›Idee‹). Nach Platons Auskunft besteht Gerechtigkeit im »Tun des Seinigen«. Ein Staat ist dann gerecht, wenn jeder seiner Teile bzw. seiner Bürger das Seinige tut, und entsprechend ist eine Seele dann gerecht, wenn jeder ihrer Teile das Seinige tut. Dieser Bestimmung liegt wohl der Gedanke der Einheit des handelnden Subjekts zugrunde: Damit wir sagen können, dass *wir* es sind, die handeln, müssen die Teile der Seele harmonisch miteinander verbunden sein. Für die menschliche Seele heißt dies, dass ihr »vernünftiger« Teil die beiden anderen »beherrscht«. Indem wir gerecht handeln, sagt Platon, werden wir gerecht; gerecht zu werden bedeutet, sich mit sich selbst zu vereinen und das Seinige zu tun (τὰ ἑαυτοῦ πράττειν), nicht »Vieles tun« (πολυπραγμονεῖν), als ob man selbst mehr als *ein* handelndes Subjekt wäre. Vielleicht meinte Platon, dass nur derjenige wirklich weiß, was Gerechtigkeit ist, der selbst vollkommen gerecht ist, und dass Sokrates mit seiner paradoxen These über das Unrechttun eben dies sagen wollte.

Auch Aristoteles sagt, dass wir gerecht oder tapfer werden, indem wir gerecht oder tapfer handeln; aber darin drückt sich bei ihm eine andere Auffassung von Tugend aus als bei Platon. Aristoteles unterscheidet zwei Arten von Tugenden (*Nikomachische Ethik* I–II), nämlich die »dianoetischen« (oder intellektuellen) Tugenden (Weisheit, Verstand, Klugheit) und die »ethischen« (z. B. Besonnenheit). Erstere werden weitgehend durch Belehrung, letztere durch »Gewöhnung« (ἔθος) angeeignet. Die »ethischen« Tugenden bestimmte Aristoteles als »Mitte« zwischen zwei extremen Zuständen, z. B. Tapferkeit als Mitte zwischen Tollkühnheit und Feigheit, Großzügigkeit als Mitte zwischen Geiz und Verschwendung. Als Leitfaden diente ihm die körperliche Gesundheit, nämlich die Beobachtung, dass ein Zuviel oder Zuwenig an Nahrung, Sport usw. der Gesundheit jeweils abträglich sei, das Angemessene sie jedoch fördere. Die Unterscheidung von ethischen und dianoetischen Tugenden bedeutet die Abkehr von der sokratisch-platonischen Gleichsetzung von Tugend und Wissen und damit auch eine höhere Bewertung der einzelnen Tugenden. Aristoteles hat dafür auch systematische Gründe. Denn in seinen ethischen Schriften geht es ihm nicht um »theoretisches Wissen« (θεωρητικὴ ἐπιστήμη), d. h. um die Erkenntnis der Wahrheit um ihrer selbst willen, sondern um »praktisches Wissen« (πρακτικὴ ἐπιστήμη), d. h. um solches Wissen, das um eines Nutzen willen gesucht wird (s. Art. ›Wissen(schaft)‹). Mit Bezug auf die sokratische Frage »Was ist Tugend?« sagt Aristoteles, es handle sich nicht darum, zu wissen, was Tugend sei, sondern tugendhaft zu werden. Für Aristoteles hat das, was Platon die »äußeren« Handlungen nannte, mehr Gewicht als für Platon, und folglich musste er sich auch vermehrt mit konventionellen Vorstellungen von gut und schlecht auseinandersetzen. Zu einem guten Teil waren diese Vorstellungen auch das ›Material‹ für die praktische Wissenschaft der Ethik.

Wahrheit

Das griech. Wort für »Wahrheit«, ἀλήθεια, bzw. »wahr«, ἀληθές, bedeutet seiner Etymologie nach ›Unverborgenheit‹ bzw. ›unverborgen‹ und es wurde wohl auch – jedenfalls in vorklassischer Zeit – in dieser Bedeutung verwendet: »Wahres sagen« heißt dann etwa so viel wie über einen Gegenstand genau und vollständig berichten, d. h. nichts verbergen, sodass demjenigen, der die Rede hört, nichts entgeht. Die für die spätere Philosophie richtungweisende Erläuterung des Wahrheitsbegriffs durch Aristoteles lautet: »Zu sagen, dass das, was ist, nicht ist, oder das, was nicht ist, ist, ist falsch; hingegen zu sagen, dass das, was ist, ist, oder das, was nicht ist, nicht ist, ist wahr« (*Metaphysik* IV 7). Diese Formulierung wird im Allgemeinen als Ausdruck einer Korrespondenztheorie der Wahrheit verstanden, d. h. als Ausdruck der Auffassung, dass die Wahrheit einer Aussage darin besteht, dass der behauptete Sachverhalt mit dem tatsächlichen Sachverhalt übereinstimmt. Diese Theorie wirft die Frage auf, wie man diese Übereinstimmung feststellen könne: wie kann man wissen, dass eine Aussage wahr ist? Dieser Punkt hatte schon Xenophanes von Kolophon (um 570 – um 478 v. Chr.) beschäftigt, der das Wissen des Wahren, bzw. des »Klaren« oder »Genauen« (τὸ σαφές), unterschieden hat vom Aussprechen des Zutreffenden, ohne dass der Sprechende dies weiß (D. K. Frg. 21 B 34). Wahrheit wird hier nicht der Falschheit der Rede gegenübergestellt, sondern dem Schein bzw. der bloßen Meinung; entsprechend konnte »Wahrheit« bzw. »wahr sein« auch in der Bedeutung von »Wirklichkeit« bzw. »wirklich sein« verwendet werden.

Mit seiner Unterscheidung zwischen dem Wissen der Wahrheit und dem bloßen Aussprechen des Zutreffenden wollte Xenophanes sagen, dass die Menschen bloße Meinungen darüber haben, wie die Dinge wirklich sind, und die Wahrheit nicht kennen (s. Art. ›Meinung‹). Die antiken

Skeptiker (s. Art. ›Skepsis‹) waren der Meinung, dass man bestenfalls zu ›plausiblen‹ Aussagen über die Welt gelangen könne. Im spätgriechischen Denken hat PLOTIN auf die skeptischen Einwände mit seiner These der Identität von Geist und Seiendem geantwortet (*Enneaden* V 3 [49]; s. Art. ›Geist‹). Für diese These berief er sich insbesondere auch auf PARMENIDES, einen Zeitgenossen des Xenophanes. Parmenides' Lehre von der Einheit des Seienden läuft – zumindest nach der Meinung einiger Interpreten – auf die These der Identität von Denken und Sein hinaus (D. K. Frg. 28 B 3; 8). Falls diese Deutung richtig ist (s. Art. ›Eleatik‹ (1)), hätte Parmenides gemeint, dass Denken und Sein sozusagen die eine Wirklichkeit bzw. Wahrheit sind. Aus dieser Sicht wäre die Auffassung, dass Denken und Sein übereinstimmen müssen – insofern diese Auffassung impliziert, dass Denken und Sein verschieden sind – von vornherein irrig. Parmenides selbst scheint denn auch als Problem empfunden zu haben, dass der menschliche Geist irren kann; die Welt, wie wir sie erfahren, erschien ihm sozusagen als Produkt des irrenden Denkens.

Von daher gesehen erscheint die ›Kluft‹ zwischen der ›Wirklichkeit‹ und dem Denken unüberbrückbar. In heutiger Zeit hat Alfred Tarski in Anknüpfung an Aristoteles' Formulierung die korrespondenztheoretische Auffassung der Wahrheit als semantische Beziehung zwischen zwei Aussagen verstanden. Nach Tarski ist eine Aussage »*p*« dann wahr, wenn *p*; z. B. ist die Aussage »Der Schnee ist weiß« dann wahr, wenn der Schnee weiß ist. *p* ist dabei eine objektsprachliche Aussage, d. h. sie spricht über den Gegenstand Schnee; »*p*« dagegen ist eine metasprachliche Aussage, d. h. sie spricht über die objektsprachliche Aussage. Diese Unterscheidung trägt der Überlegung Rechnung, dass wir keinen von der Aussage »Der Schnee ist weiß« unabhängigen Zugang zu der Tatsache haben, dass der Schnee weiß ist.

Wahrnehmung

Die Diskussion von »Wahrnehmung« (αἴσθησις) bzw. »wahrnehmen« (αἰσθάνεσθαι) nimmt in der griechischen Philosophie einen vergleichsweise breiten Raum ein. Dabei lassen sich zwei Bereiche unterscheiden. Einer betrifft (1) die Frage der Wertschätzung der Wahrnehmung; ein anderer (2) die Frage ihres Wesens.

(1) Die erste Frage scheint durch solch unterschiedliche Positionen wie die HERAKLITS auf der einen und PARMENIDES' auf der anderen Seite charakterisiert zu sein. Heraklit tadelt die Mitmenschen, dass sie wenig zu hören und sehen verstehen (D. K. Frg. 22 B 19) und keine relevanten Erfahrungen zu machen vermögen (B 17, 10). Parmenides tadelt seine Mitmenschen dafür, dass sie unter dem Einfluss der Wahrnehmung zu irrigen Auffassungen über die Welt gelangen (s. Art. ›Eleatik‹ (1)). Die Frage der Wertschätzung der Wahrnehmung als Brücke zur Welt steht fortan immer im Schatten von generellen Wertungen und Einschätzungen. Leibfeindliche Denker sehen die Wahrnehmung als Verbündeten des Leibes (s. Art. ›Geist‹), der Materie, der Quelle von Unheil. Materialistisch orientierte Denker teilen diese Auffassung nicht.

(2) Genauere Analysen der Wahrnehmung finden sich erst bei PLATON. In der *Politeia* unterscheidet er z. B. solche Wahrnehmungen, die unproblematisch seien und das Denken nicht weiter herausfordern, von solchen, die uns philosophisch provozieren (VII, 524d). Im Dialog *Theaetet* schließlich, der Hegel im Blick auf seine Anfangskapitel der *Phänomenologie des Geistes* inspiriert haben dürfte, unterscheidet er zwischen Wahrnehmungen, die von Kleinkindern und Tieren vollzogen werden, und anderen, die bereits besondere Leistungen involvieren (186b–c). Die erstere Gruppe läßt sich als ein »Haben von παθήματα (›Widerfahrnissen‹)« charakterisieren (186c). Die andere Gruppe ist dadurch gekennzeichnet, dass im bzw. mit dem Wahrneh-

mungsgehalt begriffliche Inhalte vorhanden bzw. verbunden seien; und die Präsenz solcher begrifflichen Gehalte interpretiert Platon im *Theaetet* als Indiz dafür, dass eine andere Instanz, nämlich die Seele selbst, Faktoren beisteuert, die im Prozess der Wahrnehmung nicht vorhanden sind. Diese Auffassung ist in verschiedener Hinsicht interessant. So legt sie eine proto-kantische Konzeption (Sinnlichkeit/Verstand) nahe und signalisiert damit auch einen Bruch mit der Vorstellung, dass Wahrnehmung rein rezeptiv sei. Je nach Deutung des Zusammenhangs im *Theaetet* lässt sich auch sagen, dass die von Platon avisierte Unterscheidung in der Sache auf jene Unterscheidung zusteuert, die heute gelegentlich zwischen ›direkter‹ bzw. ›unmittelbarer Wahrnehmung‹ auf der einen und ›indirekter‹ bzw. ›nicht-direkter Wahrnehmung‹ auf der anderen Seite behauptet wird.

Dieser Punkt spielt auch bei Aristoteles in der Schrift *Über die Seele* eine Rolle. Bei der Erörterung von Wahrnehmungsgehalten (αἰσθητά) wird zwischen spezifischen Sinnesobjekten und gemeinsamen Sinnesobjekten unterschieden (II 6). Doch bleibt unklar, ob Aristoteles' Unterscheidung entsprechend der modernen Unterscheidung verläuft. Denn Aristoteles stellt anheim, dass wir uns hinsichtlich der spezifischen Objekte irren können. Diese Auffassung wäre mit einer Auffassung von Wahrnehmung als ›direkter‹ bzw. ›unmittelbarer Wahrnehmung‹ nicht verträglich.

In der hellenistischen Philosophie wird die von Platon lancierte Unterscheidung teils beachtet, teils ignoriert. Ignoriert wird sie von Epikur (s. Art. ›Epikureismus‹), der dafür hält, dass jede Wahrnehmung »vernunftlos« (ἄλογος) sei (Diogenes Laertius X 31), und behauptet, das »Wahrnehmungsgefühl« verbürge die Wahrheit der Wahrnehmung (X 32). Dabei macht er geltend, dass die Wahrnehmung selber von ihrem Gegenstand weder etwas wegnehme noch ihm etwas hinzufüge (Sextus Empiricus, *Gegen die Mathematiker* VIII 9). Mit anderen Worten: Die Quelle allen Irrtums liege da, wo wir den reinen Wahrnehmungsbefund interpretieren. In eine ähnliche Richtung weist ein Bericht bei Cicero: Wenn wir uns – soll Epikur argumentiert haben – bei der Beurteilung von gut und schlecht an der unkorrumpierten Natur des Kleinkindes orientieren, sehen wir, dass die These des Hedonismus stimmt. Denn »hier urteilt die Natur selbst noch unverfälscht und unverdorben« (*De finibus bonorum et malorum* I 30) (s. Art. ›Gut‹).

Andererseits sahen die Stoiker, dass unsere Wahrnehmungen begriffliche Gehalte involvieren und (in moderner Diktion) propositionaler Natur sind (s. Art. ›Erscheinung‹). Dies geht daraus hervor, dass sie zwischen ›rationalen‹ und ›nicht-rationalen‹ Vorstellungen bzw. Eindrücken (λογικαὶ bzw. ἄλογοι φαντασίαι) unterschieden und erstere »Gedanken« (νοήσεις) nannten; von dieser Art sind die Wahrnehmungen bzw. Eindrücke rationaler Wesen (Diogenes Laertius VII 51).

Wissen(schaft)

Wie das lateinische Wort *scientia* kann auch das griechische Wort ἐπιστήμη sowohl (1) ›Wissen‹ als auch (2) ›Wissenschaft‹ bedeuten.

(1) Der philosophische Wissens-Begriff ist in der Antike ungleich restriktiver als das Verständnis von ›Wissen‹ im heutigen Sinn. Dies hat offenbar damit zu tun, dass Platon und Aristoteles die Idee von Wissen mit der Vorstellung von ursächlicher Erklärung verknüpften (vgl. *Zweite Analytiken* I 2, 71b 9–12 u. ö.). In diesem Sinn finden sich bei Aristoteles Stellungnahmen, wonach von Wissen, *dass* etwas der Fall sei, nur da die Rede sein könne, wo wir in der Lage seien zu sagen, *warum* es der Fall ist (*Zweite Analytiken* I 13, 78a 22). Das heißt, dass die Rechtfertigung von Wissensansprüchen, dass *p*, auf eine Erklärung des Sachverhaltes,

dass *p*, hinauslaufen muss. Weshalb dieses strikte Verständnis von ›Wissen‹ Boden gewann, ist nicht leicht zu sagen.

(a) Historisch gesehen fällt wohl ins Gewicht, dass philosophische Autoren von Anfang an gegen den Anspruch mythologischer Welterklärungen argumentieren und mit ihrer radikalen Frage nach dem Ursprung (ἀρχή) nach rational einsichtigen Erklärungen suchten. Dieses Verständnis kulminiert in Aristoteles' Vorstellung, dass Wissen im relevanten Sinne stets beweisartiges Wissen sei (s. Art. ›Beweis‹) und in ersten, notwendigen Sätzen gründe, die keines Beweises mehr bedürfen und auch keines weiteren Beweises mehr fähig seien. Näherhin bedeutet dies, dass Wissen stets auf allgemeine Verhältnisse gehe und die Sätze, die als Voraussetzungen dienen, ewig seien (*Erste Analytiken* I 15, 34b 7–8; *Zweite Analytiken* I 4, 73b 28–29).

(b) Dieser Punkt findet seine Erklärung vielleicht darin, dass das normale Wort für Wissen, εἰδέναι, ebenso wie unser Wort »wissen« und lat. *videre* (›sehen‹), auf eine indoeuropäische Wurzel mit der Bedeutung ›sehen‹ zurückgeht und »ich weiß« (griech. οἶδα) eigentlich so viel heißt wie »ich habe [es] gesehen«. Nun hat das Modell der Bekanntschaft bzw. Augenzeugenkenntnis im Kontext der Begründung von Wissens-Ansprüchen offenbar nur geringe Kraft. Denn die Umstände, auf die man sich hierbei bezieht, mögen sich in der Zwischenzeit gewandelt haben; und dies wiederum bedeutet, dass die mutmaßlichen Gegenstände des Wissens selber keine Gewähr für Wissbarkeit bieten und somit vielleicht auch keine Sätze gewährleisten, welche immer und schlechthin wahr sind. An dieser Stelle gilt es nun zu sehen, dass antike Philosophen nicht die Möglichkeit in Betracht zogen, Sätze mit einem zeitlichen Index zu versehen und sie auf auf diese Weise in den Rang von ewigen Sätzen zu erheben. Vor diesem Hintergrund wird begreiflich, dass Autoren wie Platon vermutlich in Anlehnung an die Mathematik besondere Gegenstände wie die Ideen, als sichtbare Gestalten (s. Art. ›Idee‹), in Betracht zogen, die intrinsisch stabil und identisch sind und entsprechende Sätze gestatten (*Timaios* 29b–c): Hier wird der Geist, das Auge der Seele, gewissermaßen mit einem Gegenstand verlässlicher Bekanntschaft konfrontiert. Damit werden auf höherer Stufe Verhältnisse postuliert, die die Möglichkeit von Wissen garantieren sollen. Dieser Gedanke dominiert die Idee der philosophischen Wissensbegründung im Kontext der Schilderung der Dialektik (s. Art. ›Dialektik‹) in *Politeia* VI–VII.

(c) Platon und Aristoteles stimmen darin überein, dass Wissen im maßgeblichen Sinn auf Angelegenheiten zielt, die unwandelbar sind und schlechthin allgemein gelten. Dies wirft die Frage auf, wie andere Bereiche des Wissens bzw. Wissensformen einzuschätzen sind. Hier gelangen beide zu unterschiedlichen Beurteilungen. Denn Aristoteles ähnelt im Zweifelsfall eher einem modernen Pragmatisten, der dafür hält, dass unterschiedliche Kontexte auch je eigene Bedingungen setzen. So macht er u. a. geltend, dass Belange der Ethik keine Genauigkeit von der Art an den Tag legen, wie das die Mathematik tut (*Nikomachische Ethik* I 3 u. ö.); und er tadelt implizit diejenigen, die Erwartungen stellen, die sich nicht erfüllen lassen. Diese Kritik würde auch Platon treffen. Denn Platon lehnt diese pragmatische Haltung ab und würde im Blick auf Dinge, die sich auch anders verhalten können, vorzugsweise von Meinung (δόξα) sprechen (vgl. *Politeia* V). Am Verständnis dieses Begriffes scheiden sich dann auch die Sichtweisen beider Philosophen. Während δόξα für Platon im Ernstfall die eleatische Konnotation von ›Wähnen‹ hat (s. Art. ›Meinung‹), sieht Aristoteles Rang und Rolle von δόξα durchaus positiv. Sie hat für ihn den Rang jener Autorität, die Platon ihr bestreitet.

(2) Aristoteles und Platon waren Realisten in dem Sinn, dass sie meinten, es gebe einen Fundus naturnotwendiger Wahrheiten, die im Denken aufgespürt und im Prinzip ein für alle Male angemessen artikuliert werden können. Wie dies zu geschehen hätte, zeigen die *Zweiten Analytiken*. Sie

handeln nicht, wie viele Kritiker (darunter wohl auch Francis Bacon) und traditionelle Aristoteliker meinen, davon, wie wir zu Wissen gelangen und Wissenschaft treiben. Sie geben eher ein Beispiel dafür, wie die Rechtfertigung und Präsentation wissenschaftlicher Erkenntnisse auszusehen hat, nämlich deduktiv aus selbstevidenten Prinzipien. Diese ›systematische‹ Denkweise findet in EUKLIDS Buch *Elemente* ihren klassischen Ausdruck. Hier begegnen wir auch der formellen Unterscheidung von Axiomen (in seiner Terminologie κοιναὶ ἔννοιαι, lat. *notiones communes*), Definitionen, Postulaten und Lehrsätzen.

Dass die Gesetze der Wissenschaft nicht, wie Aristoteles glaubte, notwendige Wahrheiten ausdrücken und auch Platons eher pythagoreisch anmutende Bevorzugung mathematischer Beziehungen für die Erklärung der Sachverhalte in der Welt nicht das einzige Verständnis von Wissenschaft darstellen, zeigte sich da, wo ausdrücklich und vorzugsweise empirische Belange vermehrt Gewicht erlangten. Ein gutes Beispiel ist hier die mathematische Astronomie. Innerhalb jener Tradition, die mit dem Prinzip der ›Rettung der Phänomene‹ verbunden ist, kam es nicht darauf an, theoretische Aussagen über die tatsächlichen Bewegungen von Planeten zu treffen. Vielmehr ging es darum, wie Geminus sagt (1. Jh. v. Chr.), Hypothesen aufzustellen, die die tatsächlich wahrnehmbaren Bewegungen erklären. Und Ptolemaios (2. Jh. v. Chr.), der Epizyklen zur Erklärung der Bewegungen verwendete, betonte, dass das Ziel der Rettung der Phänomene auf mehr als nur eine Weise erreicht werden könne. Hier artikuliert sich also ein instrumentalistisches Verständnis von Wissenschaft, das der realistischen Auffassung entgegensteht.

Zeit

Dem griechischen Denken galt Zeit (χρόνος) als mächtiger mythischer Faktor. Spuren dieser Einschätzung finden sich in dem frühesten philosophischen Dokument überhaupt, dem sogenannten Satz des ANAXIMANDER: »Woraus das Werden ist den seienden Dingen, in das hinein geschieht auch ihr Vergehen nach der Schuldigkeit; denn sie zahlen einander gerechte Strafe für ihre Ungerechtigkeit nach der Zeit Anordnung« (D. K. Frg. 12 B 1). Dass Zeit alles »schwinden lässt« und alles mit der Zeit »altert« bzw. »Vernichtung« an sich hat, gehört, wie ARISTOTELES' Hinweis auf den Wortgebrauch zeigt (*Physik* IV 12, 221a 31–32; IV 13, 222b 25), zum allgemeinen Erfahrungsschatz. In diesem naiven Sinn verstanden ist Zeit etwas, dessen Realität keinen Zweifel duldet; und doch führt Aristoteles seine Erörterung von Zeit mit der Frage ein, ob sie »zu dem Seienden gehört oder zu dem Nicht-Seienden« (*Physik* IV 10, 217b 31).

Bestritten wurde die Existenz von Zeit von PARMENIDES (s. Art. ›Eleatik‹ (1), ›Ewigkeit‹) und seinen Nachfolgern: »und es [das Seiende] war nie und wird nie sein, weil es im Jetzt zusammen vorhanden ist als Ganzes« (D. K. Frg. 28 B 8,5–6). Zwar enthält diese Stelle, die die Ewigkeitsspekulation PLOTINS und BOETHIUS' beeinflusste, keinen expliziten Hinweis auf Zeit. Doch handelt sie offensichtlich von ihr. Dabei ist der Gedanke vermutlich der, dass sich die Realität von Zeit in der Manifestation distinkter Abschnitte äußert, zeitliche Phasen (»x war F [t_1] und x ist nicht (mehr) F [t_2]« oder »x ist (noch) nicht F [t_2] und x wird F sein [t_3]«) sich nur jeweils anhand distinktiver Veränderungen in der Welt unterscheiden lassen. Wenn es keine distinkten Geschehnisse gibt, gibt es auch keine zeitlichen Abschnitte. Also gibt es keine Zeit. – Im Detail bietet diese Passage eine Fülle von Verständnisproblemen. Doch betreffen diese in erster Linie eine weitergehende Frage, nämlich ob Parmenides eine bestimmte Auffassung von Ewigkeit hatte.

Dass Parmenides mit der Verbindung von Veränderung und Zeit einen intuitiv wichtigen Punkt markiert hatte, erhellt aus der Zeit-Abhandlung des Aristoteles (*Physik* IV 10–14): Zwar sei Zeit wohl nicht mit Bewegung bzw. Wandel gleichzusetzen (218b 18), aber ohne Bewegung sei auch Zeit nicht (b 33). Seinerseits sucht Aristoteles nach einer Lösung, die Zeit als »etwas am Bewegungsverlauf« (219a 3, a 10) auszuweisen. Die Antwort lautet, dass Zeit die Zahl (ἀριθμός) der Bewegung sei (219b 1 f.) bzw. das Maß der Bewegung und ihres Ablaufens (220b 32 – 221a 1). Eine weitere wichtige Intuition hinsichtlich der Verbindung von Bewegung und Zeit kommt in der Unterscheidung zwischen ›in der Zeit sein‹ und ›nicht in der Zeit sein‹ zum Ausdruck. ›In der Zeit sein‹ heißt so viel wie von Zeit umfasst werden und mittels der Zeit messbar sein (221a 7–8). Ewig währende Dinge sind dieser Auffassung nach als immer Seiendes nicht in der Zeit. Denn sie werden »für die Dauer ihres Seins nicht von der Zeit gemessen« (221b 3–5). Im übrigen ist es wichtig zu sehen, dass Aristoteles Zeit als Kontinuum verstand, d. h. als etwas, was sich potentiell beliebig teilen lasse.

Eine eigentümliche und im Detail schwierige Position vertraten die Stoiker. Zwar scheinen sie gelegentlich von Zeit als Bewegung bzw. Intervall (διάστημα) der Bewegung bzw. des Bewegungsablaufes gesprochen (Diogenes Laertius VII 140) und damit an aristotelische Vorstellungen angeknüpft zu haben. Doch rechneten sie Zeit ebenso wie Raum und Leeres (und vielleicht auch Prinzipien) unter die unkörperlichen Dinge (ἀσώματα), zu denen übrigens auch die Bedeutungen (s. Art. ›Bedeutung‹) von Prädikaten und Aussagesätzen gehören; und sie insistierten darauf, dass nur die Gegenwart des unmittelbaren Jetzt (τὸ νῦν) wirklich sei: Vergangenheit und Zukunft subsistieren (ὑφίστασθαι) zwar, real vorhanden (ὑπάρχειν) sind sie jedoch nicht (s.

Art. ›Sein‹). Dieser Gedanke scheint auf die Vorstellung hinauszulaufen, dass Zeit von der Anschauung der Objekte im Wandel abstrahiert und eine Gedankenkonstruktion sei. Bei dieser Vorstellung fällt ins Gewicht, dass die Stoiker einen strikten Begriff von Existenz bzw. Wirklichsein hatten. Von etwas sagen, es existiere, heißt sagen, es sei dreidimensional und fähig zu wirken und zu leiden. Vor diesem Hintergrund erklären sich nicht nur zahlreiche Auffassungen zu metaphysischen Problemen. Auch die Frage der Referenz von Ausdrücken bzw. Aussagesätzen gewinnt hier besondere Konturen. Denn die Stoiker hielten dafür, dass Referenz nur für den Fall gewährleistet sei, dass sich Sätze wie »Jemand sitzt« bzw. »Sokrates sitzt« zu »Dieser da sitzt« umformulieren lassen, und dass Aussagen wie »Dieser ist tot« nicht referieren.

Als Radikalisierung der stoischen Position mutet AUGUSTINS Zeitverständnis an, das in den *Bekenntnissen* (*Confessiones* XI) entwickelt ist. Auf Grund einschlägiger Erwähnungen bei Husserl (in den *Vorlesungen zur Phänomenologie des inneren Zeitbewußtseins*) mutet es bereits neuzeitlich an, wie auch andere Gedanken bei diesem Philosophen bereits auf neue Problemstellungen vorausweisen. Wie stoische Philosophen vor ihm hält er dafür, dass Zeit nur als Gegenwart im punktuellen Jetzt gegeben sei. Vergangenheit (bzw. Vergangenes) und Zukunft (bzw. Zukünftiges) hingegen bestehen in der Erinnerung bzw. Erwartung (mutatis mutandis *retentio* bzw. *protentio*, bei Husserl). Anders als stoische Philosophen sieht er auch den Ausdehnungs- bzw. Intervall-Charakter der Bewegung (διάστημα) nicht als etwas an der Bewegung, sondern als etwas an bzw. in der Seele (XI 26, 33: *distentio ipsius animi*). Dieser Punkt wird nicht wirklich erläutert. Umso wichtiger ist es zu sehen, dass Augustins Vorstellungen vor dem Hintergrund Plotins gesehen werden können. Dieser hatte die Entstehung des Seelischen aus dem Intellektiven als Verzeitlichung eines Teiles des Intellektes gedeutet (*Enneaden* III 7 [45]

11). ›Verzeitlichung‹ heißt in diesem Zusammenhang so viel wie Gewinnung von Vergangenheit und Zukunft *und* existentielle Verhaftung in diesen Dimensionen. In diesem Sinne handelt es sich bei seelischem Sein um eine Form des Auseinandertretens (διάστασις). Dieser diastatische Charakter findet bei Augustin in der Vorstellung Ausdruck, dass sein Leben Ausspannung bzw. Zerrissenheit sei (XI 29,39: *ecce distentio est mea vita*).

Ziel

Das philosophisch relevante Wort für »Ziel« ist im Griechischen τέλος. Dieses Wort bedeutet auch ›Vollendung‹ u.Ä. und legt in vielen Fällen seiner Verwendung einen Unterschied zu πέρας nahe, das so viel wie ›Grenze‹ und ›Begrenzung‹ bedeutet. Dieser Unterschied wird z. B. in ARISTOTELES' Erörterung von Handlungen (s. Art. ›Handlung‹) und Prozessen deutlich (*Metaphysik* IX 6). Eine Klasse von Vorgängen ist dadurch gekennzeichnet, dass sie auf eine Grenze hin angelegt sind (wie z. B. die beabsichtigte Abnahme von 5 Pfund) und mit deren Erreichung zu Ende gehen; eine andere Klasse von Vorgängen ist dadurch charakterisiert, dass sie ihr Ziel in sich tragen und dieses in jeder Phase verwirklichen. Von solcher Art ist z. B. das Flötenspiel. Generell markiert Aristoteles diesen Unterschied so, dass im einen Fall von Bewegungen gesprochen wird, im anderen Fall von Verwirklichungen bzw. Aktualisierungen (ἐνεργείαι).

Analysen dieser Art bestimmen auch das Nachdenken über Vorgänge in der Natur (s. Art. ›Natur‹). Während die PYTHAGOREER und PLATON generell ideale Zustände vor Augen hatten, die in der Wirklichkeit gewissermaßen abgebildet und angestrebt werden (s. Art. ›Gut‹), spricht Aristoteles genauer vom τέλος als Ursächlichkeit eigener Art und begründet damit teleologische Betrachtungsweisen. In diesem Sinne lautet die Antwort auf die Frage ›Warum hat X die Eigenschaft F?‹ sinngemäß ›Weil es für X gut ist, F zu sein‹ oder ›Weil es gut ist, dass X F ist‹. Zwar lässt sich zeigen, dass Vorstellungen dieser Art bereits bei den sogenannten Vorsokratikern eine Rolle spielen. So ist seit den Zeiten eines Anaximenes die Annahme der Luft als Prinzip (ἀρχή) mit der Vorstellung verbunden, dass Vernunft in der Welt ist und die Dinge entsprechend steuert. Diese Vorstellung findet dann im 5. Jahrhundert bei Diogenes von Apollonia sinnfälligen Ausdruck. Auch Anaxagoras, der erste große autochthone Athener Naturphilosoph, wies dem Geist (νοῦς) eine Rolle zu, die im Sinne teleologischer Annahmen verstanden werden soll. Nur bemängelt Sokrates im Dialog *Phaidon*, dass Anaxagoras die Frage falsch beantwortet habe (s. Art. ›Geist‹).

Platons Dialoge enthalten viele Thesen und Argumente, die im relevanten Sinne des Wortes als teleologische Annahmen zu gelten haben. Dazu gehören nicht nur die Aussagen in der *Politeia* über die Rolle der Idee des Guten als Ursache alles Richtigen und Schönen; auch der Versuch, im Dialog *Timaios* die Konzeption einer vernunftgesteuerten Weltentstehung plausibel zu machen, muss als Plädoyer in diese Richtung verstanden werden. Doch wird der Gedanke selbst erst bei Aristoteles thematisch. Denn mit der Vorstellung der Entelechie (ἐντελέχεια), d. h. der Zuständlichkeit des In-der-Vollendung-Seins, markiert Aristoteles für Dinge generell die Bedingung, dass sie auf etwas hin angelegt seien und insofern eine natürliche Entwicklung nehmen. Diese Vorstellung spiegelt die Projektion biologischer Begriffe bzw. biomorpher Verhältnisse in alle Bereiche der Wirklichkeit überhaupt. In diesem Sinn scheint Aristoteles sogar noch einen Schritt weiter gegangen zu sein. Denn er postulierte die Existenz eines unbewegten Bewegers, der nicht nur als reine Form, sondern auch insbesondere als »causa finalis« angesehen wird. Und die Art der Bewegung, die dieses Prinzp ausübt, wurde (vgl. *Metaphysik* XII 7) in Analogie zu zielgerichteten Prozessen bzw. Aktivitäten erklärt: X bewegt (als unbewegter Beweger) Y in dem Sinne, dass Y sich von X angezogen fühlt und sich gewissermaßen auf X hin bewegt. Damit verbunden ist die Meinung, dass der unbewegte Beweger sodann der oberste Wert schlechthin ist, der alle Ereignisse und Vorgänge in der Natur bestimmt (s. Art. ›Gut‹). Diese Vorstellung scheint fragwürdig. Denn selbst wenn es wahr wäre, dass jedes Ding natürlicherweise nach etwas strebt, so würde daraus nicht folgen, dass es etwas gibt, nach dem alle Dinge streben. Doch haben Annahmen dieser Art viel zu jener Faszination beigetragen, die Aristoteles auf christliche Denker ausübte. Massive Kritik an der Idee der Teleologie artikulierte Spinoza im Nachtrag zum ersten Buch seiner *Ethica*.

Aristoteles versteht sich selbst als jenen Denker, der die Vorstellung teleologisch strukturierter Vorgänge ins Zentrum der philosophischen Betrachtung gerückt und die Annahme von Zielen als Ursachen (αἰτίαι) begründet habe. So charakterisiert er die Entwicklung philosophischer Positionen von den Anfängen der theologischen Denker bis hin in seine Zeit als sukzessive Unterscheidung und Entfaltung unterschiedlicher Ursachen-Typen in der Natur (*Metaphysik* I); und er soll gesagt haben, dass die Entwicklung der Philosophie auf das Problembewusstsein seines Denkens hin angelegt sei. Vorstellungen wie diese haben bei Hegel Resonanz gefunden, der in der »Vorrede« zur *Phänomenologie des Geistes* Bilder des Wachstums verwendete und das Werden des Geistes eindeutig als teleologischen Prozess charakterisierte.

In anderer Weise kommen teleologische Erwägungen bei den Stoikern zum Tragen. Bei dem Versuch, die Präsenz der Vernunft in der Welt glaubhaft zu machen und die Providenz Gottes zu erweisen, wurden sie mit der Frage konfrontiert, warum es dann Böses bzw. Schlechtes gebe und weshalb Dinge, die keinen Nutzen zu haben schienen.

Diese Situation brachte sie dazu, auch für Dinge wie Ameisen eine Funktion und einen Nutzen namhaft zu machen (vgl. z. B. Cicero, *Lucullus* 120). Im Zweifelsfall machten sie geltend, dass sich der Nutzen erst noch herausstellen werde.

Literaturhinweise

Ackrill, J. L.: Aristoteles. Eine Einführung in seine Philosophie. Berlin 1985.

Annas, J. / Barnes, J.: The Modes of Scepticism. Ancient Texts and Modern Interpretations. Oxford 1985.

Asmis, E.: Epicurus' Scientific Method. London / Ithaca (N. Y.) 1984.

Barnes, J. [u. a.] (Hrsg.): Science and Speculation. Studies in Hellenistic Theory and Practice. Cambridge 1982.

Brunschwig, J.: Papers in Hellenistic Philosophy. Cambridge 1994.

Burkert, W.: Weisheit und Wissenschaft. Studien zu Pythagoras, Philolaos und Plato. Erlangen 1962.

Burnyeat, M. F. (Hrsg.): The Sceptical Tradition. Berkeley (Cal.) 1986.

Canto-Sperber, M. (Hrsg.): Philosophie Grecque. En collaboration avec J. Barnes, L. Brisson, J. Brunschwig, G. Vlastos. Paris 1997.

Cherniss, H. F.: Aristotle's Criticism of Presocratic Philosophy. New York 1976. [Repr. der Ausg. Baltimore 1935.]

– Aristotle's Criticism of Plato and the Academy. Vol. 1: New York 1962. [Zuerst Baltimore 1944.]

Ebert, Th.: Dialektiker und frühe Stoiker bei Sextus Empiricus. Untersuchung zur Entstehung der Aussagelogik. Göttingen 1991.

Epler, M. / Graeser, A. (Hrsg.): Philosophen des Altertums. 2 Bde. Darmstadt 2000.

Everson, S. (Hrsg.): Epistemology. Cambridge 1990.

– (Hrsg.): Psychology. Cambridge 1991.

Ferber, R.: Platos Idee des Guten. St. Augustin 1983. ²1989.

– Philosophische Grundbegriffe. Eine Einführung. München 1994.

Flashar, H. (Hrsg.): Grundriß der Geschichte der Philosophie. Die Philosophie der Antike. Bd. 2/1: Sophistik. Sokrates. Sokratik – Mathematik. Medizin. Basel [u. a.] 1998. – Bd. 3: Ältere Akademie, Aristoteles, Peripatos. Basel [u. a.] 1983. – Bd. 4: Die hellenistische Philosophie. Basel [u. a.] 1994.

Forschner, M: Die stoische Ethik. Über den Zusammenhang von Natur-, Sprach- und Moralphilosophie im altstoischen System. 2.,

durchges. und um ein Nachw. und einen Literaturnachtrag erw. Aufl. Darmstadt 1995.
Fränkel, H.: Dichtung und Philosophie des frühen Griechentums. München 1962.
Frede, M.: Essays in Ancient Philosophy. Oxford 1987.
Furley, D. J.: The Greek Cosmologists. Bd. 1: The Formation of Atomic Theory and its Earliest Critics. Cambridge 1987.
Gerson, L. P. (Hrsg.): The Cambridge Companion to Plotinus. Cambridge 1996.
Gigon, O.: Der Ursprung der griechischen Philosophie. Von Hesiod bis Parmenides. Basel 1945. ²1968.
– Grundprobleme der antiken Philosophie. Bern 1959.
Glucker, J.: Antiochus and the Late Academy. Göttingen 1978.
Gombocz, W.: Die Philosophie der ausgehenden Antike und des frühen Mittelalters. München 1997. (Geschichte der Philosophie. Hrsg. von W. Röd. Bd. 4.)
Graeser, A.: Interpretationen. Hauptwerke der Philosophie. Antike. Stuttgart 1992.
– Die Philosophie der Antike 2: Sophistik und Sokratik, Platon und Aristoteles. München 1983. ²1993. (Geschichte der Philosophie. Hrsg. von W. Röd. Bd. 2.)
– Issues in the Philosophy of Language. Past and Present. Selected Papers. Bern [u. a.] 1999.
Höffe, O. (Hrsg.): Klassiker der Philosophie. Bd. 1: Von den Vorsokratikern bis David Hume. München 1981. ²1985.
Hossenfelder, M.: Epikur. München 1991. ²1998.
– Die Philosophie der Antike 3: Stoa, Epikureismus und Skepsis. München 1986. (Geschichte der Philosophie. Hrsg. von W. Röd. Bd. 3.)
Hölscher, U.: Anfängliches Fragen. Studien zur frühen griechischen Philosophie. Göttingen 1968.
Kirk, G. S. / Raven, J. E. / Schofield, M.: The Presocratic Philosophers. Cambridge 1983.
Krämer, H. J.: Platonismus und hellenistische Philosophie. Berlin / New York 1972.
Lloyd, A. C.: The Anatomy of Neoplatonism. Oxford 1990.
Lloyd, G. E. R.: Magic, Reason, and Experience. Studies in the Origins and Development of Greek Science. Cambridge 1979. ²1984.
Long, A. A. (Hrsg.): Cambridge Companion to Early Greek Philosophy. Cambridge 1999.

Long, A. A. / Sedley, D.: The Hellenistic Philosophers. Bd. 1: Translations of the Principal Sources with Philosophical Commentary. Bd. 2: Greek and Latin Texts with Notes and Bibliography. Cambridge 1987.

Mansfeld, J.: Die Vorsokratiker I: Milesier, Pythagoreer, Xenophanes, Heraklit, Parmenides. Auswahl der Fragmente, Übersetzung und Erläuterungen von J. M. Stuttgart 1983. – Die Vorsokratiker II: Zenon, Empedokles, Anaxagoras, Leukipp, Demokrit. Stuttgart 1986.

Maurach, G.: Geschichte der römischen Philosophie. Eine Einführung. Darmstadt 1989.

Mourelatos, A. P. D. (Hrsg.): The Presocratics. A Collection of Critical Essays. Garden City (N. Y.) 1974. 2., rev. Aufl. Princeton (N. J.) 1993.

O'Meara, D. J.: Plotinus. An Introduction to the Enneads. Oxford 1993.

Owen, G. E. L.: Logic, Science, and Dialectic. Collected Papers in Greek Philosophy. Hrsg. von Martha Nussbaum. Ithaca (N. Y.) 1986.

Rapp, Ch. (Hrsg.): Aristoteles. Metaphysik. Die Substanzbücher (Z, H, Y). Berlin 1996.

Röd, W. (Hrsg.): Geschichte der Philosophie. Bd. 1 ff. München 1976 ff.

– Die Philosophie der Antike 1: Von Thales bis Demokrit. München 1976. ²1988. (Geschichte der Philosophie. Hrsg. von W. R. Bd. 1.)

Schofield, M. [u. a.] (Hrsg.): Doubt and Dogmatism. Studies in Hellenistic Philosophy. Oxford 1980.

– (Hrsg.): Language and Logos. Studies in Ancient Greek Philosophy presented to G. E. L. Owen. Cambridge 1982.

– (Hrsg.): The Norms of Nature. Studies in Hellenistic Ethics. Cambridge 1986.

Snell, B.: Die Entdeckung des Geistes. Hamburg 1946. 7. Aufl. Göttingen 1993.

Sorabji, R.: Time, Creation, and the Continuum. Theories in Antiquity and the Early Middle Ages. London 1983.

– Matter, Space, and Motion. Theories in Antiquity and their Sequel. London 1988.

Vlastos, G.: Platonic Studies. Princeton 1973. ²1981.

– Socrates. Ironist and Moral Philosopher. Cambridge 1991.

Vlastos, G.: Studies in Greek Philosophy. 2 Bde. Hrsg. von D. W. Graham. Princeton (N. J.) 1995.
Voelke, A.-J. (Hrsg.): Le scepticisme antique. Perspectives historiques et systématiques. Genf/Lausanne/Neuenburg 1990.
– (Hrsg.): Le stoïcisme. In: Revue internationale de philosophie 178 (1991) H. 3.
Vogel, Cornelia de: Rethinking Plato and Platonism. Leiden 1986.

Namenregister

Zu den Autoren

ANDREAS BÄCHLI, Jahrgang 1950, studierte in Zürich und Bern Philosophie und Klassische Philologie. Von 1982 bis 1997 war er Assistent am Institut für Philosophie der Universität Bern, wo er mit der Arbeit *Untersuchungen zur pyrrhonischen Skepsis* (1990) promoviert wurde. Er ist zusammen mit Andreas Graeser und Christoph Schäublin Mitherausgeber von *Marcus Tullius Cicero: Akademische Abhandlungen / Lucullus* (1995).

ANDREAS GRAESER, Jahrgang 1942, studierte in Gießen, Bern, Frankfurt am Main und Princeton, N. J. Seit 1979 ist er Professor für Philosophie an der Universität Bern. Er hat u. a. folgende Bücher veröffentlicht: *Geschichte der Philosophie* (Hrsg. Wolfgang Röd), Bd. 2: *Die Philosophie der Antike 2: Sophistik und Sokratik, Plato und Aristoteles* (1983, ^{2}1993). *Interpretationen. Hauptwerke der Philosophie. Antike* (1992). *Ernst Cassirer* (1994). *Philosophie in »Sein und Zeit«. Kritische Erwägungen zu Heidegger* (1994). *Studien zu Spinoza, Herder, Hölderlin und Hegel* (1999). *Issues in the Philosophy of Language. Past and Present* (1999). *Bedeutung, Wert und Wirklichkeit. Positionen und Probleme* (2000).

Griechische Literatur

IN RECLAMS UNIVERSAL-BIBLIOTHEK

Philosophie

Aristoteles, *Kleine naturwissenschaftliche Schriften.* 208 S. UB 9478 – *Die Kategorien.* 117 S. UB 9706 – *Metaphysik.* 445 S. UB 7913 – *Nikomachische Ethik.* 383 S. UB 8586 – *Poetik.* Zweispr. 181 S. UB 7828 – *Politik.* 613 S. UB 8522 – *Rhetorik.* 256 S. UB 18006 – *Über die Welt.* 64 S. UB 8713

Demokrit, *Fragmente zur Ethik.* Zweispr. 235 S. UB 9435

Diogenes Laertios, *Leben und Lehre der Philosophen.* 580 S. UB 9669

Epiktet, *Handbüchlein der Moral.* Zweispr. 108 S. UB 8788

Epikur, *Briefe, Sprüche, Werkfragmente.* Zweispr. 173 S. UB 9984

Parmenides, *Über das Sein.* Zweispr. 214 S. UB 7739

Platon, *Apologie des Sokrates.* Zweispr. 123 S. UB 8315 – *Apologie des Sokrates. Kriton.* 96 S. UB 895 – *Charmides.* Zweispr. 128 S. UB 9861 – *Euthyphron.* Zweispr. 79 S. UB 9897 – *Das Gastmahl oder Von der Liebe.* 118 S. UB 927 – *Gorgias oder Über die Beredsamkeit.* 184 S. UB 2046 – *Ion.* Zweispr. 72 S. UB 8471 – *Laches.* Zweispr. 102 S. UB 1785 – *Menon.* Zweispr. 125 S. UB 2047 – *Parmenides.* Zweispr. 207 S. UB 8386 – *Phaidon oder Von der Unsterblichkeit der Seele.* 125 S. UB 918 – *Phaidros oder Vom Schönen.* 104 S. UB 5789 – *Protagoras.* Zweispr. 224 S. UB 1708 – *Der siebente Brief.* 72 S. UB 8892 – *Der Sophist.* Zweispr. 272 S. UB 6339 – *Der Staat.* 725 S. UB 8205 – *Theätet.* Zweispr. 270 S. UB 6338

Die Vorsokratiker I (Milesier, Pythagoreer, Xenophanes, Heraklit, Parmenides). Zweispr. 336 S. UB 7965 – *Die Vorsokratiker II* (Zenon, Empedokles, Anaxagoras, Leukipp, Demokrit). Zweispr. 351 S. UB 7966

Xenophon, *Erinnerungen an Sokrates.* 175 S. UB 1855 – *Das Gastmahl.* Zweispr. 127 S. UB 2056

Philipp Reclam jun. Stuttgart

Griechische Literatur

IN RECLAMS UNIVERSAL-BIBLIOTHEK

Dichtung und Prosa

Antike Heilkunst. Ausgewählte Texte aus den medizinischen Schriften der Griechen und Römer. 250 S. UB 9305

Aristoteles, *Der Staat der Athener.* 128 S. UB 3010

Demokrit, *Fragmente zur Ethik.* 235 S. UB 9435

Demosthenes, *Politische Reden.* Zweispr. 307 S. UB 957

Die griechische Literatur in Text und Darstellung. Zweispr. Bd. 1: *Archaische Periode.* 616 S. UB 8061 – Bd. 2: *Klassische Periode I.* 412 S. UB 8062 – Bd. 3: *Klassische Periode II.* 438 S. UB 8063 – Bd. 4: *Hellenismus.* 368 S. UB 8064 – Bd. 5: *Kaiserzeit.* 406 S. UB 8065

Griechische Lyrik in deutschen Übertragungen. 224 S. UB 1921

Herodot, *Die Bücher der Geschichte.* 1.–4. Buch. Auswahl. 128 S. UB 2200 – 5.–6. Buch. Auswahl. 87 S. UB 2204 – 7.–9. Buch. Auswahl. 128 S. UB 2206

Hesiod, *Werke und Tage.* Zweispr. 119 S. UB 9445 – *Theogonie.* Zweispr. 165 S. UB 9763

Hippokrates, *Ausgewählte Schriften.* 357 S. UB 9319

Homer, *Ilias.* 622 S. UB 249 – *Odyssee.* 452 S. UB 280

Julian Apostata, *Der Barthasser.* 88 S. UB 9767

Longinus, *Vom Erhabenen.* Zweispr. 157 S. UB 8469

Longos, *Daphnis und Chloe.* 176 S. UB 6911

Lukian, *Gespräche der Götter und Meergötter, der Toten und der Hetären.* 256 S. UB 1133

Lysias, *Drei ausgewählte Reden.* Zweispr. 109 S. UB 5597

Pindar, *Oden.* Zweispr. 323 S. UB 8314

Plutarch, *Alexander. Caesar.* 224 S. UB 2495

Polybios, *Historien.* 134 S. UB 6210

Theophrast, *Charaktere.* Zweispr. 104 S. UB 619

Thukydides, *Der Peloponnesische Krieg.* 486 S. UB 1807

Xenophon, *Des Kyros Anabasis. Der Zug der Zehntausend.* 285 S. UB 1184 – *Erinnerungen an Sokrates.* 175 S. UB 1855 – *Das Gastmahl.* Zweispr. 127 S. UB 2056

Philipp Reclam jun. Stuttgart